本书受江西省教育厅人文社科项目"网络媒体流量异化治理之敏捷治理研究"（XW21108）资助

中国网络广告治理长效机制研究

刘西平　连旭　著

西南财经大学出版社

中国·成都

图书在版编目(CIP)数据

中国网络广告治理长效机制研究/刘西平,连旭著.--成都:西南财经
大学出版社,2024.6.--ISBN 978-7-5504-6244-1

Ⅰ.F713.852

中国国家版本馆 CIP 数据核字第 2024JN8079 号

中国网络广告治理长效机制研究
ZHONGGUO WANGLUO GUANGGAO ZHILI CHANGXIAO JIZHI YANJIU

刘西平　连旭　著

策划编辑:王　琳
责任编辑:向小英
责任校对:杜显钰
封面设计:张姗姗
责任印制:朱曼丽

出版发行	西南财经大学出版社(四川省成都市光华村街55号)
网　　址	http://cbs.swufe.edu.cn
电子邮件	bookcj@swufe.edu.cn
邮政编码	610074
电　　话	028-87353785
照　　排	四川胜翔数码印务设计有限公司
印　　刷	郫县犀浦印刷厂
成品尺寸	170 mm×240 mm
印　　张	14.75
字　　数	269 千字
版　　次	2024 年 6 月第 1 版
印　　次	2024 年 6 月第 1 次印刷
书　　号	ISBN 978-7-5504-6244-1
定　　价	88.00 元

前　言

　　随着互联网技术的不断迭代更新，由技术驱动的网络广告（也称互联网广告）产业在创造巨大数字经济红利的同时，产生的问题也层出不穷。这对广告监管带来了前所未有的挑战。自2015年《中华人民共和国广告法》修订、实施以来，一套为治理网络广告而设定的治理体系正在形成，但原有的广告治理理念和规制体系还存在一定的惯性，面对网络广告违法中的复杂情况，原有的一些制度规范已力有不逮。因此，突破固有的管理模式，创新治理范式，已成为新媒体语境下网络广告治理体系完善过程中的紧迫性问题。

　　为此，网络广告治理研究成为广告传播领域的关注热点和焦点。从国家社科基金立项情况来看，近五年来以"网络广告"（或"互联网广告"）和"治理"为关联主题词的项目达到十多项。分析后发现，相关研究多集中于网络广告治理体系构建、网络广告监管制度完善、网络广告法律规制等方面，而本书则将研究的重点聚焦于对网络广告治理机制的研究上，以2015年《中华人民共和国广告法》修订、实施后的网络广告治理实践为宏观语境，试图将网络广告治理机制从广告治理体系中分离出来考察，期望构建一套既相对独立又相互关联的网络广告治理机制架构，并探讨其表现形态、功能发挥、运行规律，以及在网络广告治理体系中的生态意义，借此探讨建立健全网络广告治理体系的新的实现途径。

　　本书是笔者在主持完成的相关国家社科基金项目成果的基础上修改而成的，并在研究理念、研究方法和具体写作思路上进行了一系列创新尝试，力图用科学、思辨的写作风格，以丰富的案例为研究样本，通过深入总结相关治理经验来深化广告治理理论，为我国网络广告治理实践提供参考。同时，本书也可以为网络广告从业人员提供实践指导，还可以为高校相关专业的学生提供兼具知识性和前瞻性的学习资源。

全书由刘西平拟定写作框架。本书具体的撰写安排如下：第 1 章、第 2 章、第 3 章和第 5 章主要由连旭完成，十万余字；章芫沅同学参与了 4.3 节的写作，魏苗苗和郭思亭同学参与了 6.3 节及 6.4 节的写作；其余章节的写作和全书的修改主要由刘西平完成。徐招英、龙婷等同学在资料收集、文献整理和数据统计分析等方面为本书的完成做出了贡献，感谢她们的积极参与和辛勤工作。

在本书的写作过程中，笔者参考了国内外一些研究者的数据资料和理论观点，还引述了一些咨询机构的研究报告，在此向各位作者致以诚挚的谢意！

感谢西南财经大学出版社的王琳老师及各位编校人员认真细致的工作！

从互联网发展 20 余年的宏大背景看，我国网络广告市场取得的辉煌成就可谓数字时代进步的注脚。相对而言，本书只能从某些侧面来探讨其中的问题。写作者的水平有限，本书难免存在错漏之处，恳请广大读者指正！

刘西平

2024 年 5 月

目　录

1 绪 论

1.1 研究背景

2015 年 4 月 24 日,《中华人民共和国广告法》(修订草案) 经第十二届全国人民代表大会常务委员会第十四次会议表决通过,掀开了我国广告治理的新篇章。此次《广告法》的修订不仅对我国广告法律规制内容的完善有着重要意义,还体现了我国在广告法制建设中与时俱进的立法精神。此后,全国人民代表大会常务委员会分别于 2018 年 10 月 26 日和 2021 年 4 月 29 日对《中华人民共和国广告法》作出修正,修改了《广告法》中一些不合时宜的表述。回应了互联网广告(有的文献也称移动广告,本书统一称作网络广告)发展中突出的违法问题。如将自然人纳入广告主体范围,针对网络弹出广告骚扰做出了"一键关闭"的规定;同时,尽管该法修订后的多处条款并没有特别将法律调整对象限定为网络广告,但法律调整内容已经将网络广告行为中的主要问题覆盖其中。可以说,新《广告法》[①] 对于网络广告规制而言具有划时代意义。

与传统广告样式比,网络广告具有明显的特点和规律性,有必要采取针对性治理理念和范式来应对。从专门法的立法角度看,此次修订却没有要将网络广告法律规范从广告治理的大框架中分离出来的意图。所以,作为新《广告法》的配套法规,《互联网广告管理暂行办法》(以下简称《暂行办法》) 在2016 年也由原国家工商行政管理总局制定并颁布施行。《暂行办法》不仅将新《广告法》中有关网络广告规范的条款进行了补充和细化,还完善了新《广告法》中对网络广告行为规制中言犹未尽的部分。可以说,以新《广告法》和《暂行办法》为主体,结合《中华人民共和国消费者权益保护法》(以下简称

---

① 本书中的新《广告法》系指 2021 年 4 月 29 日修正后的《中华人民共和国广告法》。

《消费者权益保护法》）《中华人民共和国个人信息保护法》（以下简称《个人信息保护法》）《中华人民共和国反不正当竞争法》（以下简称《反不正当竞争法》）《中华人民共和国刑法》（以下简称《刑法》）和《中华人民共和国电子商务法》（以下简称《电子商务法》）等相关法律中的有关条款，一个以网络广告行为为法律规范对象的法治体系初具雏形。

即便如此，我们也意识到，《广告法》的修订离建立健全一套相对完善且满足治理实践需要的网络广告法律体系仍有一定距离。这是因为，相对于社会变化而言，任何法律法规都不可避免地存在一定的滞后性。一部法律或行政法规进入立法程序后，在创制、论证、修改或者废止等程序中，制定机关必须遵循特定的步骤与方法。这是一个严谨且需要反复论证的过程，往往需要耗费较长的时间，更何况网络广告赖以生存和发展的互联网技术还在不断更新迭代。可以预见，对网络广告治理的立法将是一个长期的过程。

事实上，自 20 世纪末网络广告走入我们的日常生活以来，各类广告违法违规问题相伴而生，各国对其的容忍度和所采取的规范措施也存在较大区别。欧美国家是较早开展网络广告治理实践的国家。例如，针对大量广告垃圾邮件对民众的骚扰，美国在 2004 年出台反垃圾邮件的《控制不请自来的色情和营销行为攻击的法案》，实施"选择加入"和"选择退出"两种模式；针对网络广告中运用大数据和人工智能技术等带来的个人信息侵害的问题，欧盟在 2018 年颁布并实施了《一般数据保护条例》。相对而言，我国的有关立法进程晚了不少。这反映了我们在相当长一段时间内对网络广告治理的重要性认识不足。同时，我国网络广告立法进展相对迟滞，也可能与我们在网络广告治理中的立法理念有关，即传统的"主体—责任—义务"的规制模式并不一定适合网络广告传播立法需要[1]，而网络广告规制的创新理念还未真正确立。

但在网络广告行政监管实践方面，我们仍处于"摸着石头过河"的状态。与网络广告技术的飞速进步相比，行政监管的能力和水平仍有不小的提升空间。针对复杂的网络广告传播环境和变化多样的违法问题，我们的监管理念和执法方式也需要适时革新，监管手段更要与时俱进。

在媒体社会化和自媒体迅速发展的背景之下，网络舆论力量往往在多方面推动网络空间治理的进步。但是，在现有的广告治理体系中，行业组织自律力量还没有引起足够的重视和充分的挖掘；广告行业主体，尤其是平台型媒体在广告治理中的主体责任并未充分压实；社会第三方参与广告治理的途径也不够

---

① 宋亚辉. 互联网广告规制模式的转型 [J]. 中国市场监管研究，2019 (2)：28.

畅通。总体而言，网络广告治理中的多元协调治理效果并不是很理想，而要如何建立健全协同治理机制以促进相关力量参与到广告治理中来，是值得我们进一步研究的问题。

2016 年的"魏×西事件"是我国网络广告治理立法史上具有转折意义的大事。它的重大意义在于加速了《暂行办法》的出台①，但即便如此，《暂行办法》中缺乏关于加强行业自律和第三方参与网络广告治理的具体规定。其后较长时间，某搜索平台推广中仍有大量违规医疗广告没有被有效监管。其他如在 2017 年绝味鸭脖自媒体的"涉黄广告"事件中，在 2018 年某头条广告的"二跳事件"和鸿茅药酒"跨省追捕"案中，都存在平台型媒体自律不足的问题。同时，这些也让我们看到了网络社会生态的多元性和多样性，感受到了网民在广告舆论中的巨大能量。这也促使我们更加清醒地意识到网络广告治理的特殊性，认识到激发网民参与广告治理的必要性。

1.2　研究意义

本书的研究意义体现在现实意义和理论意义两个方面。

1.2.1　现实意义

2015 年是我国网络广告发展史上一个重要的时间节点。这一年是我国网络广告产业规模得到发展的转折年，网络广告经营额在中国广告营业收入总额中的占比超过 50%。同时，与网络广告连续多年的两位数增速相比，传统广告在该年增速已为负数，我国广告产业版图的格局被彻底改变了。到 2020 年年底，广告产业规模突破了 8 000 亿元人民币，网络广告更是占比近 70%。但在亮眼的数据背后，网络经济中效率与公平的矛盾问题日渐突出，严重影响了网

---

① 2016 年 4 月 12 日，年仅 21 岁的大学生魏×西因患滑膜肉瘤病逝。令人悲叹的是，这一悲剧竟然与网络广告违法有关。魏×西为求医问药，在某搜索平台上搜索了解到某医院有一种生物免疫疗法"很好"，随后按推荐去了该医院治疗，但"货不对板"的生物免疫疗法反而致其病情耽误，最后不幸身亡。事情一经披露，引发社会广泛舆论和声讨。经有关部门调查，广告宣称的技术在美国早已被淘汰，而且该医院与美国的斯坦福大学也不存在合作关系。魏×西早逝并不是单纯的意外，而是某些人为的利益勾结以及网络广告监管局部失灵的结果。此时，人们才发现，原来某搜索平台一直用所谓"推广"来行广告经营之实。至于"推广"为何可以绕开"广告"的监管门槛，部分原因是彼时相关法律法规对诸如"推广""宣传"等概念并无清晰的界定，而且，当时也并非仅在搜索引擎上，其他门户网站、移动 App 上的医疗广告都存在类似情况。

络广告产业的健康发展，社会面越来越关注网络广告产业发展中的溢出效应问题。

网络广告生而"携带"互联网技术基因。近些年，网络广告迅猛发展正是互联网技术红利的重要表征。但同时，它又缺乏必要的规训，"技术之恶"也伴随网络广告产业发展而显现出社会溢出效应。这一效应表现在以下两个方面：

一方面，互联网技术直接改变了网络广告的表现形态，逐步颠覆了传统广告业的生态。从正面看，网络广告传播随媒体技术的进步而加速呈现出多样化、多元化的发展态势；从传统的电子邮件广告、网页广告、文字链接广告、流媒体广告发展到搜索引擎广告、信息流广告和智能广告，经历过多轮形式的迭代，如今随着网络直播的勃兴，电商直播广告也应运而生。每一种广告模式背后其实就是一种新型传播技术的出现。同时，网络广告的实时互动、丰富的传播手段、效果的可测性等都极大地提升了广告传播效率。然而，大量传统广告经营主体在转型的迷茫中"沉沦"了，取而代之的是广大非传统意义上的自然人、企业和机构。其中，大量缺乏广告基本素养、没有广告专业精神的经营主体一哄而上，给广告业带来了猛烈的冲击。尤其令监管者棘手的是，网络广告经营中用于制作与发布广告的工具都是信息软件，且广告违法的结果和范围又难以界定，导致传统的监管手段跟不上现实变化，原有的广告监管规则不再适应数字治理的需求。

另一方面，广告的边界也随自媒体化和社会化进程而无限制扩展，其中广告的资讯化和内容化特征最为显著。尽管新《广告法》规定所有广告必须标注"广告"字样，但网络广告实践中并非"非黑即白"般简单。大量没有被标注为"广告"的宣传内容大行广告之实，误导消费者的事件时有发生。而对有限的行政监管资源而言，要对海量的广告式资讯进行实时监管已成为奢望。

网络广告因网络媒介而变，而网络媒介因技术而动。技术改变的不仅是传统的广告思维，也改变了原有的运作规则。在技术进步语境下发展起来的广告业，"技术工具论"自然就成为业界一些人包打天下的"锐器"，而"技术向善"的基本准则还没有真正建立起来。这才是问题所在。因此，面对如此复杂的市场和多元化的广告监管对象，我们要做的不仅要改变广告治理理念、广告治理手段，更要与时俱进，完善我国广告治理体系和提升治理能力，以顺应时代的发展，回应时代的需求。

针对网络广告发展中的突出问题，本书将从法治环境、行政监管体制和制度、网络广告产业生态、社会监督等方面进行检视，结合量化实证，通过理论分析，构建一套契合我国网络广告传播实践的网络广告治理机制体系。该体系由一系列既能独立发挥功能又相互关联的子机制系统构成。

1.2.2　理论意义

在"治理"一词被广泛运用于广告管理领域之前，"广告管理""广告监管"等一直是相关学术研究的关键词。从文献检索来看，从 20 世纪末至 21 世纪前 10 年，我国学者在这一领域的研究多集中在广告管理制度、广告监管体制、广告法律规制和广告监管方法与途径等方面。其后，广告治理及相关的表述才逐渐多了起来。从"广告管理"到"广告治理"，反映的不只是相关研究者的学术视野和研究志趣的变化，也让人们得以窥探我国广告管理实践中工作重点的变迁。本书将"治理"一词作为研究的核心词，就是立足我国在社会治理中的实践经验，也是认可和继承现有相关研究中的有益成果。在有关研究中，部分学者将公共治理和新公共管理理论的相关观点与我国社会治理的创新实践相结合，突破以往囿于经典公共管理理论视野的不足，不再拘泥于行政力量在广告实践的管制和监督的作用，而忽视多元参与治理的重要性。基于此，本书将多元治理、协同治理、社会共治等理论引入网络广告治理的研究框架中。

在现有文献中，已有以网络广告治理机制为研究对象的文章，如涉及政府部门间的协作机制、网络广告监管执法的监督机制、网络广告市场准入机制、广告行业自律机制以及广告治理的技术保障机制等方面的研究。但是，相关文献多停留于网络广告治理中的某个局部或某一方面的治理机制的讨论，并没有从宏观层面对网络广告治理机制进行全面和整体性考察，没有从理论层面对这些机制之间的有机联系和对策进行系统论证。相比而言，本书不仅对网络广告治理问题进行了综合考察，也对网络广告治理机制进行了理论研究。尤其将生态系统论、熵增及耗散结构理论引入网络广告治理研究中，探索构建一套建立在科学理论基础上的长效治理机制，为我国网络广告治理提供一定的理论支撑。

本书还在网络广告治理中对一些前沿领域进行了有益的探索，具体包括广告导向监管机制、网络广告公益诉讼制度和网络广告信用管理机制等方面。针对广告导向，现有研究多集中论述其内涵和意义，鲜有涉及广告导向监管研究的。而本书结合网络广告传播实际，从政治、文化、经济和社会等方面论证了广告导向监管机制的内涵；关于广告公益诉讼制度，本书着重讨论了公民作为广告公益诉讼的适格原告的可能性和必要性，进而提出了公益诉讼在广告治理中落地的实现途径；在总结网络广告信用管理研究成果的基础上，本书结合浙江经验，对网络广告信用管理机制进行了较深入的分析，相关观点贴近实际，具有一定的借鉴意义。

1.3　研究问题与研究对象

自 2015 年新《广告法》颁布以来，有关网络广告问题与治理对策的研究文献有显著的增加。相关研究文献涉及广泛，为本书提供了很好的理论参考。就本书而言，如果还笼统就网络广告治理进行讨论，难免落入过往研究的窠臼；反之，既要充分吸收现有研究的经验，寻求对现有研究成果的整合，又要对网络广告的新情况、新问题有针对性地回应。因此，我们从制度、体制和机制的研究入手，以机制的研究为支点，将相关制度和体制研究串联起来，以更好、更全面地服务于网络广告综合治理。

从现有成果来看，对于网络广告治理的研究多集中在治理体制和制度研究方面，而关于治理机制的文献并不多，即使有文章涉及，也是倾向于对某些问题微观层面的探讨。如果说治理体制和治理制度是网络广告治理的"骨骼和血肉"，那么治理机制更像是网络广告治理的"神经"。它将相关体制和制度连接疏通起来，促使组织发挥作用。可以说，治理机制才是现阶段急需研究的问题。因此，本书将网络广告的治理机制作为研究对象，有其必然性和紧迫性。而网络广告的治理机制将具体研究什么？又要怎样研究？我们认为，有必要先对相关文献进行梳理，以纵向比较的思维，在总结文献成果的基础上寻找现有研究的空白点，再在治理的"体制—制度—机制"大框架中突出治理"机制"的作用，重构其功能。

梳理相关文献，我们发现，关于网络广告治理的现有研究多以法律法规研究、行政监管研究、行业自律研究和社会监督研究四个方面为对象。

（1）从网络广告法律法规研究视角看。一直以来，广告的法治问题都是研究者关注的焦点，也是广告治理研究的核心问题。2015 年以前，研究者关于广告法规的研究对象涉及所有类型的广告。例如，吕蓉（2003）对比较广告规制的研究，吴予敏（2005）对完善《广告法》提出几点建议，陈培爱（2006）对《广告法》提出十个问题与对策，范志国（2008）、李明伟（2009）、王军（2011）等的广告失范分析与广告修法的建议等。又如，徐小娟（2006）、赵洁（2007）、雷琼芳（2010）和罗昕（2012）等对比欧美、日本等国的广告立法经验，为我国广告立法提出建议。2013 年以后，随着网络广告在社会经济生活中发挥着更重要的作用，逐渐有学者专注于网络广告的法规研究。如倪宁（2014）从维护全媒体时代信息流动和公众利益角度提出的广告立法目标等观点。这些为新《广告法》出台做出了贡献，如梁绍华（2014）、吴佳新（2015）、王昭钧（2015）从法律规制上探讨了手机广告、移动广告的传播风险治理与规制，李明伟（2014）注意到网络广告长尾市场主体分散、监管难，总结了在线保护消费者隐私的对策，倪宁、雷蕾（2014）针对网络长尾市场监管，认为广告法需要与相关法律间的耦合与互动，等等。

新《广告法》出台后，不少学者进行了跟踪研究，如宋亚辉的《虚假广告的法律治理》，周汉华、周辉的《网络广告治理比较研究》，以及刘双舟的《互联网广告法律问题研究》等一批关于网络广告法治研究的专著陆续出版。这些研究提出了一系列有创造性的观点，夯实了相关研究的基础。

（2）从网络广告行政监管研究的视角看。长期以来，我国对于广告治理一直采用的是行政主导型管理模式，因而学者从多角度对我国广告监管体制进行深度分析就顺理成章了。如周又红（2001）、周茂君（2002）、杨拥军（2003）、王生智（2004）、饶世权（2004）、张金海（2006）、刘凡（2007）等就广告监管体系建设和改革进行了探讨。有的学者就广告监管问题与对策进行了分析，如江云苏（2004）提出广告信用档案的建议，胡仁春（2007）提出建立全国统一的广告监管信息系统的构想。有的学者针对医药等特殊品的植入广告的治理问题提出了建议，如孟光兴（2005）提出强化药监与工商部门的协调机制。

黄攀（2008）提出，建立规范网络广告监测体系、多方联动的监管机制；王冕（2009）提到转变政府相关部门的职能，全过程监督网络广告；夏露（2009）提出针对网络广告监管重构监管机构体系与手段；刘寅斌（2010）提出，应对网络交易高频的电子商务网站等经常危害到消费者权益的领域采取重点监测措施，常设监管机构，创新监管手段和方式；刘心（2013）提出，应从行为博弈模型中构建政府在视频广告监管中的功能。

（3）从网络广告行业自律研究的视角看。如何加强广告行业自律？陈刚（2005）指出，广告协会应依靠政府威慑力转化为以服务获取认同；徐卫华等（2006）较早关注到广告治理中行业组织缺位的问题；倪峋（2007、2015）分析了我国广告行业组织存在的行政意识浓厚的问题；史建、李明合（2008）提出了专职性广告自律主体的构建设想；祝翔（2010）提出广告监管需要法治与自治并举。此外，罗健（2008）、李翠莲（2010）和孟茹（2016）分析了美国广告行业自律体系及运作特点，范志国（2010）分析了欧美和日本等地区广告自律机制及特点，谢胜男（2015）着重对英国新媒体广告自律机制进行了深入研究。这些研究为我国广告自律提供了参考。尽管专门研究网络广告自律的少，但上述研究多少涉及了一些网络广告。

（4）从网络广告的社会监督研究的角度看。关于广告治理中社会监督的研究相对较少。李小芳（2011）针对社会监督不足的问题，建议建立广告监管的协调机制；查灿长、孟茹（2015）呼吁舆论监督网络新媒体广告主与广告商，并将之称为第四种力量；杨海军（2011）提出"绿色广告传播"的观念和"广告舆论"控制方案；张晓静（2016）针对在网络广告治理中的缺位问题，指出应建立协调治理和智慧治理的多元共治模式，建立有效的反馈、投诉与监督机制。

综上所述，现有研究成果也存在一些局限。一是有关广告法律法规的研究，对新《广告法》颁布后的网络广告法治研究成果匮乏；在网络广告的法规研究中，相关法律法规的后续补充机制、协调机制还有待进一步完善。二是对广告管理体制和监管对策研究多，而对网络广告监管机制研究少。其中，网络广告行政管理部门的纵向和横向沟通协调机制、网络技术发展与网络广告管理手段革新机制、网络广告治理中政府管理和第三方参与的协作机制等也需要进一步总结实践经验，深化理论研究。三是有关广告自律的研究多，但专论网络广告自律的成果太少，且针对性不强。

总之，本书针对现有研究的不足，将研究对象聚焦分析我国网络广告治理的法治环境，检视网络广告行政监管成效，重点分析网络广告治理的制度冲突；全面考察网络广告的新形式和新问题，力图完善网络广告法制体系，创新政府规制和运作机制，探讨强化网络广告自律机制和建立社会监督体系，构建促进广告治理体系各要素顺畅运行的长效机制。

1.4 研究方法

本书运用了定性分析和定量分析相结合的研究方法。具体而言，本书运用的定性分析法主要包括文献定性分析法、演绎分析法、个案分析法、判断分析法和对比分析法等方法，定量分析法主要包括问卷调查法、实地调查法和深度访谈法等。

（1）在定性分析法方面。因本书要研究的议题涉及大量的相关研究文献、法律法规、政策措施和统计数据，因此，文献分析法是本书使用的重要方法之一。面对关涉网络广告治理浩如烟海的文献，本书从多个数据库中广泛收集中外论文、政策法规和数据资料等，细心遴选与本书密切相关的部分，再认真梳理，为创新本书的观点提供了良好裨益。

其他如个案分析法、演绎分析法、判断分析法和对比分析法等方法在本书中有大量运用。本书既采取了从个别分析到一般归纳，也从经典理论出发对网络广告治理中的现象进行阐释与分析。其中，个案分析法在书中有多处使用。如以上海市广告协会为典型个案，通过分析其近年来的运作成就，详细剖析了它是如何创新性发挥组织功能、引领行业自律的方式方法，为转型中的广告协会总结出了行之有效的工作方法。近些年，浙江、江苏、北京等地在广告信用管理方面都进行了大量有益的探索，其中，浙江省不仅较早就发布了相关的行政法规，更在管理方面进行了较多实践。为此，本书以浙江省为对象，分析了浙江省在广告信用管理中的创新实践，并以此为基础，对我国网络广告行政监管中的相关管理创新提出了建议。

本书总体上是运用演绎分析法进行论证的，具体体现在以下两个方面：一方面，从公共治理和新公共管理理论吸收有益观点，结合我国网络广告治理的实践，提出了网络广告多元治理和协同共治的理论框架；另一方面，将生态系统论和熵理论引入网络广告治理的理论分析中，用系统论和平衡观来观照网络广告治理体系的内在结构，用熵增和耗散结构理论阐释了网络广告治理中的行业自律与外部治理体系特征，以及两者之间的相互关系。这些都为建立健全我国网络广告治理长效机制奠定了坚实的理论基础。

（2）在定量分析法方面。书中在对公众广告素养进行研究时，采用了问卷调查法，通过大样本量的调查，针对网民的消费认知、消费意愿、消费行为，以及相关的影响因素进行了概率分析、相关分析和回归分析，深入分析了广告接收端——网民的广告素养及影响因素。这部分数据为有关章节的结论提供了扎实的数据支撑。

本书因涉及地方行政监管机关和相关企业多方面的实践方法与成效，因而采用了调查访谈的研究方法。为采集研究所需数据，我们先后就多层级市场监管机构和广告协会组织以及多地广告市场主体进行了调查走访。如对多个省市两级市场主管机关的相关负责人进行了采访。访问的省级市场监管机构有上海市市场监督管理局、广东省市场监督管理局、浙江省市场监督管理局和江西省市场监督管理局等行政主管机关的广告处相关负责人，并走访了位于浙江省杭州市的国家互联网广告监测中心；访问的地市级市场监管机构有南昌、九江、厦门和成都等地的市场监督管理局广告科。在调查过程中，我们采用了线上和线下相结合的调研方式。

同时，除了对中国广告协会北京总部进行了实地访问外，我们还对上海、江西和浙江等省级广告协会，以及广州、九江和南昌等城市的广告协会组织进行了实地调研；参观并调研了北京、上海、广州、深圳、成都、武汉和南昌等地的一批数字传播公司与数字技术机构。

通过与相关的广告监管负责人、广告协会负责人和数字广告运营人员面对面的交流，获取了大量一手资料，了解了网络广告政府监管的具体方法和监管难点、网络广告行业自律现状和痛点、数字广告行业的新情况与新问题。

1.5 研究综述

从大众传播时代到网络时代，广告治理一直是研究者关注的焦点。在该研究领域中，广告治理体制、广告治理制度和广告行政监管等研究问题的热度一直维持在高位。

1.5.1 国内相关研究综述

以"网络广告治理机制"为关键词在知网上搜索，有关专题文献付之阙如。但将搜索范围扩展至"广告治理""广告治理机制"相关关键词后，我们发现，有不少文章就此议题进行了研究。通过抽丝剥茧式的分析，我们将文献中与网络广告治理机制分析有关的观点归纳如下：

1.5.1.1 关于广告治理中政府部门间协作机制的研究

我国广告治理体系的一个显著特征是行政主导型体制。从某种意义上说，行政监管执法的效率直接关系到治理体系的治理能力与效率。因此，针对广告治理中的行政监管体制、监管体系、监管效率等自然成为学术界研究的热点问题。从文献搜索结果看，上述主题研究的论文不少，但缺少广告监管机制的专题研究，尤其是关于网络广告行政监管机制的文章就更为缺乏。

与广告行政监管机制相关的研究多集中在政府部门之间的协作方面。如钟时在分析我国广告市场秩序屡禁不止的原因时提出，政府监管部门的配合不紧密和联合政法体系不完善是问题的根本所在，并指出，目前我国对广告市场直接或者间接具有监管职能的部门有近十家，而这些部门往往由于在合作沟通机制上的不协同形成了多头管理的局面。他还提到，尽管国家建立了整治虚假违法广告专项行动部际联席会议制度，工商、食药监、卫生等部门虽建立了部门之间的协同、配合机制，但从实践应用效果看，各部门之间的配合仍不够顺畅，默契程度有待提高，整治合力尚未形成①。

席琳认为，我国网络广告的监管是一种由政府主导的多部门协作的监管模式，这就导致了许多特定行业的主管部门对网络广告也负有监管责任，造成了"政出多门"，使网络广告的监管不尽如人意。同时，在我国偏重政府监管的情况下，其他监管模式的作用容易被忽视，对网络广告行业自律以及整个网络广告行业的发展产生了负面影响②。熊飞认为，网络广告监管机制还未捋顺，目前市场监管部门在面对更新迅速的网络广告时常常疲于应付，难以落实其监管主体责任，而公安、卫生、网信办、电信、中医药、地方金融等政府部门往往"政出多门"，相关沟通协调机制不健全，导致难以形成监管治理合力③。

上述文献尽管提及了网络广告的行政监管机制问题，但仍停留在问题的提出和表述层面，没有就广告行政监管机制的内涵与外延、机制特征等行政监管机制相关的本体进行必要的总结。

1.5.1.2　关于广告法律不同法律间的协调机制研究

社会主义基本制度决定了我国广告治理体制的性质是基于法制基础上的社会主义法治。迄今为止，我国已经形成以《广告管理条例》和新《广告法》为专门法，以《消费者权益保护法》《中华人民共和国反不正当竞争法》（以下简称《反不正当竞争法》）等平行法和以国务院制定的法规及地方主管部门制定的条例、规定和通知等立法形式共同构成了广告法制体系。在这 30 部法律法规中存在法阶不同、规制的对象不一的现实情况，在实际适用中不可避免存在法律竞合，甚至是法律冲突问题。因此，在不同法律间应有适当的机制来解决此类问题，以指导法律法规的具体应用。对此，研究者也有不同程度的关注。

例如，王忆茹在分析我国网络广告监管法律制度存在的问题时，以新《广告法》与《反不正当竞争法》为例，指出两者的部分条款规定存在冲突，并得出目前我国网络广告监管法律体系混杂，没有清晰的法律监管体系的结论④。白旭以新《广告法》与《广告管理条例》为例，指出无论是对广告主还

---

① 钟时. 中国广告市场的综合治理研究 ［D］. 长春：吉林大学，2013.
② 席琳. 我国网络广告监管研究 ［D］. 长春：吉林大学，2017.
③ 熊飞. 网络广告政府监管研究 ［D］. 南宁：广西大学，2019.
④ 王忆茹. 我国网络广告监管法律制度研究 ［D］. 重庆：西南政法大学，2016.

是对广告经营者以及广告发布者的处罚规定上，两者均有冲突的地方，且《广告管理条例》的惩罚标准都比新《广告法》轻很多。然而，实践中，工商行政管理部门以处罚标准较低的《广告管理条例》为执法依据，对治理虚假广告产生了不利影响①。何新宝认为，网络广告监管制度涉及内容较为繁杂，尚不能体现网络广告监管制度的一致性，同时，多层次的立法最终难免会导致法律责任的相互冲突。因此，他得出我国目前尚未形成权责明确的法律监管体系，即在相关法律间的协调机制上仍然存在问题这一结论②。王朝宏则以药品虚假广告为切入点指出目前网络广告市场在相关法律间的协调机制方面存在问题。他通过对 2017 年"鸿茅药酒"事件进行分析，认为对于药品虚假广告的规定过于简单，对于其概念和认定标准在《药品广告审查办法》和新《广告法》中均无明确规定，上述情况造成了这些法律在实际操作过程中存在困难③。

1.5.1.3 关于网络广告市场准入机制的研究

刘伟明指出，由于网络广告的超时空性，现行《广告法》对其准入规制难以起到作用，缺乏可操作性。同时，由于网络广告的准入门槛极低，在传统领域不敢发布的广告，如麻醉药品、精神药品等广告法禁止发布的产品广告，在网络广告中却盛行。最终得出现行《广告法》在网络广告市场准入制度上的立法缺陷已经比较严重的结论④。梁绍华指出，"自然人广告主加入成为造成了广告经营主体准入机制失灵的'罪魁祸首'，隐性广告则加剧了这一机制的失灵"。在网络上，任何人都可以发布任何广告，其后果必然是导致网络广告的监管处于失控状态⑤。程莹琦认为，我国网络广告市场在市场准入方面任何企业或个人都可以自由地在互联网上做广告而不需要行政主管机关审批或登记。为此，她提出，对网络广告经营者市场准入的控制，可以与 ISP（网络服务提供商）的市场准入联系在一起。此外，在制定准入制度时应鼓励广告行业协会、ISP、ICP（网络内容提供商）和社会民众等的广泛参与，搜集各方面的意见与建议来保证制度制定过程的透明性和制度的科学性⑥。

尽管广告事前审查制度随着简政放权改革而被取消，但是因网络广告市场

① 白旭. 我国虚假广告的法律规制［D］. 昆明：云南财经大学，2015.
② 何新宝. 我国网络广告监管法律研究［D］. 北京：中国地质大学（北京），2018.
③ 王朝宏.《广告法》实施中反映出的问题及对策［D］. 广州：中共广东省委党校，2019.
④ 刘伟明. 我国网络广告监管困境及对策［D］. 福州：福州大学，2010.
⑤ 梁绍华. 我国网络广告监管法律制度研究［D］. 成都：西南财经大学，2014.
⑥ 程莹琦. 我国网络广告的公共治理机制研究［D］. 上海：上海交通大学，2009.

准入门槛过低又带来了新问题。比如大量非传统广告人借由自媒体进入广告发布和广告代言等广告产业链中来，并带来了一系列新风险。这应属网络广告治理中的新情况、新问题。

1.5.1.4 关于网络广告执法的监督机制研究

网络广告监管的监督机制问题包括两个方面的内容：一方面是广告执法监督中存在的问题，另一方面是在当前的广告治理体制中对某些广告监管不当行为不能在体系内自我纠偏的问题。李扬认为，在对网络广告的执法监督上主要存在执法方式落后、执法权滥用、执法力量不够三个方面的问题。并针对上述三个问题提出转变执法方式、行政执法规范化及强化行政执法力量作为优化执法监督机制的途径①。郁丽佳认为，目前新媒体广告发展迅速，然而监管执法机制却非常落后，也因此产生了许多新媒体广告问题。她从政府部门间的合作、监管执法技术、监管执法人才三个角度出发提出了完善新媒体广告监管执法机制的对策②。白旭则在目前我国的虚假广告监管存在执法依据混乱，法律法规之间冲突，执法人员人数不足且素质不高的基础上进一步指出在虚假广告治理的执法层面所暴露出的不足，如事先审查制度不完善、广告经营者与广告发布者的广告审核不合时宜、广告监督机关事后审查和监督不力三个方面的问题。同时，他还提出，建立统一的广告审查机构、扩大广告事先审查范围、完善虚假广告的更正制度和执法工作机制、加强队伍建设、完善对行政执法不力的责任追究制度，以及虚假广告的行政救济等作为完善虚假广告治理的执法工作的建议③。

针对后者，学术界早已注意到社会对广告执法监督的制衡作用。程莹琦强调了广告受众以及新闻媒体在对广告进行社会监督的作用。同时，鼓励广大消费者以及消费者权益组织抵制和检举违法网络广告也是补充行政执法力量不足的重要一环。朱莎指出，广告社会监督的方式代表了消费者利益，其主要是通过消费者组织和新闻媒介两个渠道来进行。然而，由于广告行政监管权力的扩大，社会监督组织对行政监管的依赖也越来越强等原因导致了他们的行动必然会受到政府的影响，缺乏自主权，最终在监管体制中"缺位"④。钟时则对社会监督的实施程序进行了分析，指出我国广告的社会监督的实施程序分为广告

---

① 李扬. 我国网络广告不当行为治理研究 [D]. 武汉：武汉大学，2018.

② 郁丽佳. 浅析新媒体广告监管执法中的对策 [J]. 新闻传播，2018（23）：37-38.

③ 白旭. 我国虚假广告的法律规制 [D]. 昆明：云南财经大学，2015.

④ 朱莎. 基于公共治理理论的我国广告监管体制的合理建构 [D]. 武汉：华中农业大学，2016.

受众对广告的全方位监督，广告社会监督组织的中枢保障作用，新闻媒体、政府部门对违法广告的查处和曝光三个层次。另外，他认为，搭建数字化监管平台、开展全民道德教育、简化司法程序、降低社会监督成本、积极培育广告社会监督组织、严厉打击违法行为等可以作为完善中国广告社会监督的对策①。任媛在比较了中、美两国的监管体系后指出，中国和美国在广告的社会监督组织上存在一定的差异。中国的消费者协会并非普通消费者主体自发组织，在性质上仍然与同级工商行政管理部门有着千丝万缕的联系，是典型的"官意民办"组织，缺乏完全的自主权②。

行政执法是我国广告治理体系中的主体部分。社会对其执法效率和执法公正进行监督是提高监管效率的必要途径，也是广告治理体系完善机制的关键环节。应该说，行政执法机关内部的自我监督环节更应属于执法程序本身的一部分，是自我机制完善的应有之义。总之，现有文献对这两部分机制的建立和完善都缺乏系统性和全面性的总结。

1.5.1.5 关于网络广告治理的技术保障机制研究

近年来，随着新媒体技术和数字技术的不断发展，网络广告作为技术的衍生物也随之得到了进一步突破。然而，在技术的加持下，网络广告所暴露出的问题也日益复杂化。各地市政府部门均意识到了这一问题。王汉波以山东省为个案，分析总结了该省依托国家网络广告监测中心，变人工监管为智能监管，基本上达到了"以网管网"的效果。同时，该省还依托国家企业信用信息公示系统，加强与其他部门的信息互通和共享，不断强化广告信用监管，初步实现"信用管网"的目的③。

2018 年，浙江省建成并启用了以云计算、大数据、人工智能技术为支撑的全国网络广告监测中心；2019 年 4 月，浙江省又启用了浙江工商司法鉴定中心，有效解决了电子取证等难题。地方市场监管部门普遍认为，网络广告监管特别需要依靠以网管网、技术管网的智慧监管手段，但目前智慧监管总体上仍处于明显滞后状态，尤其是地市级以下市场监管部门没有足够的资金和能力开发运用有效的网络广告监管系统。有的地方市场监督管理局指出，目前信息化投入和建设严重滞后于当前网络广告监管的需求，由于缺乏有效的网络广告监测技术支撑，给有效开展网络广告监管工作带来了诸多不便。上海市市场监督管理局广告监督管理处也指出，网络广告无论是在表现形态还是在经营主体

---

① 钟时. 中国广告市场的综合治理研究 [D]. 长春：吉林大学，2013.

② 任媛. 基于公共治理理论的我国广告监管体制研究 [D]. 昆明：云南大学，2011.

③ 王汉波. 关于网络广告监管的实践与思考（上）[N]. 中国工商报，2017-11-14（5）.

和投放方式上都对监管技术和监管工具提出了新的要求。因此，要不断探索通过源码扫描、特征识别、信息抓取等技术创新移动网络广告发现和监测途径，努力实现对移动网络广告的有效监管①。

学术界和业界对网络广告监管中的技术监管的必要性及问题的严重性认识都没有分歧，但在如何快速实现以网管网、技术管网的目标上却并没达成一致，尤其是在保障机制这一点，无论是业界还是学术界，都缺乏深入的分析与论证。

1.5.1.6 关于广告行业自律保障机制的研究

学术界针对如何建立和完善广告行业自律机制的研究由来已久，相关研究多聚焦广告行业组织的功能与问题上。例如，陈刚（2005）指出，广告协会应依靠政府威慑转化为以服务获取认同；徐卫华等（2006）较早关注到广告治理中行业组织缺位的问题；倪嵎（2007、2015）分析了我国广告行业组织存在的行政意识浓厚的问题。后来，研究者的关注面逐步扩大。例如，史建、李明合（2008）提出了专职性广告自律主体的构建设想；祝翔（2010）针对违法广告利益链提出，广告监管要构建法治与自治并举的广告治理机制。在新《广告法》和《暂行办法》出台后，也有学者就该话题进行了追踪研究，如宋亚辉（2019）提出的企业后设监管制度。

有部分学者从对比视角来分析此问题。例如，罗健（2008）、李翠莲（2010）和孟茹、查灿长（2016）分析了美国广告行业自律体系及运作特点，范志国（2010）分析了欧美和日本等地区广告自律机制及特点，谢胜男（2015）着重对英国新媒体广告自律管理机制进行了深入研究。尽管专论网络广告自律的文献不多，但上述研究或多或少涉及了网络广告治理机制研究，都对本书有积极的参考价值。

网络广告在我国的发展只有短短的 20 余年时间，国内学术界对于广告治理机制的研究还处于初级阶段，对核心问题往往涉猎不深，缺乏完整研究架构和理论思考。从资料整理结果来看，现有文献多将研究对象聚焦对网络广告违法违规问题的现象层面，缺乏必要的实证分析和学理研究。

另外，现有研究大多是从广告治理机制中的一个或者几个点切入探讨，忽视了其与网络广告治理机制中各机制的相互制衡、相互补充的关系。这也就导致了研究者无法对我国的网络广告治理机制形成系统性的把握。在学科角度

---

① 吴佳新，缪钧，应钧. 移动网络广告监管面临的主要问题及建议 [J]. 工商行政管理，2015（3）：65-66.

上，目前从事相关研究领域的学者多为学科专业人士，如有新闻学、传播学背景的，也有偏重管理学、法学背景的。这也导致了一些研究不够全面，学理的交叉度不够，结论缺乏针对性。

1.5.2 国外相关研究综述

网络广告作为互联网经济的重要组成部分，对于全球数字经济的发展具有重要的意义。与西方国家相比，我国的网络经济起步较晚。在相关理论研究领域，中外广告治理体制有较大差异。尽管如此，研究发达国家的广告治理实践，总结相关研究文献，对进一步优化我国的网络广告治理机制，推动我国网络广告行业的可持续发展仍具有重要的借鉴意义。

1.5.2.1 美国关于网络广告治理机制的研究与实践

在美国，负责监督和规范广告是联邦贸易委员会（FTC），《联邦贸易委员会法》则是美国广告监管领域最重要的法律。关于网络广告监管，FTC 不仅将那些关于消费者保护规则推及至线上消费，还通过一定的规则和指南使其更加适用于网络广告活动。FTC 还会定期与其他执法机构加入监控互联网潜在的虚假或者欺骗性的网络广告索赔类诉讼之中。2000 年，FTC 发布了《网络广告营销指南》，对联邦贸易委员会负责制定和实施的既有法律、规则、指南如何适用于网络广告提供指引，并规定了披露网络广告信息应满足的条件。2013年，FTC 发布了《网络广告有效披露指南》。该指南进一步明确，FTC 的法律并不限定对特定媒介的调整，任何企业网上所发布的免责声明必须明确而突出，并强调《邮件和电话订购商品规则》对于网络广告同样适用。该指南还指出，广告中介、网页设计者或者目录营销商等第三方如果参与广告的制作与发布，或者知道该广告中的虚假内容，也应当对制作或者传播虚假信息行为承担法律责任。在对于现有法律无法有效解决网络广告问题方面，美国也进行了专门立法，如《反垃圾邮件法》《儿童网络隐私保护法》《互联网反追踪法案》等。

在美国，互联网（网络或在线）广告治理的话题是学术界关注的一个焦点问题，但研究者的兴趣广泛，关注面宽，对广告治理机制的专题研究不是很多。乔纳森·罗森纳尔 1997 年在《网络法－互联网法律》中提到了美国网络广告对于个人信息的收集与使用必须及时通过立法加以制止。吉尔·奥斯汀和玛丽·林恩·里德针对在线广告的儿童保护问题的研究；基蒂和亨克分析了服务提供商和其他第三方是否应承担欺骗性在线广告责任的问题；帕蒂尔和菲德（2011）探讨了网络广告的自由限度。

在吉尔·奥斯汀和玛丽·林恩·里德①在《针对线上儿童：网络广告伦理问题》一文中，提出将《联邦贸易委员会法案》《通信规范法》和《儿童在线保护法》三种法律法规结合起来，以解决网络广告对儿童侵害的对策。同时，《针对线上儿童：网络广告伦理问题》还讨论了如下问题：利用儿童俱乐部销售产品，网页上的内容和术语的适当性，信息收集、信息共享实践和营销实践等。在有关互联网保护消费者隐私方面，1998年6月，美国联邦贸易委员会就向国会提交了关于在线隐私的报告。该报告指出了个人信息查询服务中的隐私保护问题。2000年，美国联邦贸易委员会又发布了后续报告，在线隐私的个人信息查询服务的隐私保护也明显得到改善，规定商业网站实施通知、选择、访问和安全四个公平信息的做法；有关隐私的政策还有《联邦贸易委员会法案》与2013年实施的《儿童在线隐私保护法》。《儿童在线隐私保护法》规定，商业网站要获得13岁以下儿童的信息必须取得儿童父母的同意。这些都为隐私的保护提供了一个很好的法律保障。

基蒂和亨克②等的《互联网服务提供商和其他第三方是否对欺骗性网络广告负责?》着眼于互联网的发展，分析了承担大众传播与人际传播两个功能的互联网，其服务提供商和其他第三方是否应承担欺骗性在线广告责任的问题；泰内和波洛涅茨基③两位学者在《跟踪或不跟踪：提高在线行为广告的透明度和个人控制》一文探讨了网络广告的自由限度问题，并就网络隐私是"跟踪"还是"不跟踪"这一问题展开讨论，提出了在线广告的透明度与个人控制等方面的规范发展意见。

赫伯特·杰克·罗特菲尔德和查尔斯·泰勒④试图从多学科结合谈广告自律《基于各学科研究的从标题中反复出现的广告监管和自我监管问题》除了长期对广告真实性的职责之外，社会健康、隐私入侵、诱导消费者过度消费等都主张对广告进行治理。Rotfeld和Stafford（2007）提出，现有广告的价值以及公共政策研究模型对于广告监管和自我调节有一定的指导作用。

---

① M JILL AUSTIN, MARY LYNN REED. Targeting children online: Internet advertising ethics issues [J]. Journal of Consumer Marketing, 1999, 16 (6): 590-602.

② A KEATY, RJ JOHNS, LL HENKE. Can Internet Service Providers and Other Secondary Parties Be Held Liable for Deceptive Online Advertising? [J]. Business Lawyer, 2002, 58 (1): 479-517.

③ O TENE, J POLONETSKY. To track or 'Do Not Track': advancing transparency and individual control in online behavioral advertising [J]. Social Science Electronic Publishing, 2011: 1139-1143.

④ HERBERT JACK ROTFELD, CHARLES RTAYLOR. The advertising regulation and self-regulationissues ripped from the headlines with (sometimes missed) opportunities for disciplined multidisciplinary research [J]. Journal of Advertising, 2009, 38 (4): 5-14.

此外，布洛尼兹、穆蒂、费雷拉①提出了利用高科技对广告进行智能监管的观点。在《基于服务系统的自适应应用程序配置存储库：在不断发展的在线广告环境中克服挑战》一文中提到一种基于配置的方法，即可以授权自适应机制，以应对网络广告乱象丛生的挑战。它提供了一个基于 RESTful Web 服务 API 的集中式应用程序配置存储库服务的解决方案，以便为高可用性、可扩展和松散耦合的系统提供配置（如适应性）的好处，使其能够快速响应更改。该解决方案在巴西最大的门户网站所采用的进化型在线广告系统中成功实施，每月处理 50 亿次广告请求。它允许构建一个自适应广告排序机制，在没有人类监督的情况下不断演变系统配置。该解决方案大大缩短了从构思新变化到在系统中工作的时间。此外，该解决方案可作为开放源代码使用，并且还被其他几个基于服务的系统使用。

美国在网络广告监管体制中实行的是以行业自律为主导、政府监管和社会监督为辅的理念。在实际监管及治理过程中，这一体制背景下涵盖的治理机制也在发挥作用。程莹琦认为，美国广告行业自律机制比较健全，美国广告业建立了许多自律组织，如广告联合俱乐部、广告代理商协会、广告联盟、广播事业协会等，对广告实行严格的自我管理、自我约束。这些自律组织也建立了相应的约束机制，保证自律组织的规范能得到成员的遵守②。周怡指出，在处理具体案例的过程中，美国广告监管采取的是投诉机制。不管是行业自律组织还是政府，都是在接到投诉之后才开始着手处理该案件的。处理程序包括受理投诉、评审投诉、决定及制裁以及审核投诉③。在对虚假广告的治理上，白旭指出，美国对所有广告都实行预先审查机制，经过审查并给予许可证后才能投入市场播放。对虚假广告要发布更正广告，对继续播放虚假广告的企业要给予巨额罚款直到更正为止，此外还要承担刑事责任④。周辉指出，在美国，传统广告的立法、治理主体和机制在网络环境下继续发挥着主导作用，但是也需要根据一些特殊情形，对实际情况进行调整⑤。另外，在提及美国的网络广告监管给我国的启示时，赵洁和骆宇认为，对网络广告的监管还需要消费者对网络广

① ME BOLELLI BROINIZI, D MUTTI, JE FERREIRA. Application configuration repository for adaptive service-based systems: overcoming challenges in an evolutionary online advertising environment [J]. IEEE International Conference on Web Services, 2014: 670-677.

② 程莹琦. 我国网络广告的公共治理机制研究 [D]. 上海: 上海交通大学, 2009.

③ 周怡. 中美广告监管比较研究 [D]. 上海: 上海外国语大学, 2012.

④ 白旭. 我国虚假广告的法律规制 [D]. 昆明: 云南财经大学, 2015.

⑤ 周辉. 美国网络广告的法律治理 [J]. 环球法律评论, 2017, 39 (5): 142-161.

告进行监督，以营造社会监管环境和氛围①。

1.5.2.2 欧洲各国关于网络广告治理机制的研究与实践

除了美国之外，欧洲各国在促进互联网不断发展及广告业不断革新中也是不遗余力，对于网络广告的治理，欧盟的经验对我国来说也具有很大的借鉴意义。与美国较多地强调行业自律不同，欧盟则强调统一立法保护。2000 年，欧洲部长级会议建立了电子商务框架治理机制，对于网络广告主体登记做出了相应的规定。2005 年，欧盟出台了《关于误导广告和比较广告的指令》。该指令界定："误导性广告是指以任何形式欺骗或者可能欺骗已接触广告的观众或消费者，并由于其欺骗性质可能影响消费者的经济行为，或因此损害或可能损害其竞争对手的广告。"② 2018 年 7 月 6 日，欧盟议会通过了《通用数据保护条例》（general data protection regulations，GDPR）并在欧盟正式实施。这个条例因对个人隐私信息保护严格被称为"史上最严规制"。

在网络广告市场监管立法方面，欧洲也因为各国网络广告现实发展状况和行业特点而有所不同。例如，以丹麦为代表的北欧国家广告监管模式突出强调对消费者利益的保护，以德国为代表的部分大陆成员国广告立法的着眼点在于防止不公平竞争。这就导致欧盟在推进单一市场的进程中，它所面对的是众多成员国错综复杂的市场状况与各自不同的法律环境，在包括广告监管在内的市场监管立法方面所面临的挑战是巨大的。针对欧盟的广告自律机制，范志国和毕小青认为，欧洲广告业的自律机制形成了自己鲜明的特点，既有国家内部的广告自律组织，又有跨国的（或超国家的）广告自律组织，主要是指欧盟成员国之间的广告自律组织。1992 年，欧洲最大的广告自律组织——欧洲广告标准联盟（european advertising standards alliance，EASA）正式开始运行，该组织已经帮助相关国家建立了自律机制。同时，为了处理由在一欧盟成员广告推广却在另一国的媒体发布而引发出来的问题，1992 年欧盟广告标准联盟建立了跨国投诉制度③。

在欧洲，英国是一个相对独立的存在。在英国的新媒体广告规制中占据主导地位的是自我管理，有完善的广告自律体系、强制力的执业准则以及健全的执行机制。1900 年，英国伦敦成立了第一个广告商行业组织——广告商保护协会（APS）。1920 年，广告商保护协会更名为英国广告商联合会（ISB）。在网络广告规范上，英国也有重大的举措。2010 年 4 月，英国议会通过并实施

---

① 赵洁，骆宇. 美国网络广告监管以及对我国的启示 [J]. 中国广告，2007（11）：19-21.
② 席琳. 我国网络广告监管研究 [D]. 长春：吉林大学，2017.
③ 范志国，毕小青. 欧盟广告自律机制研究 [J]. 广告人，2010（6）：189-190.

了《数字经济法》。该法案分别对互联网条件下的基础设施建设、数字内容的著作权保护、域名管理、数字内容管理等内容进行了规定和补充，将英国原有的《通信法》《著作权法》等法案的原法适用范围扩展至互联网。

梅瑞克和奈维特①两位学者在《英国和美国广告自律的比较历史》中探讨了 ASA／CAP 委员会系统（英国）和 NAD／NARB 系统（美国）的相似点与差异，建议英国可以采用 NAD／NARB 系统的某些特征：一是自律或政府监管广告，二是广告和营销经理、跨国公司及广告代理的高级管理人员参与治理，三是立法者和政府官员的积极配合，四是消费群体的自发监管。

此外，杰斯特和莱兹②两位学者在共同撰写发表的论文《媒体的自我和共同监管：欧盟对转型国家的战略和贡献》中谈到，随着全球通信网络的成熟，欧洲共同体（EC）的战略以及对转型国家的贡献，应对网络发出的挑战，传统的监管制度已经落后。杰斯特和莱兹区分了协调和监管，以澄清政府干预是必要的和不可或缺的。

在新媒体广告自律方面，英国有以 ASA（广告标准局）和 CAP（广告执业委员会）为中心的广告自律体系。英国广告标准局对广告业推行的行业自律政策是由广告执业委员会负责草拟实施的，被统称为“CAP 条令”。这是英国广告自律体系的最高守则。近几年来，英国广告标准局与广告执业委员会针对新媒体广告出现的问题与争端，出台了一系列自律条令，对“CAP 条令”进行补充。爱维·戈德法布③在《隐私法规和在线广告》一文中指出，针对广告商使用在线客户数据来定位他们的营销呼吁加强对消费者隐私的关注，引导政府通过限制使用数据和限制在线跟踪网站使用的技术来保护消费者，探讨了欧盟隐私法规在网络广告中的监管作用以及它是如何限制广告商搜集网络用户数据的。

欧盟同时陆续成立了新的广告自律组织，以规范各成员国的新媒体广告行为，影响较为广泛的是欧洲交互性数字广告联盟（EDAA）。该联盟是一个非营利性机构。

① GE MIRACLE, T NEVETT. Comparative history of advertising self-regulation in the UK and the USA [J]. European Journal of Marketing, 1988, 22 (4): 7-23.

② N JUST, M LATZER. Self-and Co-regulationinthemediamaticssector: Europeancommunity (EC) strategies and contributions towards a transformed statehood [J]. Knowledge, Technology & Policy, 2004, 17 (2): 38-62.

③ AVI GOLDFARB. Privacy regulation and online advertising [J]. Management Science, 2011, 57 (1): 57-71.

1.5.2.3　日本关于网络广告治理实践机制的研究与实践

日本也是当今世界广告产业较为发达的国家。对于其网络广告的治理和监管，范志国和殷国华指出，日本采取的是以"企业和行业的自律为主，相关法律法规为辅"的广告监管模式①。在分析日本的广告自律机制时，缪冲认为，日本各种广告行业团体是通过订立行业协会的自律公约来进行自我规制，其广告自律组织也不依附于任何政府组织，有自己独立的经费来源；从它们的团体目标上说，都是为了促进问题广告行业的健康发展②。在法律机制上，林晟垚认为，自明治维新开始，日本通过借鉴德、法等国的先进法律体系等手段来推进自身的法律机制建设。其中，日本主要制定了《广告取缔法》《不正当竞争法》《消费者保护基本法》以及《日本广告律令》等法律来约束虚假广告行为。针对虚假广告治理问题，日本在治理机制上，虽无专门的广告法律和特定的专门治理机构，但是在实际运行中对广告问题都有相关规定，主要采用各部门相互协调来进行规制的治理方式③。

1.5.2.4　韩国关于网络广告治理机制的研究与实践

崔顺姬在《深入聚焦专家访谈：建立互动广告广告管理法律法规和组织》一文中对互动广告的播出提出了以下四条建议：一是应当建立电子商务用户的隐私和信息保护技术的法律法规，明确监管机构和监督管理的责任；二是在解决争端和责任参与的制裁上，对非法广告信息曝光并对责任方进行法律制裁；三是作为交互式广告市场参与者，广告主协会、广告公司、媒体代理和媒体公司需要开展自律教育，在自律约束中发挥重要作用；四是为了对用户进行最大程度地保护，政府监管机构应进行法律干预。

韩国消费者调研报告——《在线（移动）SNS广告的问题及改进措施》中阐述了在线（移动）SNS广告的问题及改进措施。通过借鉴美国、英国、日本主要的网络广告管理条例，并根据韩国通信标准委员会对违法和不良信息、有害信息的界定，比较了脸书和推特内容广告限制，同时在进行SNS广告的消费者调查后，提出了改进措施。例如，SNS服务广告拦截选项需要放大，非法、有害信息报告菜单改进的反馈、监测和监督，加强打击非法和有害信息等。

韩国学者也十分关注消费者隐私的保护。例如，安晟敏在《在线行为广告和隐私》一文中认为，在线行为广告是基于个人的在线活动，因此会导致

①　范志国，殷国华. 日本广告自律机制给我们的启示 [J]. 中国广告，2010 (5)：122-124.

②　缪冲. 虚假广告的法律规制研究 [D]. 上海：上海师范大学，2014.

③　林晟垚. 虚假广告治理的法律机制研究 [D]. 沈阳：沈阳工业大学，2016.

隐私问题。隐私问题同时受到世界各地监管机构的关注。许多关注点集中在使用跟踪技术和消费者隐私暴露受到的影响。欧盟规定并要求广告客户遵守2009 年修订的《电子隐私指令》和《数据保护指令》，美国更强调企业和行业的自律。美国和欧盟都表示，在隐私风险和大数据创新之间找到平衡点是在线行为广告面临的最大挑战。

综上所述，国外学术界对网络广告的治理机制的研究大多是从法律机制、自律机制和社会监督机制三个角度中的某一个方面切入，就某个具体的专题进行论述。而且这些学术研究成果往往有其方法论上或观点上的创新，也较为成熟。此外，从有关文献也可以看出，国外发达国家在网络治理的实践上是比较成功的，而我国网络广告起步较晚，无论是在有关学术研究还是在具体的实践上都滞后于西方发达国家。所以，向西方发达国家学习，对促进我国网络广告健康发展，构建系统有效的网络广告治理机制，具有非常重要的借鉴意义。

2 基本概念与理论依据

本书涉及的基本概念有制度、体制和机制，治理、国家治理、广告治理和治理体系等，理论依据有生态学理论、熵及耗散结构理论、公共治理理论和新公共管理理论等。

2.1 基本概念

2.1.1 制度、体制与机制概述

按《辞海》的解释，机制原指机器的构造和运作原理，借指事物的内在工作方式，包括有关组成部分的相互关系以及各种变化的相互关系。机制作为原本运用于自然科学领域的概念，被引申至更广泛的领域之后，强调事物自身的构成及运动中的某种由此而彼的必然联系和规律性。其定义包含四个要素：一是事物变化的内在原因及规律，二是外部因素的作用方式，三是外部因素对事物变化的影响，四是事物变化的表现形态[①]。

要理解机制，还需要厘清机制与制度和体制的关系。所谓制度，通常指社会制度，是指建立在一定社会生产力发展水平的基础上，反映该社会的价值判断和价值取向，由行为主体（国家或国家机关）所建立的调整交往活动主体之间以及社会关系的具有正式形式和强制性的规范体系。制度可以分为两个层面：根本制度和具体制度。根本制度属于宏观层面，是指人类社会在一定历史条件下形成的经济、政治、文化等方面的规则和程序体系，如社会制度、经济制度、政治制度、社会基本制度等；具体制度属于微观层面，是指某个单位、某项重复进行的活动，要求成员共同遵守的办事规程或行动准则，如财务制度、工作制度等。制度还可以从宏观和微观角度进行分类。宏观层面的制度相

---

① 孔伟艳. 制度、体制、机制辨析 [J]. 重庆社会科学，2010 (2)：96-98.

当于根本制度，包括各种社会制度、经济制度、政治制度、文化制度等；微观层面的制度比具体制度的外延要广，包括约定俗成的法律制度、财务制度、劳动制度、工资制度，与经济关系密切的制度包括现代企业制度、现代产权制度、社会保障制度、企业法人制度、有限责任制度，等等。

体制是制度的中观层面，兼具格局和规则两方面的含义。如管理体制，首先是指一定的组织格局（或结构）；其次，这个组织格局全部或部分地决定了或蕴含或影响这个组织为实现某种管理功能而进行运作的规则①。体制可以是某些社会分系统方面的制度，如政治体制、经济体制、文化体制、教育体制等；也可以是国家机关、企业、事业单位整体意义上的组织制度，是它们在机制设置、领导隶属关系和管理权限划分等方面的体系、制度、方法、形式等的总称，如领导体制、学校体制等。

机制通常指制度机制，机制是从属于制度的。机制通过制度系统内部组成要素按照一定方式的相互作用实现其特定的功能。制度机制运行规则都是人为设定的，具有强烈的社会性，如竞争机制、市场机制、激励机制等。简单地说，机制就是制度加方法或者制度化的方法。

机制的一个重要特点是它的自组织性。在机制内部，各组成部分和环节之间相互联系、相互制约、相互促进、相互作用。任何一个因素和环节的变化，都会引起或受制于其他因素和环节的变化；同样，其他因素和环节的变化也会影响或受制于这个因素和环节的变化，从而使系统整体在一定时间和条件下保持着相对的稳定性。当某一要素的变化不符合系统整体的要求及功能的发挥时，系统就会借助自身机制自动进行调节，以确保系统目标的实现。因此，机制可能是显性地存在于某一具体制度的明确条款之中，也可能是隐性的，潜藏于制度性规定之后，是保障某些制度性规定得以落实的必要规则。

2.1.2 网络广告治理的相关概念

2.1.2.1 治理的含义

谈及制度、体制与机制的关系时，治理与治理体系是必须要论及的概念。所谓治理，其实并非舶来品，是指治国理政过程中的行为②。就这一层内涵的

---

① 鲍去病. 对经济制度、经济体制及其运行机制的认识［J］. 中国工业经济研究，1994（10）：16-18.

② 李龙等在《"治理"一词的沿革考略——以语义分析与语用分析为方法》一文中认为，"治理"思想的应用主要包括尧舜五帝治理、春秋战国诸子治国理政、汉朝"修齐治平"、唐朝"制法成治"、宋朝"资治之鉴"、元代"治乱警监"、明朝重修吏治和清朝治权之辩。

表述在我国典籍中可谓源远流长。学者王炳林指出，在中国，"治理"一词古已有之，如《荀子·君道》中的"明分职，序事业，材技官能，莫不治理"①。《汉书·赵广汉传》中的"壹切治理，威名远闻。"其内涵包含统治、管理之义。

在西方，"治理"概念源于古典拉丁文和古希腊语中的"掌舵"一词，具有控制、引导和操纵之意。20世纪90年代，西方学者采用"治理"一词，强调政府的行政行为是起引导作用，而不是起主导作用，要将权力下放给社会公众。

1989年，世界银行在概括当时非洲的情形时，首次使用了"治理危机"一词。此后，"治理"被广泛应用于政治发展研究当中，并且被赋予了新的含义。此后，在当前研究的基础上形成了现代西方治理理论来解决新公共管理理论的困境。20世纪90年代以来，中国学者便开始关注治理理论。当时的研究主要聚焦翻译和引进西方的治理理论，俞可平等成为主要代表人物。随着21世纪的到来，"治理国家""国家治理现代化"等概念逐步被使用。与此同时，整个学术界对"治理"的关注度也越来越高，与其相关的研究也大量涌现。"治理"目前已经成为中国政治学、社会学、公共管理学乃至其他领域一个炙手可热的词汇。

在中国古代典籍中，"治理"主要是统治与管理，意为处理国家政务或者治国理政②。其实这一概念更多是在强调治理主体的权威性，并且表明了它是一种自上而下的单向度管理。处理；整修。治理理论的主要创始人之一詹姆斯·罗西瑙认为，治理是通行于规制空隙之间的那些制度安排，或许更重要的是当两个或更多规制出现重叠、冲突时，或者在相互竞争的利益之间需要调解时才发挥作用的原则、规范、规则和决策程序③。

英国学者格里·斯托克认为："治理的本质在于，它所偏重的统治机制并不依靠政府的权威和制裁。'治理的概念是，它所要创造的结构和秩序不能从外部强加；它之所以发挥作用，是要依靠多种进行统治的以及互相发生影响的

① 王炳林. 推进中国特色社会主义制度优势转化为国家治理效能 [J]. 中国党政干部论坛，2019（10）：23-26.

② 杜飞进. 中国现代化的一个全新维度：论国家治理体系和治理能力现代化 [J]. 社会科学研究，2014（5）：37.

③ 詹姆斯·罗西瑙. 没有政府的治理：世界政治中的秩序与变革 [M]. 张胜军，刘小林，等译. 南昌：江西人民出版社，2001：5.

行为者的互动'。"①

联合国全球治理委员会（CGG）对治理的概念进行过界定。该委员会指出，治理是"各种公共的或私人的个人和机构管理其共同事务的诸多方法的总和，是使相互冲突的或不同利益得以调和，并采取联合行动的持续过程"，这既包括有权迫使人们服从的正式制度和规则，也包括各种人们同意或符合其利益的非正式制度安排。

随着治理理论的思想传入中国，一些中国学者也开始深入研究这一理论。最早关注治理理论的学者是毛寿龙。毛寿龙指出，英文中的动词govern既不是指统治（rule），也不是指行政（administration）和管理（management），而是指政府对公共事务进行治理。它掌舵（steering）但不划桨（rowing），不直接介入公共事务，只介于负责统治的政治和具体事务的管理；它是以马克斯·韦伯的官僚制理论为基础替代传统行政，这也就意味着新公共行政或者新公共管理的诞生，因此可译为"治理"②。

联合国全球治理委员会表明"治理"有四个特征：一是治理不是一套规则条文，也不是一种活动，而是一个过程；二是治理的建立不以支配为基础，而以调和为基础；三是治理同时涉及公、私部门；四是治理并不意味着一种正式制度，而确实有赖于持续的相互作用。俞可平对比统治与治理的区别来考察治理的内涵及特征：一是权力的主体不同。统治的主体是政府或其他公共权力机构；治理的主体则是多元的，不限于政府。二是权力的性质不同。统治是强制性的，治理更多是协商合作。三是权力的来源不同。统治的权力源于法律；治理除了源于法律外，还源于各种非强制性的契约。四是权力的运行向度不同。统治的运作逻辑是自上而下，治理的运作逻辑是自上而下与自下而上相结合。五是权力运行的范围不同。统治以政府权力所及范围为边界，治理以公共领域为界，范围要宽广得多③。陆喜元等指出，现代治理的五大特征主要包括主体的协同性、客体的公共性、机制的互动性、目标的聚合性、价值的社会性。

俞可平大力倡导并深入研究了"治理""善治""社会治理""全球治理"

---

① 格里·斯托克. 作为理论的治理：五个论点 [J]. 华夏风，译. 国际社会科学（中文版），1999（1）：20.

② 毛寿龙，李梅，陈幽泓. 西方政府的治道变革 [M]. 北京：中国人民大学出版社，1998：6-7.

③ 俞可平. 国家治理体系的内涵本质 [J]. 理论导报，2014（4）：15.

"官民共治"等理论，使这些概念和理论在我国广为传播，并产生了非常大的影响①。他指出，"治理"一词的基本含义是指在一个既定的范围内运用权威维持秩序，满足公众的需要。治理的目的是在各种不同的制度关系中运用权力去引导、控制和规范公民的各种活动，以最大限度地增进公共利益②。

何增科认为，关于国家治理体系现代化，"中国共产党就是要通过建构上下互动、多层协调、全面推进的方式，创造有利于国家治理顺利推进的制度空间。在中国共产党的领导下，通过建立一种长期、持续、平等、开放、包容的国家治理机制，社会各个主体可以通过理性的交流与互动，……从而为推动国家治理体系的现代化奠定坚实的基础。"③

诚然，当前我国大力提倡的国家治理体系和治理能力现代化，是以中国特色社会主义理论为指导，在借鉴西方治理理论中的合理思想和吸收中华优秀传统文化中的治理智慧的基础上，根据我国国情提出来的，是中国特色社会主义框架内的"治理"。

2.1.2.2 从国家治理到广告治理

叶中华等曾在《提升国家治理能力的理论思考与实践方向》一文中提出，20世纪90年代以来，西方经济社会纷繁复杂，传统的强硬统治手段已不适用于那时的社会发展状况，故而当权者开始考虑采取更为柔和的方式处理社会问题、缓解社会矛盾。由此，国家治理概念由此产生④。

斯托克指出，国家治理有广义与狭义之分。广义的国家治理是基于国家存在的客观事实，以国家为单元，在国家政权所辖范围对人、事、物进行的治理活动，包括国家的政治、经济、社会、文化、生态以及生活在这个国家的公民，都需要进行治理。国家是指治理的范围，并非治理者或者治理主体。它既是一个地理概念，指国家所占的地理空间范围，又是一个政治概念，指国家政权所管辖的领域。而狭义的国家治理则指国家对政治领域的治理，即政治治理或政府治理⑤。这里的"国家"是指治理者或者治理主体即代表国家的政府，是相对于企业治理、社会治理和个人治理而言的。

从国家治理概念的阐释中，我们得到对广告治理概念理解的启示，即广义的广告治理。广义的广告治理是治理主体按照一定的既定目标，遵照特定的治

① 俞可平. 全球化与全球治理［M］. 北京：社会科学文献出版社，2003.
② 俞可平. 全球化与全球治理［M］. 北京：社会科学文献出版社，2003.
③ 何增科. 治理、善治与中国政治发展［J］. 中共福建省委党校学报，2002（3）：16.
④ 叶中华，董鹏. 提升国家治理能力的理论思考与实践方向［J］. 国家治理，2019（2）：28-38.
⑤ 斯托克. 作为理论的治理：五个论点［J］. 国际社会科学（中文版），1999（3）：21.

理规范，遵循一定的治理价值取向，对特定范围的广告活动进行计划、组织、协调、规范和控制的互动过程。因为广告治理的对象明确，范围清晰，就没有必要从狭义的角度进一步细分了。

2.1.2.3 从国家治理体系到广告治理体系

"国家治理"是"治理"理论在国家层面的运用，依据治理的基本内涵和特征，便可以明晰国家治理的基本轮廓。谢丹妮在《习近平的国家治理现代化思想探析》一文中指出，国家治理有两大组成部分：治理体系和治理能力。两者相辅相成，共同促进。她认为，国家能力是指国家统筹、处理各个领域各种治理主体之间的关系①。

当前，学术界对于国家治理体系的内涵界定主要分为两种：一种是制度论，即把国家治理体系归结为制度体系。如孔新峰在《习近平关于推进国家治理体系和治理能力现代化重要论述的历史逻辑与科学内涵》一文中指出，"当代中国的国家治理体系是在中国共产党的领导下治理国家的制度体系，是一整套紧密相连、相互协调的国家制度。"② 陈金龙将国家治理体系视为中国共产党领导人民有效控制和管理国家和社会各项事务的制度体系，包括经济、政治、文化、社会、生态文明建设与党的建设等各个方面的体制机制和法律法规。国家治理体系是一个制度体系，包括国家的行政体制、经济体制和社会体制③。俞可平认为，有效的国家治理涉及三个基本问题：谁治理、如何治理、治理得怎么样。事实上，这三个问题是国家治理体系的三个主要要素，即治理主体、治理机制和治理效果。现代国家治理体系是一个有机的、协调的、动态的和整体的制度运行系统④。另一种是"系统论"，即认为国家治理体系是一个完整的系统。它由多种构成要素组成。如郑言、李猛认为，国家治理体系是指"党领导下管理国家的制度体系和各领域体制机制、法律法规相互协调，日趋合理"⑤。而对于这方面的解释主要有以下几种：国家治理体系是一个以目标体系为追求、制度体系为支撑、价值体系为基础的结构性功能系统，是社

---

① 谢丹妮. 习近平的国家治理现代化思想探析 [J]. 闽南师范大学学报（哲学社会科学版），2019（3）：1-4.

② 孔新峰. 习近平关于推进国家治理体系和治理能力现代化重要论述的历史逻辑与科学内涵 [J]. 当代世界社会主义问题，2019（1）：12-21.

③ 陈金龙. 治国理政基本理念的重大突破 [N]. 中国社会科学报，2013-11-22（A07）.

④ 俞可平在 2013 年 11 月 30 日北京召开的"推进国家治理和社会治理现代化"学术研讨会上的发言："国家治理现代化须超越任何群体局部利益"。

⑤ 郑言，李猛. 推进国家治理体系与国家治理能力现代化 [J]. 吉林大学学报（社会科学版），2014（2）：11.

会利益关系、政治权力关系和公民权利关系相互联系、整体构成的有机系统，是由治理主体、治理客体、治理目标、治理方式等要素构成的完整系统。由政治权力系统、社会组织系统、市场经济系统、宪法法律系统、思想文化系统等构成的有机整体，包括治理理念、治理制度、治理组织和治理方式四个层次。

通过对国家治理体系这一概念的梳理和总结，我们可以这样理解广告治理体系，即指围绕国家权力机关及有关组织和个人针对广告治理活动而形成的由一系列要素及相互关系所构成的完整系统。它不仅包括制度、法律、机制，还包括执行力等要素在内。从制度论的观点看，广告治理体系首先是一套制度体系，是在中国共产党领导下的、具有中国特色社会主义制度特色的广告治理制度体系，是一套紧密联系、相互协调的在广告管理方面的制度总和。

从系统论的角度看，广告治理体系是一个以目标体系为引领、具体制度和机制体系为支撑、广告治理价值体系为基础的结构性功能系统，是协调、规制由广告活动而形成的社会利益关系、经济合作关系和公民权利关系相互联系、整体构成的有机系统。从系统构成看，广告治理体系是由广告治理理念、治理目标、广告治理主体、广告治理客体、广告治理方式和广告治理绩效等要素构成的完整系统。

2.2 理论依据

作为一种新型的广告形式，网络广告进入中国时间不算长。如果以从搜狐、新浪等门户网站商用为我国网络广告作为广告事业中一个重要门类发展的起始点，到现在也不过 20 余年时间。随着信息技术和网络科技的迅速发展和迭代，网络广告也在这短短的 20 余年中走过了几个时代，如以门户网站为主要媒介载体的展示广告时代，以百度、谷歌等搜索引擎巨头引领潮流的搜索广告时代，以大数据和人工智能技术为基础的精准推广和智能匹配的广告时代。值得一提的是，在当前智能传播语境下，网络科技的迭代突飞猛进，各种广告传播技巧在智能技术加持下花样翻新，网络广告生态也随之重构。无论是互联网媒介的经营模式还是广告运作形态都在发生剧变，一些过去见所未见的传播手段、传播方式层出不穷。尽管监管部门正在努力从监管理念和监管手段上奋起直追，无奈还是难以望其项背。

面对我国数字经济欣欣向荣的局面，我们从政策上既要积极助力网络广告事业的发展，更应高瞻远瞩、为其构建一套行之有效的治理体系和治理机制，以保障它能健康发展，走得更远，发展得更好。当然，构建网络广告治理长效机制还在路上。尽管有国外经验可借鉴，但基于国情不同，还需要根据我国实际情况来论证。同时，我们需要解决一个理论支撑和方法论选择的问题。经过对本研究领域的文献梳理，本章拟引入公共治理理论、新公共管理理论、生态学理论以及熵和耗散结构理论四个相关理论，并分析该系列理论对构建我国网络广告治理长效机制的指导作用。

2.2.1 以生态学理论提供分析思路

生态学（ecology）是德国的生物学家恩斯特·海克尔在 1866 年定义的一个概念。他认为，生态学是研究生物体与周围环境（包括非生物环境和生物环境）之间相互关系的科学。而生态系统（ecosystem）的概念是由英国的生态学家唐斯莉于 1935 年首先提出来的，指生物物种和非生物环境的统一体。约阿希姆和阿瑟斯认为，只要有种群（population，即在一定时间内占据一定空间的同种生物的所有个体）存在，并各自发挥特定的作用和相互作用从而达到某种机能上的稳定，这个整体就可视为生态系统①。后来，系统论、控制论、信息论的概念和方法逐步被引入，促进了生态学理论的发展，20 世纪 60年代形成了系统生态学。随着生态学向多层次的综合研究发展，与其他某些学科的交叉研究日益显著，逐渐形成了社会生态学、政治生态学、经济生态学等学科门类。

生态学有一套基本范畴，如种群、群落和生态系统等。生态学强调几个基本观点：一是整体观和综合观。在一定的空间内，事物都是一个综合的整体，各个组成部分之间存在着复杂而又有机的联系，彼此都不可能孤立；每个高级层次都有其下级层次所不具有的某些整体特性，这些特性不是低级层次单元特性的简单叠加，而是当低级层次单元以特定方式组合在一起时产生的新特性。二是层次观。客观世界都有层次，且这种层次是无限的；构成客观世界的各个层次都有自己的结构和功能，自己的特点；任何一个层次的研究和发现都有助于对另一个层次的研究和认识。三是平衡观。生态系统是宽泛的概念，任何生物群落与其环境的组合都可以称为生态系统。在系统中，生产者、消费者和分解者的种类与数量，或物质和能源的输入输出强度，都保持着相对平衡的关系；或者说，共同生活在同一群落中的物种处于一种稳定状态。当然，生物

---

① JOACHIM L, DAGG ARTHUR G. Tansley's New Psychology and itsrelationtoecology [J]. Web Ecology, 2007 (7)：27-34.

群落不是一成不变的，而是一个动态系统，会随着时间的推移而发展和变化，组成群落的物种始终处在不断地变化之中，自然界中的群落没有整体的稳定，只有群落的抗逆性和复原力。生态系统内部各因子的联系总是处于"平衡—不平衡—新的平衡"这样一种不断运动、变化、发展的过程中。

我们可以将网络广告产业视为一个相对完整的生态系统。网络广告的生态系统分为生态主体和生态环境两个部分。网络广告系统的主体应该是指围绕广告运作形成的广告市场主体与受众互动而形成的系统，而广告治理体系又是一个相对独立的生态系统，是整体广告生态的环境因素。但是，这两个系统并不是孤立的，生态主体和生态环境之间是整体与综合的关系。

近年来，有的学者已将生态学的观点引入网络治理机制的研究领域，认为"政府与公众通过网络媒体形成的特定互动关系的动态过程，包括了具体主体性的人和与之相应的环境，完全符合作为一个生态系统的条件"①。尤其是在智能化传播时代，网络技术对广告产业的冲击巨大，也给广告生态带来了翻天覆地的变化。不少学者也关注到这点。如李亦宁、杨琳、李欣璟等学者从大数据在广告行业的运作对广告行业的影响进行了分析，钱广贵从广告形态学的角度论及了网络技术、智能技术对网络广告生存形态的影响与未来发展，等等。因后文将在现有研究的基础上，借助生态系统学的相关原理为建立网络广告治理长效机制搭建理论的框架，故在此只做简略阐述。

2.2.2 用熵理论管窥治理机制的运行

2.2.2.1 熵和熵增理论

所谓熵，即热力学第二定律。"这个名称是由德国的物理学家鲁道夫·克劳修斯在 1868 年第一次创造出来的"②。热力学第一定律指出，能量是守恒的、不可破坏的，只能从一种形式转变到另一种形式。而热力学第二定律指出，能量只能不可逆地沿着一个方向转化，即是从"可利用"到"不可利用"的状态，从有效的状态到无效的状态转化。熵就是这种不能再被转化做功的能量的总和。当系统内越来越多的不能再被转化的能量汇集到一起时，就会走向"热寂"，当有效物质全部耗尽时，则会变成"物质混乱"状态。因此，熵的核心概念是"混乱和无序"，是系统中混乱的程度，是不能再被转化、无效能量的总和。

---

① 凌烨丽. 网络问政的生态化考量 [J]. 前沿, 2011 (19): 165.
② 杰里米·里夫金，特德·霍华德. 熵：一种新的世界观 [M]. 吕明，袁舟，译. 上海：上海译文出版社, 1987.

对于孤立系统，由于其不存在与外界的物质、能量交换，系统会自发地从非平衡状态发展到性质均匀的平衡状态，并且这个过程不可逆，在两种状态的转化过程中系统的熵不断增大；对于开放系统，由于存在和外界的物质、能量交换，此时不仅需要考察系统内部产生的正熵，还需要考虑到系统与外界环境之间的熵交换。通常，熵理论会作为衡量系统提供一个可以量化的可行工具①。

2.2.2.2 耗散结构理论

耗散结构是一种远离平衡态的开放有序结构。耗散结构理论是比利时普里戈金在贝特朗菲系统论的基础上，于 1969 年提出的一个揭示复杂系统中自组织运动规律的重要理论。普里戈金等认为，"在远离平衡态条件下，我们可能得到从无序、混沌到有序的转变。这一过程中产生一些新力学态物质，反映给系统与其周围环境相互作用的状态。我们把这些新的结构叫作耗散结构。"②从概念中，我们可以将耗散结构理论视为熵的孪生理论，两者有着紧密的内在联系和意义上的衔接性。在系统学中，通常用有序、无序、平衡、非平衡等描述客观事物状态。其中，有序是指系统内部各要素之间有特定规则的联系或转化，无序是指系统内部各要素在运动转化上体现出的无规律性。无论是自然系统还是社会系统，都有两种有序系统：一种是动态有序，由其形成的系统称为非平衡系统；另一种是静态有序，由其形成的系统称为平衡系统③。

耗散结构是一个动态的、稳定的、有序的结构，不同于静态平衡结构，它是"活"的稳定有序结构，当它远离平衡时，可以通过涨落由无序变为有序，并从一种耗散结构向另外一种更高层次的耗散结构发展和跃迁④。之所以称之为耗散结构，是因为维持这类组织需要不断地对系统进行某种形式物质、能量的交换，即不断地"耗散"能量。用熵理论解释，对于一个开放系统，系统有序程度取决于系统内部产生的正熵和与外界交换熵的和，即当系统从外界环境引入的负熵的绝对值大于系统内部产生的正熵时，系统总熵小于 0 时，此时系统由无序转向有序，形成非平衡状态下的稳定有序结构。可见，这种非平衡状态下的稳定需要不断从外界负熵输入，当总熵值达到一定分界点时，系统从

---

① 顾亮，刘振杰.公司治理过程发展研究：基于治理熵与耗散结构的分析 [J].未来与发展，2013，36（12）：79-84.

② 普里戈金，斯唐热.从混沌到有序：人与自然的新对话 [M].曾庆宏，沈小峰，译.上海：上海译文出版社，2005.

③ 贾举.基于"耗散结构理论"对网络舆情有序化控制和引导的思考 [J].东南传播，2009（3）：65-66.

④ 邱跃华，钟和平.基于耗散结构理论的社会治理思考 [J].改革与开放，2015（17）：3-4.

一种非平衡稳定状态发展到另一种非平衡稳定状态，这就是耗散结构的本质特征。

根据耗散结构理论，为了维持一个动态有序的系统，必须满足三个要求：系统处于开放状态、系统远离平衡状态、系统内存在非线性交互作用并产生涨落。这三个条件相互作用、相互影响。耗散结构理论是揭示开放非平衡系统有序进化规律的理论，对社会学、管理学、经济学等学科具有重要的借鉴意义。

2.2.2.3　熵/耗散结构理论的延伸运用

作为某种状态，熵/耗散结构的提出本是针对自然态的描述。但是，从系统映射的角度看，与自然态有着异质同构的社会状态又何尝不是如此。任何一种社会状态也总是在动态/静态、平衡/非平衡、稳定/非稳定的状态之间转换的。用熵/耗散结构是可以描述特定社会态的某一时刻的具体特征的。同理，熵/耗散结构理论也可以用来分析特定社会状态的变化现象，寻找一定的变化规律。其实，学术界早已将熵/耗散结构理论运用到社会治理、公司治理、产业发展等领域的研究中，并提出了诸如治理熵、系统熵、文化熵、机制熵等延伸范畴，很好地解释了政治、社会、经济和文化等事业运行中的实际问题。本书拟将熵/耗散结构理论作为网络广告治理机制研究的重要切入视角，结合广告生态系统分析，寻求广告治理系统合理的耗散结构。

2.2.3　以公共治理理论构建多元框架

多年以来，公共治理理论在我国学术界维持较高热度。其理论中所包含的"协商式管理"和"多元主义的合法性"等思想在学术界具有很高的关注度。

2.2.3.1　治理理论

在我国，"治理"一词自古有之。如《荀子·君道》："明分职，序事业，材技官能，莫不治理，则公道达而私门塞矣"；又如《汉书·赵广汉传》中"一切治理，威名流闻"。从字面意思来看，这里的治理是管制、统治之义，只是在当时"治理"是否作为一个专用名词还不能确认。而"治理"一词作为管理学的一个范畴，一般认为是 20 世纪 80 年代随着全球化进程而出现的，是随着公共事务的复杂性、动态性和不确定性增加而诞生的。在学术上，治理有新旧之分。旧治理指的是"政府及其行为"；新治理则可以上溯至 1989 年世界银行的《南撒哈拉非洲：从危机走向可持续增长》报告中，它指的是"政府与社会之间的伙伴关系"[1]。随后，治理理论便成了政治学、行政学和管理

---

① 余军华，袁文艺. 公共治理：概念与内涵［J］. 中国行政管理，2013（12）.

学等学科研究的热点。

1995 年，治理理论的鼻祖詹姆斯·罗西瑙在其《没有政府的治理》一书中把"治理"定义为一系列活动领域里未受到授权却能有效发挥作用的管理机制①。鲍勃·杰索普认为，协商过程就是利益博弈和价值观争执的过程，因而达成共识和共同目标的过程是漫长的，有时是不可能的②。此后，又有很多学者，从不同学科视角对于治理提出了定义。比如英国纽卡斯尔大学的罗茨教授和斯托克等人③分别提出了六形态学说和五形态学说。但他们都集中强调了以下三点：一是治理主体不仅仅只有政府，二是治理目的是最大限度地增进公共利益，三是治理的力量不仅仅来自政府或者其他部门的强制力，更多是一种主体自发行为。

20 世纪末，国内学者陆续对治理理论进行了研究。如徐勇在 1997 年就已经提出治理主要是统治、管理或统治方式、管理方法，即统治者或管理者通过公共权力的配置和运行来管理公共事务，从而支配、影响和调控社会④。他重点强调了我国当下的治理困境主要是政府的管理能力不足，而并非完全市场化下的市场资源分配、无法达到"帕累托最优"。俞可平在《治理与善治》一文中系统探讨了治理理论，认为治理主要是指官方的或民间的公共管理组织在一个既定的范围运用公共权威维持秩序，满足公众的需要⑤。他强调了政府和公民对社会生活的共同管理，并提出了合法性、透明性、责任性、法治、回应、有效和稳定七大基本要素⑥。

有学者就治理与统治、管理等相关概念进行了区分。余军华等认为，治理概念的不确定中出现了四个问题：分类错误、程序主义问题、概念狭隘和概念延伸。他们认为，由于治理是要实现社会的整体目标，因此为了满足个人的目标所形成的协作也就是所谓的私人治理不应该纳入研究范围；同时，与管理相比，治理是一种实现管理的手段，而治理中又不仅仅只有管理，还有信任与权力、利益与冲突，等等⑦。何翔舟等在回顾公共治理理论的发展之后认为，在

---

① 詹姆斯·罗西瑙. 没有政府的治理 [J]. 张胜军，刘小林，译. 南昌：江西人民出版社，2006：5.

② 鲍勃·杰索普. 治理的兴起及其失败的风险：以经济发展为例的论述 [J]. 国际社会科学（中文版），1999（2）：31-48.

③ 格里·斯托克，华夏风. 作为理论的治理：五个论点 [J]. 国际社会科学杂志，1999（1）：19-30.

④ 徐勇. Governance：治理的阐释 [J]. 政治学研究，1997（1）：63-67.

⑤ 俞可平. 走向中国特色的治理和善治 [N]. 文汇报，2002-08-09.

⑥ 俞可平. 治理和善治：一种新的政治分析框架 [J]. 南京社会科学，2001（9）：40.

⑦ 余军华，袁文艺. 公共治理：概念与内涵 [J]. 中国行政管理，2013（12）：54-57，117.

中国，治理理论运用还存在三个问题：一是提出公共治理理论的前提是市场和政府的双效失衡，而目前中国市场化程度还没有达到西方的高度，面临的问题主要是政府的规制能力和效率低下；二是中国目前的公民团体很难达成治理理论中提到的"政府—市场—社会"的平等治理；三是治理本身所倡导的政府—市场—社会三者合作如何有效整合存有疑虑，这是一种理想状态，在现实中很难达成。比如房地产行业①。21世纪初期，这些研究为治理概念的厘清带来了很大的帮助，也为治理在后来几年成为各个学科的研究对象奠定了基础。

国外学者对于治理理论的研究是基于他们当下所处的一种政府和市场双失灵的社会环境，在这种大背景下所形成的一种政府、市场、企业、组织和社会公众多主体参与的社会治理体系。这个概念被引入国内后，学者们立足中国国情又做出了新阐释与延伸。

2.2.3.2　公共治理和新公共治理理论

随着经济全球化发展，经济发达国家在政治、经济和社会等方面发生了重大变迁，尤其是政府财政危机与政府管理失灵促使了人们对原有治理理论和治理实践方法进行反思，一种新公共治理理论应运而生。公共治理是指政府及其他组织组成自组织网络，共同参与公共事务管理，谋求公共利益的最大化，并共同承担责任的治理形式。该理论强调，治理主体的多元化，公共权力多中心网络化运行，信任和合作是其实现机制等。

目前，学术界对于治理的研究主要有以下三个视角：一是方式视角下的治理（治理形式），主要有网络化治理和多层次治理；二是主体视角下的治理（治理主体），包含全球治理、新公共治理和公司治理；三是目标视角下的治理（治理目标），表现为善治②。其中，善治是治理理论主要的研究领域，也成为治理领域的研究目标。善治最早由世界银行提出，主要理论主张包括：增加政府与公共事务的透明和责任，减少公共支出的浪费；增加基本健康、教育和社会保障方面的投入；通过监管改革增强私营部门的力量。这些措施强调合法性和效率的政治、行政和经济价值。

从治理形式视角看，治理强调从传统科层制向多层次、多中心转变，如网络化治理和多层次治理。其中，网络化治理又可以分为私人网络和公共网络。公共网络如欧盟成员国为了集体行动而制定的欧盟政策。不同层级的政府（准政府性质的欧盟组织、成员国政府、地方政府）所形成的类似于垂直结构

---

① 何翔舟，金潇. 公共治理理论的发展及其中国定位 [J]. 学术月刊，2014（8）：125-134.
② 王群光. 治理的西方语境与中国化重建 [J]. 社会主义研究，2017（5）：87-95.

的网络治理形式。私人网络主要指单个企业与其他企业的协作以达成共同目的。罗茨曾经指出，治理是自组织的组织之间的网络，网络视角下的治理有四个基本特征：公共、私人、自愿部门组织间的相互依存；网络成员间基于交换资源、协商共同目的需要的持续互动；以信任和规则为基础进行调节；保持相当程度的相对于国家的自主性。

近20年互联网的飞速发展，成了公共治理理论转向的一个重要原因。美国学者斯托克在2006年提到，网络治理的关键在于建立和发展良好的关系，尤其提到网络治理的一个很重要的特点，也是互联网的元特点，即互动和合作。对此，陈振明强调网络化治理是多元治理主体共享公共权力进行公共事业管理的过程①。陈剩勇等人提到网络化治理是一种在同一种制度框架下的联合行动②。近几年，还有学者把治理置于互联网的背景下加以研究，如王群和汪玉凯等人研究了在互联网背景下公众参与和政府政务革新的可能。互联网给普通公众搭建了一个便捷的公共治理参与平台，从而有助于构建政府治理的多元模式。

从主体视角来看，近几年最热的研究领域就是新公共治理。新公共治理是在21世纪初兴起的一种管理模式和理论，它超越了以政府为中心的传统官僚行政模式和以市场为中心的公共管理模式的二分法，试图构建一个以"服务"为中心的多主体、多元化的公共服务过程③。新公共治理主要起源于英国，是对于高福利国家政策的一种反思。萨拉蒙在《政府的工具：新治理导论》一书中提到，在公共管理中引入新公共治理，需要重点关注特定的技能，即谈判和说服、协作和实现。

与之前众多"治理"比，新公共治理又新在哪里呢？新公共治理的主要提出者斯蒂芬·奥斯本等指出，新公共治理是围绕公共政策的执行和公共服务的提供，而这种执行和提供在多组织国家和多主义国家产生了新的情况，这是以前的公共行政和公共管理所不能应对的④。近几年，国内关于新公共治理的研究开始增多，但还是主要集中在政府规制和社会治理层面，更多的也只是选

---

① 陈振明. 公共管理学：一种不同于传统行政学的研究途径 [M]. 北京：中国人民大学出版社，2003：86.

② 陈剩勇，于兰兰. 网络化治理：一种新的公共治理模式 [J]. 政治学研究，2012（2）：108-119.

③ 张西勇. 美国新公共治理实践及其对我国的启示 [J]. 理论导刊，372（11）：109-114.

④ JACOB TORFING, PETER TRIANTAFILLOU. What's in a name? Grasping new public governance as a political - administration system [J]. International Review of Public Administration, 2013, 18（2）：165.

取政府管理中比较小的一个横切面进行研究，如李以所在公私合作制（PPP）项目中引入新公共治理的概念，他提出新公共治理理论对于开展 PPP 讨论有锚定作用。当 PPP 被视为新公共治理的实现路径和问题解决方案的创新概念时，一定会在政府和民间产生无数新的合作可能①。李彦霞等人又将新公共治理理论运用至建设智慧城市的过程当中，认为智慧城市恰恰要建立在一种"公共服务主导"的服务理论上②。胡炎平等人又从更微观的视角研究了新公共治理在对行政服务审判改革的作用与效度③。总之，国内关于新公共治理还都局限在政府规制范围，并没有进行跨学科的交流与研究。

2.2.4　提升监管绩效

以行政监管为主导是我国广告治理的体制特征，因此行政监管效率直接影响了广告治理的成效。针对复杂的网络广告传播问题，有必要从行政监管理念和模式等方面适时创新，而新公共管理理论为我们提供了有益借鉴。

20 世纪 70 年代后期，世界多地掀起了新一轮公共行政理论和政府管理模式的改革浪潮。针对传统行政管理模式过分强调等级原则、计划和直接控制，强调由政府机构自身来提供公共福利，强调集权而导致的以绝对的等级权利为中心，在政府的行政过程中实行脱离群众式的专断，缺乏公共服务精神等问题④。新公共管理理论认为，随着时代的发展，传统行政管理模式的固有弊端逐渐暴露出来，已难以适应社会发展对政府的新的需求，特别是在公共服务的提供方面。因此，新公共管理理论倡导的服务、协作等理念逐渐成为行政改革的指导思想之一。

1991 年，英国著名的公共管理学家胡德在《一种普适的公共管理模式》一文中首次提出了"新公共管理"的概念。该理论强调公众参与，以及将企业管理模式引入政府管理领域等主张得到广泛关注。随后，该理论在欧美多国得到落实和完善。如果我们去伪存真，抛弃其中资本主义意识形态的糟粕，以批判的态度将该理论有关提升政府执政能力的做法引入，对我们的研究是有一定借鉴意义的。以下将梳理新公共治理理论的要点，并以此探讨该理论对网络

---

① 李以所. 公私合作制（PPP）：跨学科视角下的概念性分析：基于德国经验的研究 [J]. 宁波大学学报（人文科学版），31（6）：96-103.

② 李彦霞，许鹏. 银川智慧城市建设研究 [J]. 中国市场，2017（31）：43-45.

③ 胡炎平，卢坤建. 新公共治理视角下的行政审批服务改革研究：以 J 市为例 [J]. 五邑大学学报（社会科学版），2017，19（3）：52-56.

④ 章秀兰. 新公共管理视野下我国服务型政府的实现路径研究 [D]. 长沙：中南大学行政管理，2007.

广告治理的借鉴意义。

2.2.4.1　优化政府职能，强调行政绩效导向

传统政府管理模式是一种全能型政府形态，因过度强调集权而导致事事亲力亲为，执政过程中因顾及所有的工作致使政府工作效率大大下降。新公共管理理论强调将政府角色定位为一名"掌舵者"，而在政务工作的具体落实上政府可一定程度上"放手"。

新公共管理以现代经济学为自己的理论基础，提倡在政府和其他公共部门采用私营部门成功的竞争机制和管理方法，重视公共服务的产出，实行更加灵活、富有成效的管理①。新公共管理理论认为，政府对职能的优化尤为重要，它可以准确地定位政府的具体职责，规定政府该做什么、不该做什么。对于公众日益增长的政务诉求，政府可以清晰自身工作边界，将可能出现"缺位""错位""越位"的工作减掉，避免政府出现效率降低和权利滥用等问题。

另外，该理论还强调政府要引入企业中的绩效评估制度，以期更好地从总体上把握政府各组织的表现，提升政府工作效率。而对政府的绩效评估标准则来自公民，要以政府工作的效果是否符合公众的期待、是否满足公众的需求为重点。这种行政绩效评估导向所倡导的，不仅强调政府履职是否遵章守法，而且要求其落实到最终的行政结果上，同时，还要提倡把奖惩与绩效相挂钩，调动行政执法人员的积极性。

无论是对政府职能的优化提升，还是强调绩效导向，对广告行政监管而言都有很好的借鉴作用。一是各级行政管理部门应清晰各自行政职权的边界，要有所为有所不为，抓住广告治理的关键环节，发挥政策指导和依法行政的核心作用，更要注重调动多方治理主体的积极性，协同治理好网络广告；二是要重视行政监管的绩效评估，完善相关绩效评估机制。

2.2.4.2　在监管中增加服务元素，提升行政管理成效

政府行政过程中让市场做主、顾客做主的提法是新公共管理理论的重要观点，适当将市场化的管理模式引入政府的政务管理中是其创新之处。重视行政中的"顾客意识"，以顾客为导向，把顾客的需求和满意度作为政府部门的思考与分析问题的出发点，破除传统政府管理体制中管理者与管理对象之间缺乏联系的弊端，政府将公民视为消费者，在保证两者主体地位平等的基础上满足群众的实际需求，才能为他们提供更好的公共服务。

以此理论观照广告治理领域，那应该如何在行政管理中落实"顾客导向"

---

① 张兴荣. 新公共管理理论对我国政府改革的启示 [J]. 宜宾学院学报，2006（8）：1.

和"服务意识"？广告行政监管的目标就是从根本上以社会大众为服务对象，广告治理目标是为社会公众创造一个风清气爽的广告传播环境，从而推动广告产业发展，使社会整体受益；治理也不是简单将广告主体作为监管处罚的对象，而是要以服务意识重新定位管理者和被管理者的关系，以合作关系而非对抗关系来处理一些广告违法问题，以增强广告主体的责任意识、帮助其提高自律水平为治理目标，通过建立政企协作机制，以协同治理方式来达到广告治理的目的，切实提升其管理效能。

2.2.4.3 鼓励公众要参与到公共管理中

新公共管理理论还提出，政府应加大公众参与管理的力度，充分调动公众的主动性和积极性。公众在政治领域享有知情权、参与权、监督权和言论权，而要真正实现这些权利，政府就必须放手，让公民更多地参与到政治管理中。而公民对权利的充分利用，也有助于政府完善公共服务与管理。新公共管理理论认为，在政府执政过程中，如果失去了公众的参与，政府所做的可能是闭门造车，而无法适应群众的需求。

在广告监管实践中亦如此。广告治理是一个系统工程，行政监管机关扮演着主要的监管角色，但它并不是唯一的主体。因为广告治理的过程和结果都涉及社会公众的广泛利益，公众有知情权、参与权和监督权。按照此观点，政府在广告治理中就应该秉持开放的态度和长远的目光，鼓励公众参与到广告治理之中来。尤其是对于网络广告而言，鼓励社会公众乃至大众媒体参与到治理中来是必要的，也是必需的。

构建透明型政府是提高行政服务绩效的重要途径。要打造透明型政府，公众的参与是必不可少的。为此，不仅需要政府部门的考核机制做保障，也需要依靠社会的监督。有了公众参与，就可以对行政监管的决策和执行进行监督，对行政执法人员的违法行为进行投诉举报，这样就能使政务工作始终在阳光下运行，推进透明型政府的建设。为了落实公众更好地监督广告行政监管过程，就需要建立公众参与到广告治理中的机制。具体而言，既要求行政机关在网络广告问题发现、处理过程等环节积极主动接受公众的举报、投诉，也要在广告违法问题处理的过程和结果上接受公众的监督等。

3 我国网络广告产业发展与治理现状

随着信息技术迭代发展，我国网络广告产业突飞猛进。从第一条网络广告投放至今，20余年的时间里我国网络广告在产业规模、产业形态、广告表现形式、广告运作效率提升等方面的成就可圈可点。这些都为我国数字经济发展奠定了良好基础。自新《广告法》颁布以来，国家在网络经济领域的立法进程明显加快，网络广告行业法治生态显著改善，行政执法力度进一步加大，行业主体依法经营意识增强。

3.1 我国网络广告产业的新成就

网络广告产业取得的主要成就在于，产业总体规模进一步扩大，产业结构呈多样化趋势，且成为我国数字经济中重要的组成部分。

3.1.1 我国网络广告市场欣欣向荣

艾瑞咨询《2021年中国网络广告年度洞察报告》显示，2020年我国网络广告市场需求量达7 666亿元，占全部广告产值（8 729亿元）的87.8%。尽管受疫情的影响，2020年中国网络广告市场规模同比增长18.6%，较2019年上半年30%的增速有所下降，但以网络广告市场规模的有效值衡量，我国网络广告产业发展的势头未减。其中，2020年我国移动广告市场规模达到6 725亿元，增长率达24.2%，在网络广告整体市场中的占比为87.7%。

网络广告作为互联网产业核心商业模式之一，其产业服务链条也不断延伸，不断拓展边界和形式，众多广告形式、营销方式也应运而生。在我国广告市场规模中，广告市场占有率排名前十位的互联网企业市场规模由2017年的

90.92%上升到 2018 年的 92.67%，其中，BAT 又占 69%，马太效应增强①。

尽管受疫情的影响，网络广告增速在减慢，但调查发现，广告主在疫情之后对于营销工作的信心依然十分充足，在整体经济增长受疫情冲击的环境下，其营销预算仍旧保持着增长的态势。多数广告主在近年都增加了整体营销的预算投入，其中更有超过 12% 的广告主在整体营销预算上的增长幅度突破了50%，而且增加的预算绝大多数将投向网络营销领域。

3.1.2 我国网络广告市场新景观

毫不夸张地说，网络广告产业的崛起就是对传统广告业态的颠覆。从广告主体的经营模式、广告业务运作到广告发布与呈现等，网络广告业正在构成一幅全新的产业图景。

3.1.2.1 广告市场主体多元化趋势明显

广告主体一般包括参与广告产业上下游环节的所有经营主体。近年来，随着互联网新媒体技术的不断迭代，网络广告产业链最明显的变化是，传统广告主体逐渐"消失"，取而代之的是一批批新型主体。

（1）从发布端看，大众媒体在广告市场"失色"，而一批平台型互联网企业正成为广告经营的主角。寄生于网络头部平台的难以计数的自媒体账号，如微博账号、微信公众号、头条号、企鹅号、抖音号等都参与广告经营。各类账号中既有明星艺人、社会名流，也有企业和普通人。一些大 V 号，动辄数千万乃至亿级的关注粉丝量，其传播力和影响力一点不输那些经营数十载的报纸和电视媒体。为此，新《广告法》第二条第二款中对广告主体做了适时调整，即"广告主，是指为推销商品或者服务，自行或者委托他人设计、制作、发布广告的自然人、法人或者其他组织"②。

（2）从广告代理端看，除大量原来从事传统媒体代理的广告公司外，更多的技术型广告代理公司、制作公司也纷纷加入其中。值得一提的是，大量MCN（multi-channel network，MCN）机构因网络营销需求应运而生。它们原本是主打 PGC、UGC、PUGC 内容联合生产型公司，后因培育全频道媒体账号而壮大，并兼营网络广告中介业务。

（3）从产业辅助端看，网络广告产业链中新添一批数字技术服务型企业。它们利用大数据、云计算和人工智能技术，介入市场分析、数据利用、广告效

---

① 王凯晨，余杨. 论马太效应下网络广告发展现状、突出问题与解决措施 [J]. 传播力研究，2019，3（35）：206.

② 张绕新. 网络广告的法律监管刍议 [J]. 出版广角，2020（2）：80-82.

果测量、投放数据监测和相关软件定制等产业环节中，为广告从传统人工生产和低效传播走向智能化、精准高效传播做出了重大贡献。

3.1.2.2　网络广告传播形态多样化

网络广告的业务形态变化与网络技术在广告运作中的应用有关，更与媒体的呈现形式有着紧密的关联，如在网络门户时代，图文链接、弹出广告等占据主流。这一时期，以新浪、网易和搜狐等为代表的资讯类门户网站成为网络传播的流量头部池。当百度和360等公司的搜索引擎技术大行其道时，搜索广告就跃居网络广告经营的主导位置，而百度、360等资讯搜索网站就成为网络广告商的集市。随着大数据和人工智能技术在网络传播中逐渐广泛应用，尤其是随着5G技术的发展以及移动端显示突破，信息流广告、视频广告、网络直播广告等又成为网络传播的新宠。随着网络社交化和视频化发展态势形成，移动端平台型App渐成用户"最爱"，腾讯、阿里巴巴、字节跳动、百度等头部平台也就成为网络广告集散地。

从广告媒体呈现类别看，近年来，电商广告相对稳定并持续增长且一直占有网络广告较高的份额，2020年其广告经营规模达3 057亿元，占我国网络广告收入市场规模的39.9%。增速最快的是短视频广告。2020年，我国短视频广告规模达到1 336亿元，同比增长69.8%；社交广告市场规模达到790亿元；搜索引擎广告市场规模达到739亿元，同比持续下降；资讯类广告达到649亿元；在线视频广告规模达到367.1亿元，同比有所下降。

3.1.2.3　网络广告运作过程智能化

网络传播技术不仅提升了广告的传播效率，更改造了传统广告线性运作模式。所谓线性运作模式，是指传统广告产业价值链条，从广告内容生产到广告信息传播，再到效果测评，是一种按广告主—广告代理公司—广告媒体—第三方评估机构的产业链进行价值依次传递的线性过程。在这样一个产业链中，各环节主体价值定位相对清晰，功能明确。尽管数字技术并没有从根本上改变广告产业的价值创造逻辑，但数字媒介背景中的网络广告产业价值的实现方式却发生了巨变。从广告内容生产、广告信息传播，再到效果测评，广告产业链各价值环节，不仅广告主体呈多样化、复杂化特征，更重要的是，大量数字技术类和数据服务类公司加入广告的运作之中，重构了广告价值实现的流程和方式。

改变最为显著的是广告运作过程的数字化和智能化。在大数据技术的驱动下，具体体现在广告环节中的消费者洞察、广告信息生产、广告媒体投放等核心业务已经实现智能化的运作①。

从消费者洞察角度来看，在大数据技术条件下，广告可以对每位消费者的个人数据进行搜集与整理，极大地还原消费者在虚拟数字空间中的真实状态，实现精准的消费者洞察，达成广告信息的个性化精准传播。

就广告信息生产而言，程序化创意能够在算法驱动下对广告内容进行创作与优化，机器能自动完成创意元素组合、文案写作等广告创作。大数据技术能够帮助机器在大规模数据中快速捕捉到用户需求，人工智能技术可以促使机器产生更易被用户接受的广告创意。像鹿班、筷子科技等公司在广告设计和制作环节就引入人工智能技术，可以在极短时间内完成数以万张平面广告作品，或数十个 30 秒规格的视频广告作品。尽管其创意质量暂时并不能完全替代人工创作，但这样就大大提高了广告创意制作效率。

在网络广告投放环节，程序化广告交易（RTR）的兴起彻底颠覆了传统广告运作模式。其用智能技术将广告供需双方集成在一个软件撮合平台，实现了全自动化交易。程序化购买能够基于大数据与人工智能技术，根据消费者的特征与需求，向他们提供符合各自偏好的广告信息，再通过数字平台代表广告主自动地执行广告媒体购买流程。值得称道的是，该技术将大数据和人工智能相结合，为广告主精准匹配目标消费群体，并按照 CPM、CPC 等模式收费，理论上可以对广告效果进行准确测量与评估，极大地提升了广告经营企业公信力，有效地缓解了广告主的"沃纳梅克之惑"②。

未来随着 5G 的普及、物联网的进一步发展，数字广告可以实现虚拟场景与物理场景的连通，实现更为广泛的机物协同的智能广告创意制作。

3.1.2.4 网络广告内容资讯化

广告内容资讯化是与广告商业化相对而言的，指的是广告超越单纯商品利益诉求和商业表达，将广告信息包装为一般资讯样态进行传播的行为趋势。王启明院士曾指出："目前人类已经踏入资讯化时代的门槛。网络媒体不受时空限制、内容可以无限延展等特点，要给受众提供全面的、有用的、有价值的并能够满足其需求的信息内容，使得网络广告在内容上呈现出资讯化的特点和趋势。"③ 而根据传播学者麦克卢汉关于媒介即讯息的观点，在网络媒体中，广

---

① 马二伟. 数据驱动下广告产业的智能化发展 [J]. 现代传播（中国传媒大学学报），2020，42（5）：138-143.

② 美国著名广告人沃纳梅克说过一句名言：我知道广告费浪费了一半，但我不知道浪费在哪儿。

③ 薛媛. 网络广告内容的资讯化 [J]. 商场现代化，2007（27）：182-183.

告就是资讯，是信息传播内容的重要组成部分。

张金海教授早在 2002 年就已从网络广告概念的层面上认定，"凡在网上发布的有关生产与消费、供应与需求的所有商务信息都是广告"。近年来，有学者从网络交互式信息平台的角度进行了更为深入的研究，指出广告资讯化是广告形态演变的趋势，并认为基于网络交互式平台的广告资讯化趋势所强调的问题不仅仅是广告信息的传播，更重要的是广告信息资源运作，并指出基于网络交互式平台的广告资讯化趋势分析，其最终意义在于对广告转型发展的促进作用①。

其实，学术界就广告的资讯化达成共识之前，广告资讯化运作已经在实践中运行多年。与此相关的广告形式，如原生广告、内容营销等形式较早就受到广告主青睐。随着用户端移动化，信息流广告、Vlog 广告等大行其道。它们借助短视频和微综艺形态推出的原生广告和内容广告等层出不穷。

需要关注的是，广告信息资讯化容易模糊商业广告与一般资讯的界线，不可避免会导致消费者认知失调，进而产生虚假广告、信息误导等问题。

3.2 我国网络广告治理的新进展

近年来，网络广告以年均 18.6%~30.4% 的增速成就了产业增长传奇，并有力地推动了我国数字经济的高速发展。但"滚滚洪流"难免造成"泥沙俱下"，网络虚拟性、开放性和探索性等天然属性导致网络广告容易伴生行业"顽疾"。有了技术的加持，一些网络违法广告手段隐蔽、成本低廉，给社会造成了严重危害。为营造一个风清气正的网络环境，为数字经济健康发展保驾护航，各级立法机关、行政主管部门和社会有关方面协同并进，从法律规制、行政监管和社会监督等方面对网络广告违法行为展开了一场场"阻击战"。

3.2.1 立法立规的新步伐

2015 年，新《广告法》的实施是广告治理进程中的大事。2016 年，国家工商行政管理总局（2018 年国务院机构改革，将其职责整合，组建国家市场监督管理总局）按照新《广告法》的有关条款，出台了《暂行办法》，这标志着我国网络广告行业专项治理迈出了实质性的一步。同时，随着《反不正当

---

① 谭辉煌. 广告形态演进的逻辑与轨迹 [D]. 武汉：武汉大学，2014.

竞争法》等法律的修订,《中华人民共和国民法典》(以下简称《民法典》)的施行,《电子商务法》《中华人民共和国个人信息保护法》(以下简称《个人信息保护法》)以及一系列关于直播带货的条例和办法的出台,网络广告治理的法律体系日臻完善。随着互联网技术不断更新迭代,网络广告实践中的问题还会花样翻新,网络广告法律的完善之路还要继续走下去。

3.2.1.1　进一步明确了广告主体的责任

广告主体是其行为的第一责任人。针对网络广告主体多样化的新形势,尤其是大量自媒体账号介入广告经营领域的现实,新《广告法》第二条第四款规定:"本法所称广告发布者,是指为广告主或者广告主委托的广告经营者发布广告的自然人、法人或者其他组织",即明确将"自然人"纳入广告主体范围。《暂行办法》进一步明确了网络广告经营者和发布者的含义、审核义务和法律责任。在互联网平台构成广告经营者或发布者时有利于界定平台应承担的责任,同时,也规定了代言人需要承担更多的法律责任[1]。

新《广告法》中的广告发布者除法人和其他经济组织外,增加了自然人,堵住了巨大的监管漏洞。可以说,新《广告法》与《暂行办法》共同构建起适用于互联网环境的广告规范。在内容规制上,该规范主要针对广告在信息层面上的真实性、有效性以及可识别性;在主体规制上,该规范明确了广告主、经营者、发布者以及平台提供者等相关主体的义务及责任;在"法无罚不立"的执法操作性上,充分考虑了互联网的特征及发展趋势,如有针对性地细化各类违法行为的管辖权等[2]。

另外,新《广告法》将广告代言人纳入广告责任人的范畴,也进一步明确了广告代言人的界定。如明确界定科研学术机构及相关领域专业人士不得代言的广告范围,广告代言人未经实际使用或体验所代言的产品或服务,不得凭空推广,这就弥补了原《广告法》当中对社会公众人物代言的规定空缺。此外,新《广告法》还规定未满 10 周岁的儿童不得作为广告代言人[3],有力地保护了儿童的合法权益。

3.2.1.2　法律规定覆盖了更多的网络广告违法形式

传播形态多样化是网络广告的显著特征。从内容营销、原生广告、信息流广告、Vlog 广告到直播带货等,网络广告形态不断变化,也给广告立法提出了

---

① 刘双舟. 电子商务法对网络广告监管的影响 [J]. 中国市场监管研究, 2019 (5):9-12.
② 唐英, 黄丹旎. 新《广告法》语境下微信信息流广告监管制度研究 [J]. 当代传播, 2020 (1):86-88.
③ 唐昆. 新《广告法》亮点解读 [J]. 法制博览, 2016 (2):246.

新课题。为此，2016 年，国家工商行政管理总局发布了《互联网广告管理暂行办法》。该办法对《广告法》第二条第一款中广告"形式"这一要素进行了详细划分："文字、图片、视频或者其他形式"，这是一个完整描述广告信息感知形式的概括。该办法第三条列举了五种网络广告情形：一是推销商品或者服务的含有链接的文字、图片或者视频等形式的广告，二是推销商品或者服务的电子邮件广告，三是推销商品或者服务的付费搜索广告，四是推销商品或者服务的商业性展示中的广告，五是其他通过互联网媒介推销商品或者服务的商业广告。其中，"其他形式"就是为了适应网络技术发展的特点而提出的兜底条款。

对近年热度飙升的直播带货，学术界认为它是以商业推销为目的，在性质上构成商业广告无疑，应当适用《广告法》上的"主体—行为—责任"体系。无论是"直播"还是"录播"，只要属于"以广而告之的形式推销特定的商品或服务"都构成该法调整的商业广告[1]。因而一直有人呼吁，应该将直播带货纳入《广告法》的规制之中。为此，我国广告协会发布了《网络直播营销活动行为规范》，并于 2020 年 7 月 1 日开始实施，因发布单位为行业自律组织，有一定的规制局限。2022 年 3 月 15 日，《最高人民法院关于审理网络消费纠纷案件适用法律若干问题的规定（一）》正式实施，其第十一条规定，平台内经营者开设网络直播间销售商品，其工作人员若做出虚假宣传等，平台内经营者要承担赔偿责任，从而有效补充了新《广告法》规制的不足。

3.2.1.3　建立了网络广告可识别制度

广告可识别制度是新《广告法》《暂行办法》《电子商务法》等法律法规明确的一项广告规范制度。该制度敦促在大众传播媒介发布的广告应当突出指明"广告"，与其他非广告信息相区别，不得使消费者产生误解。如《暂行办法》第七条明确规定："网络广告应当具有可识别性，显著标明'广告'，使消费者能够辨明其为广告。付费搜索广告应当与自然搜索结果明显区分。"《电子商务法》第四十条规定："电子商务平台经营者……对于竞价排名的商品或者服务，应当显著标明'广告'。"目前，在电视、广播、报纸、户外广告、付费搜索、程序化购买的网络广告等"硬广告"活动中，广告的可识别性一定程度上被制度强化，这也是广告法规修订的一大亮点。

实践中，在微博、微信、直播平台、小视频等自媒体网络平台上，以产品测评推荐、种草笔记为代表的 KOL（意见领袖）、KOC（关键的消费者）付费

---

① 宋亚辉. 网络直播带货的商业模式与法律规制［J］. 中国市场监管研究，2020（8）：9-27.

营销"软广告"并没有严格落实广告可识别制度①，这就是广告信息资讯化带来的直接后果。很多网络广告活动的主体，甚至是资讯平台因故意或疏忽而不给网络广告信息标明"广告"，加剧了广告执法中广告信息认定的困难。因此，广告可识别制度的完善还有待进一步讨论。

3.2.1.4 强化了对网络广告内容的规范

因取消了事前审核制度，在网络广告发布过程中，使用过分夸大的宣传语已经成为此领域的普遍问题，不仅易诱发市场中典型的不正当竞争行为，也成为虚假宣传的"蜕壳"，给消费者造成极大误导。对此，新《广告法》第九条规定，广告不得有下列情形：使用"国家级""最高级""最佳"等用语。在执法实践中，将"国家级、世界级、最高级、政府唯一指定的、政府权威的、最佳、最大、第一、唯一、首个、精确、优秀"都划归广告法所禁用的极限用语。

不要小觑这一点改变。从微观层面来看，针对虚假广告泛滥的现象，新《广告法》对"最佳""最好"等绝对化用语的强令禁止改善了国内广告语低级粗暴、高度同质化的局面，并在互联网、房地产等领域催发出一批文案优秀的广告，为我国广告产业的良性发展注入清新元素②。

新《广告法》还针对房地产广告、教育培训广告、保健食品广告等公众关注的热点、痛点问题做出明确规定，不得欺骗、误导消费者。这些规定进一步强化了对虚假广告的规制，为净化广告市场、保护消费者合法权益提供了有力的执法依据，增加和完善了与消费者生命与财产安全密切相关领域的广告规定细则，比如医疗、教育、住房、投资等相关领域产品的广告。自新《广告法》颁布后，这些危害社会的虚假广告得到有效遏制。另外，还完善和新增了关于保健食品、药品、医疗、医疗器械以及农作物种子等产品的广告行为准则，这些产品与消费者的生活和身体健康紧密相关。新《广告法》进一步加大了对烟草广告的管理力度，明确规定禁止在大众传播媒介或公共场所、公共交通工具、户外发布烟草广告③。

3.2.1.5 加大了对广告发布行为的监测力度

垃圾广告不仅存在于物理空间中的街道拐角和楼道，更是网络空间的一大

---

① 曾昭旺. 自媒体KOL营销中的广告可识别问题研究 [J]. 浙江理工大学学报，2019，42 (5)：563-568.

② 靳亚聪. 国内互联网广告规制研究：新《广告法》及《互联网广告管理暂行办法》出台后的新变化 [J]. 广告大观（理论版），2017 (8)：80-93.

③ 冯晓霞. 新《广告法》八大亮点解读 [J]. 光彩，2015 (5)：12-13.

"顽疾"。新《广告法》的另一个亮点在于对垃圾广告发布行为的规范，其中重点针对的是网络广告发布行为。新《广告法》第四十三条规定："未经当事人同意或请求，不得向其住宅、交通工具等发送广告，也不得以电子信息方式向其发送广告。"

新《广告法》还加强了对广告发布平台的管理，规定大众传播媒介不得以介绍健康、养生知识等形式变相发布药品、医疗器械、医疗、保健食品广告。广播、电视刊发违法广告的，媒体的主管人员与直接责任人员将受到处分①。另外，新《广告法》加强了对电视、期刊、报纸、广播等传统传媒广告活动的监管，如规范广告的时长、时段，要求按规定发布公益广告，禁止大众传媒通过科普节目形式宣传医疗保健品或器械。若媒体发布违法广告，执法部门将处分其相关责任人。

3.2.2 广告行政监管的新变化

从本质上讲，新《广告法》是一部公法，该法以法律形式确定国家市场监管部门为广告执法主体。因此，行政监管效率在很大程度上决定了我国广告监管的水平，即行政监管上的每一点进步都直接关系到我国广告治理的成效。

3.2.2.1 探索以技管网，提升监管能力

随着网络广告问题不断出现，市场监管部门面对的是网络广告量级大、传播快、投放精准等现实，努力研究探索网络广告信息化监测的有效方法，利用先进技术手段解决网络广告监测存在的诸多难题，为网络广告监管执法的资料收集、违法证据取用等提供技术保障，积极创新网络广告"智慧监管"的新模式②，力争实现"以网治网、技术治网"的目标。

目前，除了国家层面外，不少地市也纷纷开始建立数字化的广告监测系统，力图构建从中央到地方的广告监测体系。国家网络广告监测中心于2016年9月试运行，监测平台的搭建是工商行政管理部门对当下网络广告飞速变化的一次精准出击。全国网络广告监测中心平台利用大数据、云计算及人工智能等前沿技术，开展重点门户网站、电商平台、搜索引擎、广告联盟、移动端App和自媒体号广告的监测检查，加快了网络数字化监管进程。截至2020年5月25日，浙江搭建的全国网络广告监测中心平台已采集网络广告疑似广告信

---

① 王旭，王娜. 从新《广告法》的颁布，看媒体的规范运营 [J]. 新闻研究导刊，2016，7 (14)：315.

② 况旭，杨洋. 解决网络监测五大难题创新网络广告智慧监管 [J]. 中国市场监管研究，2020 (5)：57-60.

息 21.98 亿条次。

2019 年 6 月,九江市建成江西首个网络广告监测监管系统并已投入试运行,目前该系统已导入监测网站 1 066 户、网店 911 户、重点监测微信公众号 63 个。2020 年,厦门市市场监督管理局推出了"厦门市移动网络广告监测平台",专门打击移动互联网上的违法广告,试运行当月,移动网络广告监测平台已经抓取涉嫌违法广告 395 条次。

由于网络信息的海量涌现,广告发布又不受地域限制,试图通过短时间内搭建全国性统一的监测平台来保证行政监管的技术优势是不太现实的。其中,有服务器容量的问题,有监管技术相对落后的问题,有政企协作不畅的问题,等等。目前,离搭建一个全国统一的广告监测平台还有较长的路要走。

3.2.2.2　构建了有针对性的监管机制

根据《广告法》的规定,市场监督管理部门虽然是监管的主体单位,但考虑到部分行业的特殊性,尤其是那些涉及前置审批事项的烟草、农药、医疗器械、医药、金融等行业的广告,只靠市场监督管理部门一家是难以达到管理目标的。同时,网络广告传播的宽涉面、强复杂性决定了广告执法时必须要多部门协同处置才能取得成效,跨部门联席会议制度就应运而生。从前期调研看,我国多数地方已采用跨部门协同监管模式,制定了广告监管联席会议制度。

调研发现,在相关实践中,多地市场监管部门还会因地制宜,对广告监管联席会议制度进行不断完善。例如,2018 年 5 月,浙江省嘉兴市牵头完善了虚假违法广告联席会议制度,将网络广告列为监管重点,增补了市网信办为成员单位,并制定了相关工作规则等 18 项制度,建立了信息沟通、执法联动、联合检查、会商研究、监督指导的社会共治机制。2019 年,江西省九江市将12 家行政部门纳入联席会议制度之中,完善了联席会议工作机制、成员单位协作机制和其他相关机制,取得了较好的监管成效。

针对新兴自媒体广告违法问题突出的现象,不少地方市场监督管理部门坚持问题导向和效果导向意识,及时将自媒体广告纳入了广告监测范围,并掌握了有关网络广告监管的法律法规和技术手段,建立了以网管网的新工作机制和模式,有效地斩断了虚假宣传广告利益链,提高了不正当竞争的违法成本[1]。

3.2.2.3　强化专项整治,制定查处公示制度

聚焦经济热点,关注公众关注的焦点问题,出台相应的专项整治举措,以

---

[1] 郑祎侬. 浅析网络广告监管 [J]. 中国市场监管研究,2016 (12):72-75.

高压态势打击重点行业、重点地区的广告违法行为，已成为从国家层面到各地市场监督管理部门执法的常规操作。专项整治行动有利于监管机关整合行政资源，尤其是借助联席会议制度平台集中整治广告违法的突出问题，能对广告违法多发地的行业主体起到有效的震慑作用。

与专项整治相配合，多地已制定查处公示制度。该制度主要以专项整治与常规查办的结果对外公示，以达到公众知情的目的，引起社会关注。

通过在百度搜索相关的关键词，我们可以看到，从国家市场监督管理总局到地方市场监督管理部门，已然形成了多层次、有规律的查处信息公示制度。如2019年，广西壮族自治区南宁市市场监督管理部门共查办各类广告虚假违法案件140件、并处罚金192.58万元，其中互联网虚假违法广告案件72件。2018年年底至2019年9月，江西省南昌市市场监督管理部门共查处网络广告违法案件63件，同比增长162%，占案件总量的38%，罚没金额为425.57万元，同比增长193%；共抽查监测网络广告1146条次，行政约谈平台负责人25人次，公开曝光虚假违法广告6例。2019年上半年，广东省共查处各类互联网违法广告案件1970宗，罚没金额为1853.98万元，同比分别增长13.2%和25.2%，网络广告整治工作取得初步成效。2020年8月，山东省开展广告专项整治，曝光10起虚假违法广告案件，市场监管系统强化广告导向监管，加大广告监测监管力度，查处虚假违法广告案件640件，罚没金额为906.6万元。

3.2.2.4　建立培训制度，提高监管水平

网络广告产业发展带有强烈的技术驱动性，而且广告形式多样，呈现速度快，给监管执法一线人员的专业技术素养提出不小的要求。因此，市场监督管理机关除了要加大力度引进拥有网络技术、数字技术、移动技术的计算机专业和网络广告专业技术人才，提高执法人员的技术应对能力之外[①]，提升现有执法人员的网络技术素养，重视对执法人员的技术和法律知识培训，使市场监督管理人员能够熟练驾驭最新网络监管技术，也是各级市场监督管理部门的当务之急。

调研发现，各省和地市级市场监督管理部门均依照新《广告法》的要求基本上开始建立多层次的执法人员技能培训制度，对现有执法人员进行定期和不定期的互联网技术培训，以让他们掌握最新的互联网技术。与此同时，不少地方还依托广告行业协会定期组织对广告审查员的法律培训，为其提供法律咨询服务，将对广告审查员的动态管理纳入广告信用监管的新模式中，强化了对

① 刘凤芹. 法治视域下网络广告的规范化研究 [J]. 菏泽学院学报，2020，42（3）：48-53.

虚假广告的事前监管。

3.2.3　第三方参与广告治理的新进展

长期以来，我国实行的是以政府行政监管为核心的网络广告治理体系。这种治理体制的优势在于集中力量办大事，监管力度大，在广告专项治理行动中整体效果较好。实践中，因政府监管权力过于集中，一些地方市场监督管理部门会产生本位主义的思想，或多或少会忽视相关方参与治理的作用。针对过于强调行政力量而导致行政资源耗费大、对于社会力量的利用不够充分等问题，新《广告法》第五条明确了行业组织在行业自律中的作用，新《广告法》第五十三条进一步确定了社会监督对广告治理的作用以及公众的参与方式。

近年来，在国家大力推动社会治理制度创新和观念创新的宏观政策的指导下，我国广告治理体制创新也取得了长足的进步。在协同治理理念引领下，不少地方正在探索构建主体自律、政企协作、行政监管"三位一体"网络广告监管机制，鼓励社会多方面、多渠道参与到广告治理体系中来，也取得了一些成效。行业自律组织发挥着日益重要的作用，广大行业主体的自律意识在增强。

各地加大了引导社会力量参与广告治理的力度，鼓励社会第三方组织和个人正确发挥广告监督作用，在实践中着力加强以"12315"热线为核心的第三方参与渠道建设，加大公益广告宣传力度，培育以媒体为载体的广告素养教育新途径。

3.2.3.1　广告协会发挥了行业自律引导功能

广告协会是特定行政区划内广告行业主体自发成立的行业协调性组织。一般情况下，广告协会是由域内的头部企业或行业内有声望的组织或个人牵头成立，服务行业公共事务，规范和指导行业专业行为。那些服务能力强、组织得力的广告协会因获得较高的行业认可度，往往在行业自律中有较强的领导力，也获得了行业内一定的话语权。从理论上讲，相较于行政监管部门的管理人员，行业协会多由业界管理者或专业权威人士组成，更了解行业发展情况，清楚行业经营问题所在，能协调行业内部力量来解决问题，其效率会更高。

我国的广告协会组织历程大致分为两个时期：2007年以前，广告协会均由当时的各级工商行政管理部门直接组织成立并开展工作，广告协会的组织人事也由行政指派，因而具有浓重的官方的性质，组织功能也多局限于扮演行政辅助角色；自2007年起，随着国家统一对各类协会脱钩转制政策的实施，各地各级广告协会开启了脱钩转设的进程，陆续按照民间社团组织进行民政注册并开展工作。

相关脱钩转制政策的目的，不仅是要广告协会回归社团的本色，更是要广告协会发挥行业自律组织的作用，为行业发展服务。但在广告协会转设过程中，一些广告协会走了弯路，存在组织功能弱化的情况。为此，学术界呼吁，要利用司法和行政赋权广告协会，借助法律法规的形式，确立广告协会的职能。广告协会只有拥有了独立的法律地位和法定职权，才能真正承担起行业服务、自律、代表、协调的基本职能①。从立法工作上看，新《广告法》就回应了此要求。当然，立法赋权还有待探讨，但在现有政策框架下，还有更多地方广告协会逐步摸索出了一条创新之路，把广告协会做大做强了。

需要指出的是，中国广告协会自成立到完成转制，一直发挥了强大的行业引领功能，尤其着力在行业自律方面发挥领导作用，先后制定了广告行业自律规范、行业公约等行业自律纲领性文件。中国广告协会互动网络委员会还携手多家互联网平台型企业制定了《中国互动网络广告自律守则》，大大提升了互联网行业广告主体对自身的约束力，尤其是联合平台力量，促使平台上的入驻主体提高自我约束、自我管理的积极性，进而使互联网市场更加规范，发展也得到了更好的促进和保障。近几年，中国广告协会还会同多家网络企业研究制定了《中国移动搜索网络广告标准》《移动互联网广告监测标准》《互联网数字广告基础标准》《移动系统对接标准》等技术规范文件，有力地保障了网络广告行业健康快速发展②。

各地方广告协会组织尽管发展并不均衡，但不少省（自治区、直辖市）的广告协会在广告行业自律方面仍然发挥了关键作用。从我们调研的情况来看，江苏、浙江、上海、广州、厦门等地方广告协会转型较成功，组织功能也比较健全，在行业自律方面发挥着重要作用。

3.2.3.2 平台型企业成为行业自律的关键节点

面对网络违法广告复杂的现状，市场监督管理部门已充分意识到依靠社会的力量构建广告共治模式的重要性，尤其是将相关行业力量包含进来的必要性。除了推动消费者投诉、广告主自律、行业协会监督之外，更加重视作为网络平台在广告治理中的重要性。平台型企业不仅拥有更前沿的技术、更丰富的数据资源，也是平台规则的直接设定者③。在相关法律法规的指引下，在网信

---

① 倪嵎. 关于确立广告协会为行业协会的独立法律地位的研究暨广告协会改革设想 [J]. 中国广告，2009（10）：66-70.

② 杨辉. 论网络广告监管存在的问题及对策 [J]. 新闻研究导刊，2019, 10（18）：214-215.

③ 罗江，刘双舟. 互联网广告监管需协同共治 [J]. 经济，2019（11）：90-92.

办等行政管理部门的要求和推动下，目前各大网络平台均已制定较为规范的平台隐私政策和用户公约，为行业自律奠定了较好的基础。

2016 年，腾讯、爱奇艺等媒体服务平台公司、网络广告技术类公司和相关品牌主等机构共同成立了中国媒体评估委员会，在一定程度上促进了行业自身力量对广告市场的监管。自媒体平台大多按照法律规定，通过制定管理规范、推出广告交易政策等途径，以实现在广告经营领域对 MCN 机构、KOL 的规范化和集中化管理①。微博、抖音、今日头条等头部企业已建立起平台特有的信用管理机制，尝试着对平台认证的博主进行相应的评级管理，逐步提高博主广告经营准入门槛。如在微博平台，"网红"一旦有违法发布广告行为，被其他用户举报并查实后，将依据新《广告法》等的规定降低其信用评级，对那些信用评级较低的"网红"还会采取平台限流等惩罚性措施。

另外，头部媒体平台都建立了自己的广告投放平台，如字节跳动的广告投放平台星图、新浪微博的微任务、微信的广点通平台等，可以更加高效地连接品牌、博主和用户，也可以便捷管理平台上的行业主体行为。但是，现实中，有些平台仍然存在依据平台垄断力量进行不正当竞争的行为、违规投放广告和操作流量等问题。

3.2.3.3 第三方服务机构参与能力有待增强

有学者分析，网络广告违法屡禁不止的原因之一是政府主管部门监管的缺失。因而，在网络时代我们更需要广告行业自律，现阶段应该推动网络实名制，建立第三方独立的权威的网络广告认证机构②。还有学者认为，网络广告监管体制和模式需要加快建设以政府行政执法机构监管为核心的、以第三方独立的不受任何干扰的中介组织来代理监测的辅助形式③。

随着网络广告技术向纵深发展，行业中的互联网技术服务类企业在行业中的地位日益重要。针对"技术作恶"的一些行为，部分头部技术公司也加强了与各个领域的有影响力的企业合作，以合作谋求共赢，共同形成对行业乱象的打击合力。

目前，随着国内秒针、AdMaster 等第三方监测平台的逐渐成熟，越来越多的企业会采取第三方监督的方式来解决这个问题。为了利益采取大规模作弊的短视企业将会在市场的自然运作中逐渐被淘汰，从而在行业中实现"良币驱逐劣币"。如 2017 年秒针与腾讯 MIG（移动互联网事业群）共同建立了广告反

---

① 李嘉丽. 浅析自媒体植入式广告的法律规制 [J]. 法制与经济, 2019 (11): 161-162.
② 阮丽华. 基于公共利益的网络广告规制研究 [J]. 经理世界, 2015 (21): 52-54.
③ 李明伟. 论网络广告治理的现实问题与学术回应 [J]. 现代传播, 2014 (4): 110-114.

欺诈大数据实验室，致力发现、甄别广告虚假流量及作弊模式。

3.2.3　公众参与治理的力量日益受到关注

公众参与广告治理的行为由来已久，只是因过去参与治理的渠道不多，限制了他们的积极性。近些年来，从行政监管部门到媒体平台，为鼓励公民更好、更便捷地参与治理，集中在渠道建设上投入精力。如各省（自治区、直辖市）市场监督管理部门除原有政府网站设立的"投诉与举报"窗口外，着力整合和扩充"12315"投诉热线功能，消费者可以通过微信公众号、微信小程序和手机 App 来进行投诉维权，更加便捷地对违法行为进行监督，成为公众发挥社会监督力量的主要渠道。同时，众多志愿者的参与一举改变了"处理慢"的局面，使整个平台的运作效率更高，也使整个平台实现了协同治理。

目前，阿里巴巴、京东、拼多多等电商平台设立了投诉通道，如黑猫投诉平台（新浪旗下的消费者服务平台），用户可以通过该平台投诉商家的不规范行为。截至 2020 年 6 月末，黑猫投诉平台累计收到消费者有效投诉超过 216 万件。

3.3　我国网络广告违法及治理的因素与相关法律问题分析

目前，广告导向偏差、广告虚假、广告信息误导、不正当竞争、弹出式广告、侵犯个人隐私等问题已严重损害消费者权益，阻碍了网络经济健康有序地发展。同时，有些违法行为往往还表现出溢出效应，给我们社会主义精神文明建设带来负能量。

3.3.1　我国网络广告违法的主要表现

通过对国家主管部门发布的网络广告专项治理通稿文本进行梳理，我们可以大致总结出近年来危害我国社会经济的广告违法问题：

2017 年，国家工商行政管理总局开展网络广告专项治理通知中的表述中，重点提到将损害国家利益、危害人民群众人身安全、身体健康的食品、保健食品、医疗、药品、医疗器械等虚假违法网络广告等几类违法网络广告作为严肃查处的对象。

2018 年，国家市场监督管理总局在互联网违法广告专项治理通知中，增加了对涉及导向问题的问题广告，金融投资、招商、收藏品等违法广告，妨碍社会公共秩序、违背社会良好风尚、造成恶劣社会影响、损害未成年人身心健康的广告等表述。

2019年，国家市场监督管理总局在专项治理的通知中，除了以前强调的内容外，还提出新的要求，即聚焦重点媒介和重点广告问题。以覆盖面广、社会影响大的搜索引擎、门户网站、电子商务平台为重点，突出对新媒体账户和移动客户端等互联网媒介的监测，针对保健食品、医疗、药品、金融投资理财、房地产等关系人民群众身体健康和财产安全的虚假违法广告，加大了案件查处力度，查办了一批大案要案。

2020年，国家市场监督管理总局等11个部门关于整治虚假违法广告部际联席会议工作要点的表述中，除了重点行业、重点领域整顿虚假广告违法外，还进一步强调了对低俗庸俗媚俗广告、导向问题广告，涉及非法野生动物交易广告、口罩等防护用品广告以及涉及借疫情宣传疫病防治内容的虚假违法广告的整治，以及针对重点平台、重点媒介，加大监测监管力度，坚决遏制移动App、自媒体账号等虚假违法广告多发、易发态势的清理。由此可见，2020年网络广告违法的新情况、新问题，除与疫情相关的违法行为外，平台及自媒体作为主体的违法现象也较为突出。

综上所述，我们将网络广告违法违规问题归纳为以下七种。

3.3.1.1　广告导向问题不时引发社会舆情

新《广告法》第三条规定，"真实、合法和健康"是广告的三大基本原则，广告内容要符合社会主义精神文明建设和弘扬中华优秀传统文化的要求。凡是与社会主流价值观与社会主义精神文明相抵触、相违背的广告均属于广告导向问题。

（1）政治与社会伦理导向问题。

从广告伦理上看，广告的基本属性既包括经济属性，也包括社会、文化属性和政治宣传功能。2016年，习近平总书记在新闻舆论座谈会上指出，"新闻舆论工作各个方面、各个环节都要坚持正确舆论导向"，同时指出，"副刊、专题节目、广告也要讲导向"[①]。但是，近年来，违背广告政治导向的广告案例时有发生，甚至有的人心怀叵测，利用隐晦的广告语含沙射影；有的人随意利用国家机关工作人员的形象为自有品牌代言，造成了不良的社会影响和恶劣的政治影响。

例如，2016年5月3日，长沙火车站站前电子广告屏发布的湖南某集团空

---

① 胡斌. 广告宣传也要导向正确［N］. 光明日报，2016-04-28.

气净化器广告。广告借某上市公司董事长任××之口说：你可以不说话，但你不能不呼吸！一句看似平常但似乎又有所指的话语在一个人口密集场所展示，即刻引发了广泛的社会舆论。其社会影响已经远超商业广告传播的范畴，带给公众极其负面的联想。当下中国正处于百年未有之大变局，全国人民在中国共产党的英明领导下处于为实现"两个一百年"奋斗目标档口，广告宣传的社会属性和政治属性更加凸显，广告导向监管就显得愈加重要。

2018年9月某日，有一位学生家长在朋友圈发了一张截图，图为一位小学生佩戴了一条印有××万达广场广告的红领巾，随后××万达广场一时冲上了微博热搜。原来，这是××电台某栏目与市交警队联合搞的活动，需要找一家楼盘冠名，因各种原因最后花落万达商管集团。事后，据有关部门调查，是万达商管集团所属的××万达广场管理公司在未征得企业内部上级管理部门审批的情况下，擅自印发了一批带有此次冠名的商业信息的红领巾，并大面积散发，造成了严重不良影响。这些广告为博眼球和关注度，越过法律的红线，影响社会稳定。

（2）性别歧视，宣扬群体偏见。

现代广告之父大卫·奥格威曾提出一个提高广告的传播效率的3B原则（beauty，beast，baby）。爱美之心人皆有之。商业传播中使用女性人物形象本是一件非常自然的事情，然而在广告实践中，这些女性往往又是以怎样的形象出现呢？很遗憾！广告中的女性多被固化为"贤妻良母"型或"感性美女"型，甚至被物化、异化为特定的消费符号。

例如，南昌××生殖医院广告中出现"我曾因不孕沦为全村的笑柄，承受家暴长达14年，之后不得不求医问药"这样的广告词，甚至附上"扫码观看，她如何逆袭怀孕"的二维码。这则广告说，"因不孕沦为全村的笑柄""承受家暴长达14年，之后不得不求医问药"，显然它会给人"女性不孕不育"与"低人一等""活该被人笑话"之间画等号的观感。

女性群体常常被作为广告文本运用在作品之中，常被塑造成感性、顺从等人格，处于被领导地位。广告要么是用低俗、暧昧的语言，要么是用图片隐含以及与性相关的隐喻，使人想入非非。其共同点是夸大其词，以此来吸引注意力、博眼球。

（3）破坏公序良俗，践踏社会伦理。

有的广告除了拿女性大做文章外，更公然蔑视社会的公序良俗，以所谓的调侃和戏谑挑战社会伦理底线。这在湖南××绝味食品营销有限公司发布的2017年"双11"促销活动广告违法广告案中表现得淋漓尽致。当事人利用网络平台发布"双11"促销活动广告中的文字及图片内容极其低俗媚俗，含有非常明显的不尊重女性的暗示内容，公然违背了新《广告法》第九条关于广告不应违反社会良好风尚之规定。一时间引发微博热议，社会舆论"排山倒海般"愤怒。从该事件可以看出，这已经不是个别广告创作人员的疏忽和不慎，其背后反映出了一些广告从业者的媒介素养堪忧的问题。

2018年4月26日，一位微博认证美妆博主发出某宝官网首页截图。该图文显示，某店铺广告上一位准妈妈摸着孕肚。原本一个妈妈怀孕是很温馨的，但画面旁边却配着两行扎心的文字："生了女儿怎么办？二胎用碱孕宝。"其中"生了女儿"是用红底白字加以突出。该事件一经曝光，某宝官网在压力下声称"审核疏漏"，并且"已在第一时间将这条广告下线，并对相应商家做了账户违规和扣分处罚"。

一些广告违法案件一经曝光成为公共事件后，在各方的努力下尽管能及时纠正，但这种"个别爆料—公众关注—行政监管介入"的解决套路往往不能解决根本问题。这类广告一旦扩散，就不仅仅是伤及一部分消费者，更会波及社会大众，冲击社会文明秩序。

此外，现阶段网络广告还存在创意水平普遍不高的情况。据统计，上网者在一个网络广告版面上所花的注意力不会超过5秒，为了在这短短5秒之内吸引目标消费者，广告创意人员绞尽脑汁。有些网络广告设计人员甚至设计出了"恶作剧式广告"，以吸引上网者的注意力。虽然大多数恶作剧广告点选率都极高，超过10%，甚至高达20%~30%，但大多数访问者点击后的反应是难以容忍上当受骗之惑，对媒体和广告主产生了极大的抵触情绪①。

（4）伤害民族、种族感情。

全球化的今天，跨民族、跨种族之间的文化沟通成为常态，但是，文化习俗和意识形态的差异却是在跨文化沟通中尤其要注意的问题。换言之，亚文化差异是跨文化沟通的起点，重视文化区别、尊重他者的文化信仰是跨文化交流的准则。任何忽视或蔑视亚文化差异的交流与传播要么是别有用心，要么是对"文化大同"的无知。上海××化妆品有限公司推出的一则"俏比洗衣溶珠"视频广告中，一名穿着脏衣服、脸上有污渍的黑人男子朝一名年轻的中国女子吹口哨并抛媚眼，这位中国女子把黑人男子叫过来，往他嘴里放了一颗洗衣溶珠，然后把他塞进洗衣机里。过了一会儿，一名穿着干净衣服皮肤白皙的亚洲男子从洗衣机里走出来，然后该女子笑了。在广告的结尾，出现了该品牌的宣

---

① 马燕妮，杨瑾. 当前网络广告存在的问题与对策［J］. 现代商业，2009（6）：17.

传语"改变从俏比开始"。这则广告用黄种人与黑种人的先后出场并且具有明显偏向于后一人种的态度来体现产品效果，这实际上就是在表达一种观念"黄种人比黑种人更高级"。这种露骨的广告创意可能最初的想法只是觉得它能够吸引受众关注，根本没考虑其中涉及的伦理问题和社会影响。这样的广告一经网络传播，其外部效应不可小觑。

全球著名品牌多芬（Dove）2017年10月曾发布一则广告，广告中，一名黑人女性在使用多芬的沐浴产品后突然变成白人。多芬在广告中其实是想以黑变白这样的色调变化来凸显这款沐浴露的强大功效，但忽视了这样的表达方式就带入了间接讽刺有色人种身上的颜色是脏。虽然在广告引发大量抗议后多芬也为此发文道歉，但广告中露骨的种族歧视思想和广告背后所反映出来的广告伦理与道德问题却十分值得广告创作者和管理者的深思。

3.3.1.2 商业广告变相进入校园

未成年人是祖国的希望，校园是应受特别保护的净土。新《广告法》第三十九条规定：对中小学校和幼儿园等地方开展广告活动有特定要求，尤其规定不得在学生的文具、教具、教材、教辅、校服和校车等物料上发布或者变相发布广告。即使如此，仍有部分商家无视法律规定入侵校园。据媒体报道，在河北邯郸市的Q县，一张Q县××小学学生2018—2019学年第一学期期末考试奖状的底部，印有这样的广告语："××眼镜，Q县中小学定点配镜中心，合作16年，因专业而精准，因品质而信赖，因低价而满意。"

3.3.1.3 虚假广告层出不穷

虚假广告问题是广告行业与生俱来的副产品。尽管在不同时期有不同的虚假广告且表现形态不尽相同，但是虚假广告都呈现出相同或相近的特征。例如，一些不良商家为逃避相关部门的监管，利用媒体推销其非法产品，牟取不正当利益。其传播过程中擅用的虚假宣传与欺骗误导消费者的惯用营销手段类似。其表现形式一般是夸大产品功效，或使用不科学的方式对其功效做出断言或保证，对产品性能、使用效果进行虚假宣传、虚假承诺；是使用专家代言人形象做证明和推荐，欺骗和误导消费者，等等。在网络广告领域，一些法律规定的特殊行业、特殊商品的虚假广告问题更加突出。

特殊商品是指对社会经济秩序和人民生活有着极为重要影响的商品。新《广告法》规定：麻醉药品、精神药品、毒性药品、放射性药品、药品、卷烟、烈性酒、医疗器械、农药、食品、化妆品为特殊商品。这类商品是直接关系着国计民生等重大问题的商品，这些特殊商品的广告与其他商品广告相比，其在具体内容和管理方法上都具有特殊性。加强对特殊商品广告的管理是整个广告管理环节中极为重要的一环。然而，由于网络这一虚拟空间中主体的隐蔽性和不确定性，使得大量网络虚假广告乘虚而入，特殊商品领域也受其害。互联网特殊商品广告的问题主要表现在以下三个方面：

（1）医药广告中虚假现象屡禁不止。

互联网药品广告的发布手段十分隐蔽，广告发布者为规避审查和监管，常常采取租用域外服务器来发布违法药品广告，一旦出现危险便立即放弃；或者以保健、康复等名义来贩卖药品广告或药品信息；或者通过多重链接来规避审查，特别是通过文字链接和虚假链接来达到隐藏身份的目的。此外，广告发布者还会在互联网上随意发布未经审批的药品广告、使用过期的批准文号、任意篡改未经审批的广告内容等，其虚假、随意的程度，远远高于电视、报刊及广播电台等传统媒体所发布的药品广告①。

以山西省市场监督管理局2018年上半年公布的"芮城××兽药有限公司发布违法广告案"为例。2017年10月，当事人通过网络平台发布"头孢噻呋钠"兽药广告。广告中含有该兽药的主要成分、适应证、药理作用等内容，但其中有关适应证、功能用途的描述却与《中华人民共和国兽药典》（2015年版）载明的头孢噻呋钠的功能用途不符。此未经审批发布的广告且发布内容虚假的情形，违反了新《广告法》的相关规定。2018年5月，芮城县市场监督管理局依法对其做出了行政处罚，责令当事人停止发布该违法广告，并处罚款1.03万元。

据浙江省市场监督管理局2018年发布的统计数据称，共查处各类违法广告案件6 174件，其中互联网违法广告案件为4 548件，占比为73.7%，金融类、医疗、药品等重点领域违法广告案件高达1 238件，占比为20%。以"××天南医疗美容诊所发布的虚假医疗机构广告案"为例，当事人在自建的网站及公众号上为其医疗美容服务项目进行广告宣传，广告中虚构"黄氏无痕双眼皮"项目已有28年历史，并且其成功交易案例超过20万例，主诊医师李某为"V型定点隆鼻技术"发明人、韩国眼鼻整形医院访问学者。广告中将普通收银员黄×杜撰为具有专业美容知识并已经从事医疗美容业20余年的专家教授，将其"塑造"为"黄岩老太婆埋线双眼皮的继承和发扬者"，还说已申请国家专利及地方非物质文化遗产，并虚构该诊所为××地区最早从事医美的医疗机构、××地区鼻整形修复基地、V型定点隆鼻术培训基地、黄氏无痕双眼皮培训基地等。当事人的行为严重违反了新《广告法》的相关规定。2018年8

---

① 李小芳. 对互联网药品广告监管问题的探讨［J］. 今日药学，2011，21（1）：62-64.

月，台州市市场监督管理局对其做出了行政处罚，责令当事人停止发布违法广告并对其罚款 20 万元。

北京市市场监督管理局发布的《2020 年 7 月广告监测报告》显示，2020 年 7 月北京市网络广告监测到 4 222 万余条次网络广告，涉嫌违法的有 6 928 条次，在涉嫌违法的网络广告中，医疗诊疗服务类 503 条次，占比为 22.7%，医疗美容服务类 400 条次，占比为 22%。以上医疗诊疗和美容服务涉嫌违法的主要表现为广告中涉及了医疗技术等内容，广告中未标注《医疗广告审查证明》文号等。

药品广告洗脑营销普遍，处方药广告违规严重。基于医药行业的专业性与严谨性，掌握相应的药品知识需要付出巨大的时间成本，大多数消费者对此存在知识盲区。正因为如此，部分药品广告就用洗脑营销的方式对消费者进行灌输。

2017 年 12 月 2 日，"丁香医生"公众号发布了《一年狂卖 7.5 亿的洗脑神药，请放过中国老人》一文，直接将矛头对准莎普爱思滴眼液。该文章援引了多位眼科医生权威文献资料，力证莎普爱思滴眼液防治白内障是弥天大谎，是用"洗脑"灌输式的广告营销。其"坑害"老年人，使老年群体延误治疗、有失明风险。在莎普爱思的广告宣传中，其产品几乎无所不能。在旧版广告宣传里，几乎所有眼科问题都能用莎普爱思滴眼液解决，其甚至声称"得了白内障，就用莎普爱思滴眼液，等到失明就晚了！坚持是关键！""会致盲，怕不怕？我们能治！"。相反，原国家卫生和计划生育委员会旗下的中国防盲治盲网说：不论何种白内障，手术治疗是最有效的手段。迄今为止，还没有任何一种药物被证实能治愈白内障或抑制白内障的发展。显然，莎普爱思滴眼液的广告本质上属于"洗脑"广告，毫无科学依据。

从"鸿茅药酒事件"来看，鸿茅药酒既不是酒也不是保健食品，而是具备"国药准字 Z15020795"批准文号的药品。非处方药本身也是药品，具有药品的属性，有些非处方药在少数人身上也可能引起严重的不良反应。因此，对于鸿茅药酒来说，风险与收益并存。2004—2017 年年末，在国家药品不良反应监测系统中，共检索到饮用鸿茅药酒出现不良反应的报告共计 137 例，其不良反应主要表现为皮疹、呕吐、头晕、瘙痒、腹痛等。但从鸿茅药酒的各种宣传广告中可以看出，消费者对这款酒可能存在的不良反应这一信息却无从得知，甚至很多人对它的了解多是其宣传语中所宣传的"南茅台北鸿茅"。在鸿茅药酒广告中一群老人面色红润地讲述鸿茅药酒的多种好处，这样的广告画面在鸿茅药酒历年的广告片中屡见不鲜，宣传片中显示："风湿骨病怎么办，每天早晚喝鸿茅；肾虚尿频怎么办，补肾强身喝鸿茅；脾胃虚寒怎么办，健脾养胃喝鸿茅；气虚血亏怎么办，补气补血喝鸿茅。67味药材好，呵护爸妈更周到！一瓶鸿茅酒，天下儿女情。"药品如何能断言功效呢？

与药品广告类似的问题，在保健品虚假广告中也表现得十分普遍，甚至更为突出。这些广告大多把起辅助身体健康、保健作用的产品夸大为治疗多种疾病的药或"神药"。如"鼻痒、鼻塞、打喷嚏、流鼻涕、鼻部肿痛就到鼻舒堂。"这句在中国人尽皆知的广告词，在上千家形似中医馆的门店滚动着，吸引着受鼻炎折磨的患者走进店内，用数千元的价格买回实为消毒产品的"神药"。

（2）房地产广告频踩红线。

近20年是我国房地产突飞猛进的黄金期。房地产广告尽情地享受着这场盛宴狂欢。然而，其广告问题如影随形，主要表现在：不具备销售条件，通过各类媒体或以展销会等形式擅自发布房地产广告；发布的虚假广告中承诺与实际不符，或者根本无法兑现；盗用其他项目预售许可证进行广告宣传；广告内容不规范，包括不按规定刊登预售许可证号或刊登虚假预售许可证号和使用《房地产公告管理规定》禁止的公告用语及不按规定明示价格和面积等内容①。

以山西省市场监督管理局2018年上半年向社会公布十起典型违法广告案例中的"山西×嘉房地产开发有限公司发布房地产违法广告案"为例，2018年1月，当事人通过网络平台发布的"金尊府"房地产广告中，含有"国家级盛会落址加速区域崛起……未来升值潜力和投资价值不可限量""高端配套环绕，为品质生活加冕，包括：成成中学、太原第二外国语学校等知名学府，山西大医院、山西省儿童医院……地铁3/6号轻轨等立体交通网让您出入随心""再造一个恭王府"等内容，构成含有该地段升值或者具有投资回报的允诺、违背社会良好风尚、对规划或建设中的文化教育设施进行误导宣传的情形，违反了新《广告法》的有关规定。

常燕民还指出，在利益的推动下，我国的房地产广告炫富盛行，即以财富炫耀为基本创作手法，提示、凸显、迎合消费者的需求，以此提升房产价值、促进房产销售。其核心词汇为奢华、荣耀、首席、至尊等。如此一来，容易扭曲价值理念，助长消费主义，严重的话还会危及社会和谐②。

此外，沈菲认为，当住房的区位优势、内在品质等同质化信息无法引起消

---

① 马瀛洲. 中国房地产广告的现存问题分析 [J]. 现代商业，2008（11）：121.
② 常燕民. 透析炫富房地产广告 [J]. 当代传播，2008（2）：87-89.

费者的关注后，房地产广告走上了一条新的道路，即概念炒作越走越"远"。如"榜样生活""后现代城""第三空间""木马公寓""左岸世界"等越来越多的楼盘，无论是名称还是其整体形象的塑造，都是以概念化的形式呈现给消费者。诸如此类的概念炒作，基本上没有本土文化作为背景支撑，只是一味地迎合部分消费者用来彰显其所谓个性需求，获取他们的心理认同①。

（3）教育培训广告引人误导。

教育培训广告不同于其他商业广告的部分是它同时影响和作用于社会的教育理念与人才培养两个方面。从本质上说，教育就是按照特定的教育标准塑造人、培育人的事业。因中国尊文重教的传统，教育成为一项热门产业，教育类广告风行。孟秀石等通过对沈阳市392家教育培训机构和390名受训者进行实地调研来分析网站网络广告投资的有效性，得出网络教育广告的可信度不是很高，次于别人推荐、报电广告、招生代表宣传和工作单位培训的结论②。

一项专门就教育广告的文本分析中，研究者从批评话语分析的视角出发，结合语篇结构、词汇、模糊语和修辞的使用，发现广告发布者在语言选择上的倾向性会在一定程度上影响并强化现存的越发功利化的教育理念③。以××思的某一则广告为例——"××思网校师资团队是……为更多的学生提供最优秀的教育资源；……他们是独一无二的师资团队。"从新《广告法》的相关条款来看，这类广告带有强烈的暗示性和诱导性，实际上是广告传播者强加给消费者的话语"霸权"。通过大量使用极限词"最"或者绝对化的表述来夸大教学效果，意在突出自身相对于同类机构的多方面优势。这不仅不符合新《广告法》的原则，还涉嫌违反《反不正当竞争法》。

当然，随着互联网技术对各行业的改造和渗透，一些新型行业发展迅速，像网络金融、网络理财和网络证券等。这些行业的广告方兴未艾，虚假广告的发生频率一直居高不下。其他还有一些利用网络技术发展起来的非法行业也在潜滋暗长，如网络诈骗、网络赌彩等行业的广告更是借助微信圈、朋友群等隐秘媒介渠道进行着碎片化、隐秘性传播。

3.3.1.4 不正当竞争广告死灰复燃

新《广告法》第三十一条明令禁止广告主在商业竞争中为获取更多权益而采取不正当的手段打击对手。但在广告实践中，仍有不少不正当竞争广告借

---

① 沈菲. 房地产广告的伦理失范 [J]. 青年记者, 2009 (34)：48-49.

② 孟秀石, 王信存. 沈阳市培训机构广告投资有效性分析 [J]. 商场现代化, 2007（13）：302-303.

③ 张叶青. 教育广告的批评话语分析 [J]. 浙江工商职业技术学院学报, 2014, 13 (2)：87-91.

助横向比较广告、极限词滥用、故意贬低对手等形式来进行宣传，以达到压制竞争者的目的。尤其是在网络传播中，不正当竞争广告借助网络传播的先进技术，如机器人写稿发稿，利用网络传播隐秘的特点，绕过行政监管视野，大肆侵害消费者利益，扰乱社会正常经济秩序。

网络广告中存在一些不正当竞争的广告类型，常见的有关键词搜索、产品捆绑、不正当链接等。所谓关键词搜索，是指广告主体将各种著名商品或同类竞争企业的名称、标识提前埋设进网站中，当网络用户输入相关的关键词，网页就会因众多关键词相匹配而被网民选中，从而造成侵权①。所谓产品捆绑，是指下载安装某应用软件过程中，安装对话框中会出现其他应用软件或插件选项，这些选项非常隐蔽，且通常是默认选中，用户往往在不经意间进行了安装。例如，2010年5月，360安全卫士以"不安全"为由恐吓用户，拦截其他搜索引擎正常的默认浏览器设置，并从各种渠道强行安装360浏览器，之后再以"安全"为由将默认浏览器设置为360浏览器，强迫用户使用。这种变相强制安装和设置为默认浏览器的行为，一方面侵犯了用户的自由选择权，另一方面抢夺了其他浏览器公司的市场份额和使用活跃度，显然是不正当行为。所谓不正当链接，是通过超链接技术让用户在主页中直接链接到其他网页，通过这样的方式来影响网站的访问量和广告点击率。例如，当用户打开某宝网后会自动弹出其具有关联性网页"聚划算"的页面，一些漫画网站会弹出网页游戏之类的界面。这类弹出的网页多是购物消费、推广游戏的目的，也有的网页在弹出时伴随巨大的音效而吓到用户，对用户的上网体验造成影响②。

此外，在自媒体广告中也存在使用不正当竞争手段的情况。例如，商家通过雇佣"水军"在自媒体平台上恶意贬低竞争对手的产品或服务，以此使消费者误以为该商品或服务存在问题而选择自家商品或服务③。与此相关的还有不少商家借助售后评价系统、知识问答平台、百科知识平台等公共言论空间，雇佣"水军"发表虚假评论，有的商家甚至利用利益诱惑，诱导消费者发表不利于竞争对手的言论，等等。而这些往往是借助内容化和资讯化的表达形式进行的，传播隐秘，监测难度大。

马蜂窝的数据造假案就是一个典型的利用不正当手段进行虚假营销案例。相较于携程、去哪儿、同程等公司，马蜂窝是一家本着以用户体验为主的旅游

---

① 刘光星. 网络环境下新《广告法》面临的挑战及其对策［J］. 湖南行政学院学报，2017（1）：71-76.

② 沈雪平. 浅论网络广告的问题与监管［J］. 商业经济，2014（12）：66-69.

③ 李莉. 自媒体广告的法律规制［J］. 采写编，2016（6）：152-153.

App。它以个人旅游攻略社区起家，用户在社区里分享旅游路线、攻略、心得等，并购买定制的旅游产品及服务。2018年10月，有自媒体发表的题为《估值175亿的旅游独角兽，是一座僵尸和水军构成的鬼城?》的文章在网络上广泛流传。该文章指控马蜂窝数据造假的行为，大量点评数据造假，抄袭同行的内容，"僵尸"和"水军"泛滥①。

马蜂窝数据造假，隐性欺骗用户，侵犯用户隐私的假面被揭露后，它却半遮半掩②，仅承认所谓的"公司对全站数据进行了检查，点评内容在马蜂窝整体数据量中仅占2.91%"，就已经给行业发展、公众利益造成了一定的伤害。

类似的案件还有丽江古城某两家酒店之间涉及的不正当竞争。据央视曝光，"风花雪月连锁客栈"与"亲的客栈·丽江水墨印象店"两家酒店曾在×团网电商业务存在"自己写好评、刷单炒信、随意删差评"等不正当竞争行为。但其实刷单行为在×团等电商平台上广泛存在，甚至还有竞价排名，哪家出的钱多，哪家的排名就靠前。有一些人专门做酒店民宿刷单生意，他们往往潜伏在与民宿业相关的微信群中，伺机搭讪聊生意，服务项目包括刷成交量、刷好评、删差评等。通过刷单，消费者无法了解到酒店的实际信息，使得服务质量好的酒店在平台上被埋没。

3.3.1.5 广告侵犯个人权利成新热点问题

信息技术日新月异为互联网传播带来了一日千里的大发展，用户在享受技术红利的同时，却也不得不"忍受"着技术的"霸凌"。无论是商务、社交和头部资讯平台，还是一些依附于平台下的技术服务类营销公司，在所谓的精准定向、个性化推荐、位置服务等高科技"一统江湖"的狂欢中，大家肆意挥霍着技术的"工具价值"，忽视所谓技术进步给社会、个体带来的负面影响。有些网络科技企业在算法与模型加持下，通过收集用户可识别或不可识别信息

---

① 根据《估值175亿的旅游独角兽，是一座僵尸和水军构成的鬼城?》一文综合得出：马蜂窝主要问题表现在为发展需要大量使用UGC信息，甚至以平台为主导，抄袭其他网站的评论。该文称有数据公司抓取了马蜂窝上116万家餐厅中1/3的样本，定下了一字不差抄袭、同时抄袭150个大众点评账户的抄袭账号标准后发现，马蜂窝有7 454个抄袭账号，平均每个人从携程、艺龙、美团、Agoda、Yelp上抄袭搬运了数千条点评，合计抄袭572万条餐饮点评、1 221万条酒店点评，占马蜂窝官方发布总点评数的85%。次日，该公众号又发布了第二批"实锤"文章称，虽然马蜂窝为了防止商家营销，明确规定游记中不能添加联系方式，但在抓取了493 487位用户的1 579 178篇游记后却发现，7%的游记成功地保留了联系方式，成了有营销嫌疑的游记，且这7%的游记竟然平均被"顶"次数是普通游记的364%。此外，只要有用户在马蜂窝上发布了游记，就会有大量账号发表"机器人评论"。马蜂窝在与携程、美团、马蜂窝等之间的流量和销售竞争中就涉及不正当竞争。

② 潘福达.马蜂窝否认点评数据造假 [N].北京日报，2018-10-23.

之后，运用大数据和人工智能技术对用户进行"精准"投放——其中大部分是广告和低俗信息。毫无疑问，我们在肯定技术的"善"给我国社会、经济带来进步的同时，如何在技术的工具理性中注入人文主义的情怀，是当下全社会关注的重点。

网络违法广告侵犯个人权利除侵犯个人的隐私权外，还涉及个人的信息选择权。具体表现在以下三个方面：

（1）难以界定的隐性广告。

所谓隐性广告，其实常常表现为资讯化的广告形式，它是网络广告最常见的形态。因似新闻、似知识，极易使人产生误解。尽管新《广告法》第十三条规定："广告应当具有可识别性……应当有广告标记，与其他非广告信息区别。"但这一规定没有对广告信息与非广告信息做清晰界定，使得隐性广告愈发泛滥。

隐性广告一般包括以下三种形式：一是以新闻形式发布的广告，二是在论坛贴吧发布的网游类信息，三是在影视作品中植入的隐性广告。例如，某一媒体报道"社区送爱心活动"给社区老人送去某保健品时，对保健品做了大量图文并茂的说明介绍或反复介绍该产品。这种新闻报道有刻意插播广告之嫌，但缺乏将其判定为广告的法律标准①。再如，在许多网络论坛发布的广告，实际上发起者多为商家本身或受厂家的雇佣，以讨论产品的性能、质量问题为名，实际宣传产品；或冒充普通网民，自称使用该产品后效果很好，来引诱消费者购买产品②。

（2）强制性广告泛滥成灾。

强制性广告一直是网络广告的"毒瘤"。当网民在浏览网页时，全屏或半屏突然弹出，还让人退无可退；注册一个电子邮箱，就必须忍受广告"灌水"。北京市首例因垃圾邮件而引发的侵权案件③就是因此而起。在移动互联网时代，用户的权利仍未得到应有的尊重。尽管广告传播技术在进步，像大数据、人工智能等先进的手段并非以用户体验价值为根本考量，像广告程序化交易（RTB）、智能推荐等数字广告只是便利了广告主和广告代理公司，背后却以牺牲用户个人的安宁权为代价。各式各样的广告夹杂在用户浏览的网页或信息流之中，对用户进行不分场合、不分次数的"轰炸"，让人"无处遁逃"。

<hr/>

① 沈雪平. 浅论网络广告的问题与监管 [J]. 商业经济, 2014 (12): 66-69.
② 高富平, 张晓菁. 网络广告呼唤游戏规则的革新: 浅论《广告法》在网络广告规制中的不足和对策 [J]. 信息网络安全, 2006 (4): 8-11.
③ 马琼. 网络广告侵权行为法律问题研究 [D]. 长沙: 湖南师范大学, 2010.

尽管广告法律规定类似广告应"一键关闭"，但实际中往往不尽如人意。

此外，大量的页面劫持广告也让用户苦不堪言。所谓页面劫持广告，是指用户在使用 HTTP 请求点击某网站的页面时，服务商会在正常的数据流中插入精心设计的其他数据报文，让客户端展示其他的数据（通常是广告）。类似的还有"二跳"式的广告"替换"，即二次点击进的详情页与上层链接页内容不一致。如此广告"欺诈"侵害的也是用户的选择权和知情权①。

（3）公民信息泄漏难以根除。

在互联网世界中，个人信息保护变得尤为困难，原因之一是用户注册网络账号或登录网络平台时，基本上都需要填写电子邮箱、手机号码以及联系地址等个人信息。然而，有不少网站或商家在收集大量用户信息后，会未经用户同意而将一些广告信息以邮件、短信、电话的形式骚扰用户。例如，消费者在某宝网购买商品后，商家在后续会以短信的形式将店铺中的其他优惠活动等广告信息发送给消费者，对消费者进行短信轰炸，这种情况在"双十一"前后更为常见。

个人信息泄漏会造成对用户人格权利、财产权利以及隐私权利的侵害②。例如，网络广告在精准传播过程中，常常采取添加"用户标签"的方式，来标识特定个人或群体的特征。如国内某时尚箱包电商开发出了包括行为属性、静态属性和购买属性在内的 3 类共 256 个标签，标记每一个用户。通过这些标签，品牌商可以准确地捕捉到目标顾客，以合理的营销费用让顾客付出更大的代价③。但是，这些"用户标签"势必给个人带来差别化待遇，在某种程度上形成了价格歧视或其他形式的社会不公，对消费者权益和人格权利造成损害。再如，非法信息购买会在一定程度上威胁公民的财产安全。2017 年 2 月 8 日，西安市公安机关查获的一起特大泄露、侵犯公民个人信息案，涉案数据高达40G，共计上亿条信息，其中涉及众多车主、金卡会员以及业主所住小区的姓名、电话、身份证号、门牌号、工作单位等信息。10 多名犯罪嫌疑人相互串通、购买、交易对方手中的个人信息用于牟利。而广告和销售已经沦为个人信

---

① 2018 年 3 月 30 日，央视《经济半小时》节目曝光了××头条上的"二跳"行为：记者在四川成都、广西南宁等地发现，在用户的××头条 App 中却出现了大量的通过"二跳"发布相关广告情况。点击产品一的广告之后，进入的其实是广告二的内容，而广告二的产品其实是违规产品。甚至为了逃避一线城市的严格监管，××头条还只在二、三线城市对广告商提供这种服务，广告商一天付的广告费可能高达 100 万元！

② 徐卫华. 大数据时代个人信息保护与网络广告治理 [J]. 浙江传媒学院学报，2017，24（2）：105-110，153-154.

③ 范为. 大数据时代个人信息定义的再审视 [J]. 信息安全与通信保密，2016（8）：70-80.

息交易的重要推手①。

用户在享受智能移动终端便利的同时，却时常要忍受其"副产品"——被强迫接受广告的骚扰。植入式广告还算"含蓄"，那种弹窗广告、非会员广告捆绑等让人避之不及。

3.3.1.6 平台主体责任缺失问题突出

根据新《广告法》第三十四条的规定，广告发布平台有核对广告内容并备案的责任，但在现实中平台的主体责任缺位现象突出，让无辜用户躺枪。因为法律的规定是原则性的，比较笼统。这些也给平台以更多的避责理由。

在"二跳"事件暗访报道中，××头条南宁公司员工告诉央视财经记者，"首页登载一个完全合法的产品广告，但是消费者点击转入具体网页之后，就可以完全不顾广告法的规定，其中，患者现身说法、看病的老专家都可以有，想卖什么都可以"。如此赤裸裸地"告白"反映的是平台主体责任缺位的现实。

在经济观察报的一篇《揭互联网广告灰色利益链：看理财广告踩雷P2P》的报道中，公民魏×被手机页面中弹出的广告吸引，在点击网贷公司"易慧隆"广告后被骗。但时隔数月，他在××搜索等平台中以"易慧隆"为关键词检索，还能看到若干篇该公司的推广软文。有研究发现，之所以诸多平台频频出现此类违法违规广告，是因为这些知名的媒体平台均不与个人和小型企业直接合作，而是将广告交由中间商代理。这些中间商承揽广告业务后，利用代理账号向其上游平台上推送广告。如果此时平台商对这些代理公司缺乏必要的审查把关，就会出现像上述××头条和××搜索平台的问题。即使某些代理公司并不具备广告所需的营业执照，但只需提供产品网址即可开户，其操作方式是将推广的产品挂靠在其他大公司的名下。类似的问题还很普遍。往往是舆论关注了，平台就收敛些，风声不紧了，平台又照常摆烂。

3.3.1.7 广告代言乱象频出

明星作为公众人物，自然是社会关注的焦点，其自带流量的光环吸引品牌商本也无可厚非。明星也好，网红也罢，由于他们通常具有较大的影响力，一旦由他们所代言的商品出现虚假、误导等情况，产生的破坏力和损失都是极大的。当然，如果不顾及社会伦理，置广告法律法规于不顾，将个人利益和品牌销售目标凌驾于社会效益之上，那终将会被社会抛弃。遗憾的是，在网络广

---

① 韩宏，李轲暄. 西安警方侦破特大侵犯公民个人信息案上亿条次公民个人信息被售卖[EB/OL].（2017-02-09）[2023-09-09].http://wenhui.news365.com.cn/html/2017-02/content_523708.html.

告传播中，广告代言乱象频出，尤其是随着直播带货广受追捧，大量 KOL，甚至是品牌商直接介入代言领域，广告代言问题愈演愈烈。

据 2018 年 7 月 1 日央广网经济之声报道，在浙江省消费者权益保护委员会协同第三方对 10 个浙江省较大的在线教育平台进行暗访式的调查中，发现均有明星代言现象存在。调查发现，"名校""名师"宣传普遍不实，课程质量令人担忧。比如"VIPKID"广告宣称有"30 000 多名北美外教"，却无具体依据；"掌门一对一"对外宣称"20 000 掌门名师在线辅导"，但对其相关介绍均未进行说明或提示。

3.3.2　影响网络广告治理的因素与相关法律问题分析

无论是实体产业还是服务型企业，要对接市场就都必须进行品牌营销。因广告推广在品牌营销中处于核心地位，对绝大多数品牌而言，品牌营销就是做广告。品牌主将广告视为"神明"，过分迷恋广告的"神力"，还因为在多数消费品细分市场，消费者多依靠广告进行消费决策。由此，对网络广告主体中的广告传播和广告消费行为进行分析，既是广告违法归因分析的首要任务，也是寻求网络广告治理对策的主要方向。

承前分析，广告因具有宣传导向和文化影响功能，广告传播还关涉社会效应。因此，其违法行为背后隐藏的深层次社会因素和文化背景也值得探究。

伦理是人类一切社会活动规范和行为准则。道德是伦理的标杆，而法律是伦理的实体化，也是保障伦理得以遵守的底线。在广告治理中，法律体系是广告伦理的具体化和规范实体化，也是广告治理的基石。因此，从法制体系和法治实践中寻找当下广告法律规制中的不足，是解开网络广告违法归因的主要途径。

在我国广告治理体系中，行政监管在其中发挥着最为重要的作用。新《广告法》实质上是一部公法，也是一部授权法。新《广告法》第六条确立了国家市场监督管理机构及各地方市场管理机关在广告治理中的主体地位。因此，行政主管机构依法行政的意愿和效率直接关系到广告治理的成效。从广告行政监管行为和效率不足入手分析，也可以为提高网络广告治理水平寻找优解。

此外，在广告传播生态中，广告的受众并不只是广告信息的接受者，而是主观能动性的主体。他们可以对广告传播者和广告传播行为进行相应的反馈，尤其在互联网双向传播的技术环境中，这种反馈和互动往往会对广告传播产生非常重要的作用。因此，受众中的个体就成为广告治理中不可或缺的主体，而且某些受众行为还有可能引发一场广告舆论，对广告传播产生更为激烈的后果，进而对广告治理带来意想不到的效果。因此，反观某些违法广告中受众对广告传播的反应不失为寻找广告治理良方的途径。

广告传播环境中的其他要素，如广告协会组织、特定媒介和相关媒介组织等在广告治理体系中往往也可以承担一定的功能。分析它们在广告治理过程中所承担的角色，也可以为规避广告违法寻找解决之道。据此，本书拟从下面几个角度对网络广告违法的原因进行分析。

3.3.2.1 广告法律规范仍待完善

任何一个产业生态中，环境都是影响生态系统正常运行的关键要素，广告也是如此。理论上，一个完善且敏捷的广告法律体能及时反映广告治理中的新情况，规制广告违法中的新问题。实际上，同其他领域立法一样，广告法律法规的制定和完善需要经历一个立项、调研、反复论证的复杂过程，因此，现有广告法律法规不可避免会与广告治理实践存在一定的距离。

（1）关于广告行为主体的法律规范问题。

取消行政许可制度是广告行业进行广告监管体制改革进程中重大的事件。除一些特殊行业、特殊商品广告需要主管部门前置审批外，这标志着广告行政监管已经进入事后监管模式。事实上，该模式放宽了广告主体的准入条件，激发了广告产业活力，提升了企业营销传播效率。但其副作用也很明显，就是在一个"人人皆可为"的自媒体广告环境中，一旦传播者手中的"麦克风"失去控制，其结果可想而知。原本是需要通过广告代理商间接进入广告传播环节的广告主或组织就可以开启广告自主传播模式；原本是一个普通的自然人，可手上有了自媒体账号和朋友圈，就可以自由出入广告市场了。可这样一个由大量非传统的、缺乏专业素养的"广告人"组成的市场极易冲击正常的广告市场秩序。对广告监管者而言可谓是压力空前！

尽管新《广告法》第一条已将这些新兴的主体列入一些广告市场主体之列，也取消了旧版《广告法》第二条对广告主体行为约束的规定，但是，其后续条款并没有针对广告市场主体变化进行对应的规制调整。这倒不是说我们应给予新兴的广告行为主体制定准入条件，而是说我们不应忽视新兴主体的特殊性和专业水准，至少要有相应的条款来提高其违法成本。比如，新《广告法》第五十五条规定，对特定广告违法主体可以处以吊销营业执照的处罚。这一条对专业公司而言是非常严厉的，但对自然人身份的广告发布者而言就没有惩戒作用。

针对自媒体账号广告违法问题，杨建宏在 2007 年曾指出，在互联网的虚拟环境中，从事广告业务之时无须通过资格认证或获得营业执照，这种准入制度的缺失使网络上虚假性、欺诈性广告有机可乘，造成了网络广告行业的混乱①。此外，在《广告法》修订前，有学者已关注到《广告法》中权责清晰的广告主、广告经营者和广告发布者出现了三者合一的趋势。如戴榆指出，"网络广告主体界定问题几乎是每位学者必议的话题，专家们一致认定现行《广告法》中的三主体界定已不适用于网络广告。"② 此外，有法学研究者认为，在互联网上，广告主、广告发布者、广告经营者三者的界限日益模糊，因此，法律上对广告主、广告发布者、广告经营者的定义及规制方式显然已经不能适应网络广告的现状和发展③。

造成这一问题的根本原因是，网络媒体与传统媒体在媒体的性质和制度上存在明显差异。传统媒体作为广告发布者，其门槛较高，且与广告主、广告经营者有着明确界限。《广告法》据此将三者分而治之不无道理。然而，网络媒体的门槛较低，广告主、广告经营者和广告发布者之间出现了交叉重叠。正如高富平、张晓菁所言，根据新《广告法》第二条的规定，传统广告中的广告主、广告经营者和广告发布者的界定及职责区分是显而易见的。然而，在互联网中，制作、经营、发布广告变得非常简单，这三者的界限则日益模糊，使得《广告法》中关于各方的权利义务关系的规范难以适用于网络广告④。蒋虹也认为，网络广告存在于虚拟空间中，广告的制作、经营和发布变得非常简单，于是出现了集三者职权于一身或是越权经营、发布广告的情况，如此一来，使得广告主、广告经营者、广告发布者间的界限越发模糊且范围越发扩大⑤。这一顾虑直至新《广告法》颁布以后，仍没有得到很好的解决。

关于自然人与媒介到底能否成为旧《广告法》中定义的"广告发布者"存在的争议在新《广告法》颁布后得到了明确答案。因为按照"行为规制法"的思路，只要某种行为违背了诚实信用原则或者破坏了市场秩序，都应该纳入广告法的调整范围，不管具体的行为人是谁⑥。汪青云等指出，目前不乏与广告发布方面相关的规定，但媒介还存在为牟求经济利益而冒违法之险的情况，

---

① 杨建宏. 论网络广告存在的问题及对策分析 [J]. 商场现代化，2007 (4)：262-263.

② 戴榆. 我国网络广告法律问题研究现状 [J]. 中国广告，2010 (1)：124-127.

③ 沈卫利. 网络广告的法律调整与规制 [J]. 中国工商管理研究，2000 (6)：47-48.

④ 高富平，张晓菁. 网络广告呼唤游戏规则的革新：浅论《广告法》在网络广告规制中的不足和对策 [J]. 信息网络全，2006 (4)：8-11.

⑤ 蒋虹. 网络虚假广告与消费者权益保护问题探析 [J]. 华东政法学院学报，2003 (2)：69-73.

⑥ 宋亚辉. 广告发布主体研究：基于新媒体广告的实证分析 [J]. 西南政法大学学报，2008，10 (6)：16-26.

是因为《广告法》中对于媒介所应承担的责任是以主观上的条件来作为判断标准的，且是以媒介自身的主观错误来定夺，这无疑给媒介推脱责任留有余地①。

蒋虹提到，在网络广告中，互联网服务提供商具体应承担何种法律责任、履行何种义务还不明确。这不利于约束其行为，还可能使其为追求经济利益而在网络上发布虚假广告②。其实，随着网络资讯业的不断发展，在这一产业链中，网络技术运营商、网络平台服务商、网络信息服务商等角色往往是既相互独立又功能交叉，至今仍很难清晰界定出他们在具体的广告信息服务中的权利与义务。

计划往往赶不上变化。网络直播带货在近两年风生水起，掀起了一波全民网络直播的新高潮。热闹之中，泥沙俱下。由此带来的假货横行、虚假宣传、售后纠纷等问题此起彼伏。要很好地规制这一新业态带来的问题，恐怕要先从法理上界定这些营销主体行为的法律性质。如网络直播营销行为与广告传播行为如何界定？带货主播的身份如何界定？他们在什么情况下是广告代言人？带货主播的口播涉及的是宣传还是广告？等等。另外，一些新型主体介入网络直播营销链条中，如网络视频平台商、网络直播营销活动提供服务机构（MCN）、带货主播等。一旦某一场直播带货涉及虚假广告，那这些行为主体责任又应如何划分？

我们注意到，随着网络直播营销的飞速发展，行政监管陆续跟进。据不完全统计，2020 年以来，中央及地方共出台了近 10 份监管文件。一直因无序发展而被诟病的直播带货行业或已进入监管时代。"压实三方责任""压实行为主体责任"成为行政监管的主题词③。

从数字营销实践来看，数据造假问题涉及范围广，平台电商、内容营销、网络直播等各类数字营销平台都有参与，而且数据造假的类型更多，诸如宣传内容造假、销量造假、点赞数造假、评论造假、围观数造假等，不一而足。像网络直播带货形式虽风行时间不长，但围观数、销量数、点赞评价等方面造假已经是登峰造极，成为数字营销行业健康发展的"拦路虎"。数据造假问题是广告违法行为还是虚假宣传行为，目前对其行为主体的法律规制不甚明确，以至于行政监管有时也左右为难。这也间接导致造假之风屡禁不止。

---

① 汪青云，张芬芳. 虚假广告与媒介责任 [J]. 南昌大学学报（人文社会科学版），2006（4）：143-146.

② 蒋虹. 网络虚假广告与消费者权益保护问题探析 [J]. 华东政法学院学报，2003（2）：69-73.

③ 佚名. 近 10 份规范文件出台 直播营销进入监管时代 [N]. 北京商报，2020-11-18.

2020 年 11 月的某天《工人日报》记者以有直播带货涨粉的需要为由，联系了一个刷单店铺。该店客服回复称：50 元 100 人，"一条龙套餐" 100 人 + 点心（点赞）+ 互动 + 全面配合，100 元。该客服还对记者表示，5 元可买 3 万个点赞数①。

2020 年 11 月，一名参加过艺人汪 × 专场直播的商户发文称，其直播开播费 10 万元，当天直播室成交 1 323 台空调，退货 1 012 台，投资回报率仅为 30.73%；脱口秀艺人李 × 琴等被邀嘉宾在 × 东平台上参与直播活动，数据显示有 311 万人围观和互动，但被指实际只有 11 名真实观众②。

细究一下，汪、李两位主播是否应承担销量造假和围观数造假的责任呢？恐怕事实并没有那么简单。平台方、MCU 机构是否在其中起了重要作用？是否还有外包的数字技术公司参与？如果不能从法律上进行具体的分责，就一定会导致责任与义务不明的结果。如果类似的直播带货受害方没有起诉，而行政监管部门又没有主动打击这种违法行为，就很可能给直播带货行业带来灾难性的后果，而"破窗效应"也会在整个数字营销领域蔓延。

中国互联网络信息中心发布的《中国互联网络发展状况统计报告》的数据显示，截至 2020 年 6 月，电商直播用户数量达 3.09 亿人。仅 2020 年上半年，国内电商直播超过 1 000 万场，活跃主播数超过 40 万人。可以预判，直播电商行业规模未来仍将保持较高的增长态势。但由数据造假带来的问题，如果得不到及时规范，对行业发展而言，结果将是灾难性的。2020 年 7 月起正式实行的《网络直播营销活动行为规范》对直播带货行业刷单、虚假宣传等情况做出了规定，但这毕竟是行业组织的自律规范。行业行为规制还期待由国家互联网信息办公室会同有关部门起草的"互联网直播营销信息内容服务管理规定（征求意见稿）"尽早出台。

另外，社交媒体广告行为难以定性也是研究关注的焦点。社交媒体凭借其庞大的用户基数，成为广告市场的"新大陆"。但这些社交媒体广告与一般网络广告存在一定差异，其引发的许多广告问题也无法用现有法律条文解释。比如，如何界定微商发布朋友圈、群发信息这种行为是属于信息分享还是属于商业广告。由于无法对其行为明确定性，也不能做出合理的处罚，很多地方模棱两可③。刘光星也谈到，现在有很多的微博"大 V"在自己的平台上进行产品

① 刘兵. 直播带货数据"注水" 3 万个赞 5 元可买 [N]. 工人日报，2020-11-26.
② 佚近 10 份规范文件出台 直播营销进入监管时代 [N]. 北京商报，2020-11-18.
③ 杨嘉仪，马中红. 社交媒体时代微商广告监管的困境和出路：以微信为例 [J]. 中国广告，2017（2）：111-118.

推荐，但这样的行为不具有商业属性，因此新《广告法》无法对其进行规制①。

（2）网络广告违法行为管辖权存在争议。

一般而言，属地管辖是网络广告违法的管辖权界定的原则性规定。这也与《中华人民共和国行政处罚法》第二十条和《工商行政管理处罚程序暂行规定》第四条的规定一致，即行政处罚应由违法行为发生地管辖。但由于互联网的虚拟性、跨国界等特点，以及违法广告发布手段的推陈出新，导致监管部门在网络广告监管面临"如何界定违法行为发生地和管辖权"仍存在难题②。

在传统媒体时代，广告的管辖权几乎不存在争议。然而，网络的无区域性致使网络虚假广告行为的管辖权难以确定，这正是市场监管机关对网络虚假广告监管碰到的第一个难题③。有学者认为，《广告法》适用于"广告主、广告发布者、广告经营者在中华人民共和国境内从事的广告活动"。由此可知，国内设立的网站发布的广告应受《广告法》约束。然而，若在国外设立网站，使得国内消费者可以浏览到，或者在国内设立的网站上向国外消费者发布广告两种情况是否属于《广告法》的调整范围则存在争议④。正因为如此，有些嫌疑人将服务器置于境外，就能避开市场监管部门对其违法广告的查处。如一些诈骗、赌博、彩票相关的广告违法难以根治，就因其 IP 地址是在境外。

（3）相关法律适用存在冲突。

同一违法行为存在两个以上的法律规定，称之为法律竞合。有竞合很自然，但由竞合引发的法律冲突就容易导致某些法律问题得不到有效解决。这种现象在广告监管中也存在。

当某一法律行为涉及跨境问题时，法律冲突就最容易发生。网络传播领域就是这样。张玲燕指出，任何一则网络广告都可以传送到世界上任何一个连接到互联网的地方，并且越来越多的网络广告本身就是面向全球市场的。但不同国家对同一行为的认定、处罚等可能完全不同，甚至截然相反。此时，法律适用问题就显得尤为突出⑤。

蒋虹认为，从客观上来看，网络广告可能涉及多个国家，故无法将其划分

---

① 刘光星. 网络环境下新《广告法》面临的挑战及其对策 [J]. 湖南行政学院学报, 2017（1）：71-76.

② 陈荣彬, 张红, 何艾彬. 浅议网络广告的工商监管 [J]. 中国工商管理研究, 2003（5）：42-43.

③ 董晓慧, 陈楚. 网络虚假广告行为的查处 [J]. 工商行政管理, 2012（14）：25-26.

④ 夏定. 网络广告监管亟需解决的法律问题 [J]. 中国广告, 2010（12）：118-119.

⑤ 张玲燕. 当前网络虚假广告监管中的若干缺漏 [J]. 中国工商管理研究, 2006（12）：61-62.

为几个部分，并确定哪一部分所在地与网络更密切。鉴于各国立法的差异，各国广告法在面对这类问题时几乎是无能为力的；从主观上来看，一些广告经营者和广告发布者故意利用各国的差异性和网络的超地域性，规避一国的法律来发布某些网络广告。比如，虽然在本国发布广告，却是在国外注册域名，并通过外网服务提供商来发布，抑或是反其道而行之。

在境内，执法过程中会出现广告法律法规和其他法律之间竞合的现象，若某一违法行为同时违反多部法律的相关规定，优先适用哪部法律则存在一定的争议①。像虚假宣传和虚假广告的界定就涉及《广告法》和《反不正当竞争法》两部法律，因各自对"广告信息"和"宣传信息"这一组概念的界定有交叉，由此给基层主管机关在法律适用时带来了自由裁量的模糊空间。根据新《广告法》第八条的规定，"广告中对商品的性能、功能、产地、用途、质量、成分、价格、生产者、有效期限、允诺等或者对服务的内容、提供者、形式、质量、价格、允诺等有表示的，应当准确、清楚、明白。广告中表明推销的商品或者服务附带赠送的，应当明示所附带赠送商品或者服务的品种、规格、数量、期限和方式。法律、行政法规规定广告中应当明示的内容，应当显著、清晰表示。"即广告信息包括了商品的性能、功能、产地、用途、质量、成分、价格、有效期限、生产者、允诺等，或者服务的提供者、内容、形式、质量、允诺、价格等内容。关于"宣传信息"，根据《反不正当竞争法》第八条的规定，"经营者不得对其商品的性能、质量、功能、用户评价、销售状况、曾获荣誉等做虚假或引人误解的商业宣传，欺骗、误导消费者。经营者不得通过组织虚假交易等方式，帮助其他经营者进行虚假或者引人误解的商业宣传。"即宣传信息包括了商品的性能、质量、功能、用户评价、销售状况、曾获荣誉等内容。这样一来，就某件具体的虚假广告（或虚假宣传）案件而言，就存在适用时的法律冲突问题，而法律冲突就会导致执法矛盾或问题悬置。

关于广告处罚时存在的法律冲突问题。新《广告法》对违法广告处罚的最低罚款额设定为 20 万元。这可能与《行政处罚法》的相关规定有法律冲突。如在杭州市"方×富炒货店 20 万元处罚案"中，除了"店招"是否属于广告形式存在法律认定的争议外，杭州市有关基层执法单位对该店最初处以 20 万元罚款的决定，在当事人看来存在"处罚费明显偏高""过罚不当"的问题，并以违反《行政处罚法》相关规定提起了行政复议。

由法律冲突还引出了一个隐性问题，即不同法律对同一种法律行为进行立

---

① 鄢佳佳. 我国自媒体广告失范行为及其法律规制研究 [D]. 南昌：南昌大学，2019.

法时存在协调不顺、机制不畅的问题。这应引起立法部门的警觉。

（4）某些基础性法律概念有待明确。

"广告"与"广告活动"之辩的问题。1995年《广告法》第二条第二款与2015年《广告法》第二条第一款相比，"商业广告"变成了"商业广告活动"，由此就有了"广告"与"广告活动"之辩的问题。如果某广告违法行为主体以某广告非广告活动为由进行抗辩的话，应如何应辩？也需要有相关的司法解释。

关于"虚假广告"与"广告的艺术夸张"两词在基层办案机关是存在辨析之惑的。《广告法》第二十八条规定，广告以虚假或者引人误解的内容欺骗、误导消费者的，构成虚假广告。并列出五种情形。在认定某广告是否"虚假"，除了违法的四个要件外，要准确判定与艺术夸张的区别，还是存在自由裁量的空间，亟待相关的司法解释。

（5）广告法律规范仍存在空缺。

第一，关于违反伦理问题的处罚上存在难点。新《广告法》第九条是针对涉及意识形态与政治、社会、文化与环境保护及个人隐私等伦理规范的专列条款，但是基层执法时笼统地按照新《广告法》第五十五条的规定，会存在一定难度。新《广告法》第九条的第5款、第6款、第7款、第8款、第9款、第10款规定只有原则性、禁止性的规定，缺乏切实可行的操作指引，不可避免会给执法者带来困惑；因其较大的理解弹性，也为广告主、广告经营者留下了操作空间；并给基层监管机关的不作为预留了理由。这几款多涉及主观判断，定性标准模糊，应时刻保持警惕。如涉及民族、种族、宗教、性别平等问题，易引发群体性事件甚至引发国家间的外交纠纷；侵害个人隐私、违背社会公序良俗的广告还易于引发负面的广告舆论。

第二，广告公益诉讼制度有待法律明确。

近10多年来，学术界对广告公益诉讼立法的讨论如火如荼，但相关立法工作进展仍不显著。随着网络广告充斥着社会的方方面面，网络广告针对广泛且不特定公众的违法行为越发普遍。广告治理领域引入公益诉讼制度迫在眉睫。

国家立法机关已在民事诉讼、刑事和行政诉讼领域补充了公益诉讼的相关条款，但具体到广告治理中并非那么适用。与广告治理最近的一条法律是由最高人民法院于2016年2月1日出台的，当年5月1日执行的《最高人民法院关于审理消费民事公益诉讼适用法律若干问题的解释》（以下简称《解释》）。但原则上，《解释》是对《侵权责任法》《消费者权益保护法》的补充，对广告治理中开展公益诉讼有参照意义，但却存在针对性不强的问题。其中，包含违法广告侵害取证难、原告诉讼费用由谁承担的问题等。如果按《解释》的精神，广告协会组织为合格的诉讼主体，但是在实践中，可能存在这样一些情况，人民检察院如果不就此设立专门的部门，就缺乏主动介入此类诉讼的动力，况且也确实缺少相关办案经验；行业组织主要就是各类广告协会，他们是广告行业企业自发组建的民间组织，缺乏"自我革命"的勇气，况且广告协会普遍缺钱少人，要让他们主动介入广告公益诉讼的操作性不强。社会公众是违法广告的受害者，但却不是该诉讼的合格主体。尽管近年偶尔有关于广告公益诉讼立案的报道，但广告公益诉讼制度在大面积推广方面还存在法律障碍。

我们认为，公众能否成为广告公益诉讼的合格主体？这是一个值得进一步论证的问题。但至少可以针对那些关涉导向问题的广告违法，推出激励公众介入广告公益诉讼诉前程序的措施，调动他们参与的积极性，防止社会负面效应的扩散。

第三，对网络广告隐私侵权的法律规范存在漏洞。

精准广告，又称为"定向广告"或"个性化广告"，指的是数字营销公司通过对用户网络行为的数据搜集、分析，推算出用户目前消费意愿或潜在的消费需求，并以此作为广告投放的依据，向用户定向推送的网络广告。精准广告源于欧美发达国家，在 2011 年左右引入我国。其实行的实时竞价模式（real time bidding），即在每个广告展示曝光的基础上进行实时竞价交易的新兴广告类型，称之为 RTB。它依靠大数据和人工智能技术支撑，大大地提高了广告的投放效率，受到广大品牌主的青睐。不过，该广告传播模式却因私自抓取用户网络行为数据而遭到社会广泛质疑。其中，很多用户认为精准广告侵害了自身的隐私权，据此提出的法律诉讼时有发生。

精准广告是否构成对用户的隐私侵权？我们认为这至少包括两个层面的问题：一是精准广告借助大数据和人工智能技术对用户的网络行为数据进行抓取、分析和预测是否构成对用户的隐私侵权？二是精准广告在前者的基础上对用户的广告推送行为是否合法？

对于精准广告对用户数据的搜集、分析与预测，中国广告协会互动网络分会在 2014 年制定实施的《中国互联网定向广告用户信息保护行业框架标准》并不否认这种营销模式。而且，从国际惯例来看也是如此。如美国联邦贸易委员会在 2009 年实施的《在线行为广告自我监管原则》对该类营销的定义是："为了给用户提供符合其利益的广告，而追踪用户线上活动的行为。"这样看来，网络广告经营者所搜集的数据如果仅限于对用户行为中"不可识别"的信息数据，即利用 cookies 进行搜集分析，就未涉及用户隐私的数据。因而，精准广告行为模式并不存在侵害用户隐私的行为。

这里要强调的关键词是"不可识别"。按照工业和信息化部《电信和互联网用户个人信息保护规定》第四条的规定，个人信息"是指电信业务经营者和互联网信息服务提供者在提供服务的过程中收集的用户姓名、身份证件号码、出生日期、住址、电话号码、账号和密码等能够单独或者与其他信息结合识别用户的信息以及用户使用服务的时间、地点等信息"。按照此法规的界定，个人信息是指"可识别"个人身份的信息部分，是受到法律保护的；此外才是"不可识别"的信息，不受法律保护。那么，相关数字营销公司所搜集的用户网络行为数据中的基于 cookies 收集的信息肯定是"不可识别"的信息。但是，这些信息一定不与特定用户的 IP 或手机 ID 账号结合吗？若非如此，他们又如何精准定位特定的用户并进行广告推送？按照《关于加强网络个人信息保护的决定》的规定，网站要事先明确告知用户数据采集、使用方式和范围，不得剥夺用户的知情权。事实上，用户的知情权又是否得到了很好的保护？这个问题有待法律进一步明确。

另外，就是精准广告推送行为中侵害用户的选择权和安宁权的问题。对此，2016 年出台的《暂行办法》已明确要求网络广告要达到"一键关闭"的要求。但事实上，用户关闭网络广告之后，类似广告还不间断地重复推送，而且相关公司大多未给用户留有不再接受的机会（网络界面按钮或选项）。这已经忽视了用户的选择权，侵犯了用户的安宁权。

3.3.2.2　广告行政监管效率仍有提升的空间

监管体制体系基本具备，但运行机制尚不完善。如果说十几年前我国广告监管体制不完备是制约整个广告行业发展的重要因素[1]，那么经过这些年的建设，我国已经形成以国家市场监督管理总局和地方各级市场监督管理机构为主体，联合药监、公安网监、网信办、新闻广电、银行、税务、通信管理等部门协调管理的行政监管体系。

此外，按照新《广告法》的相关规定，我国还逐渐建立了一个由各级广告协会、新闻媒体和社会公众自愿参与的广告共治体系。在实践中，这套广告治理辅助系统对广告违法行为起到了一定的监督作用。

我国这种行政主导型的广告监管体制能有效调动行政强力资源，理论上可

---

①　周茂君. 关于我国广告管理体制改革的思考 [J]. 武汉大学学报（人文科学版），2002（3）：369-374.

以快速高效处理违法行为。尤其是经过这几年的机构合并，市场监督管理部门集中了专利、食品、物价、质量等原本分散在多个部门的管理职能，大大提高了该机构的管理权能。客观上讲，这种体制对广告治理而言是有利有弊。但对市场监督管理系统而言，就是一个庞大的体系，存在体系内部上下沟通的问题；更复杂的管理沟通和信息反馈还存在于市场监督管理部门与相关行政部门之间。如何让政令畅通？如何强化执行力？这些都是迫切需要解决的问题。

从实践看，我国的广告行业仍存在诸多行政监管不足的问题，影响了行政监管结果和执法效率。主要表现在以下五个方面：

（1）强势机关中的弱势部门。

地方市场监管部门中一般都设有广告处（科），用以对口广告行业的规划与市场监管。但从我们走访的情况来看，不少地方机构中的广告处（科）存在职数少、管理力量不足的问题。他们除履行广告违法监管职责的常规工作外，许多行政事务性工作分散了管理人员的精力，真正用于广告违法管理的资源并不是太多。在实际监管过程中，各地管理机构对传统广告的管理都已应接不暇，对于数量巨大、来源复杂、互动性强的网络广告进行监管，基本上是力不从心的[1]。

此外，不少地方机构的设置仍不健全，还未将广告监管中的行政执法职能分离出来，缺少一支专司广告执法的队伍，从而影响了广告监管效果。

（2）技术监测能力不足，监管手段有待加强。

近年来，地方行政监管机关紧密追踪网络广告市场发展与变化，在网络广告违法监测方面的软、硬件建设与相关人才引进方面也投入了一些资源，并鼓励各地方行政机关提高网络数字监管的能力。如国家在浙江省网络广告监测机构的基础上组建了国家网络广告监测中心。这在很大程度上提高了对网络广告违法行为的监管效率，但行政运行效率未必就能及时满足市场变化。事实上，各地行政监管部门在这一领域的弱点还是相当明显的。尽管自 2017 年 9 月 1 日全国网络广告监测中心正式启用以来，已完成对部分主要的广告联盟、重点网站和电商平台广告数据的 SDK 监测。但就目前的监管技术和监测能力而言，仍无法实现全面覆盖，也只能一定程度上监测全国网络广告违法[2]。

网络广告是随着互联网的出现而发展的，网络广告管理需要相应技术平台的支持。然而，我国网络广告线上监测系统尚不完善，还有不少地方市场监管

---

① 王冕. 从网络广告监管到网络广告治理：公共治理的视角分析 [J]. 商业研究，2009（1）：188-191.

② 鄢佳佳. 我国自媒体广告失范行为及其法律规制研究 [D]. 南昌：南昌大学，2019.

部门缺乏相应的网络硬件设施和信息技术支撑。

多年前就有学者指出，互联网虚假广告的成因之一就是缺乏高效的技术监测手段。执法人员只能通过简单搜索技术来定位、比对和筛选互联网违法信息，缺乏信息收集和过滤系统。这样无法自动实现对网络广告的动态监控，还会耗费大量的时间和精力，在很大程度上阻碍了互联网监管的发展①。事实上，这种境况甚至到现在都未有根本性的改善。

（3）基层管理者的专业素养不尽如人意。

网络广告的发展随信息技术的进步而变化，带有明显的技术驱动型特征。这就给执法一线的管理人员提出了相应要求，因为他们的专业素养直接决定了执法效率。事实上，在各级市场管理部门中，网络广告监管者基本上是由传统的广告监管人员来承担的，大部分广告监管人员停留于对广告监管的传统认知层面，而不能快速、及时地适应事物的变化②。并且，不少工商执法人员不了解网络广告市场的特征与现状，人员素质落后于网络广告的发展③。

另外，在自媒体广告中也缺乏事前审查与事后监管机制。如今的自媒体广告是由个人进行编辑和推广的，发布前无须经过相关部门备案，致其广告内容的真实性和合法性没有相应保障。此时，若消费者购买到了假冒伪劣商品，又容易面临商家关闭账号和违法信息取证难的情形，诉求无门④。丁磊专门就虚假广告的治理发出了全面理顺现行广告监管体系的呼吁，特别强调完善广告发布前的审查机制，明确广告监管部门的职责⑤。徐永华分析了不规范网络广告的主要表现形式，提出完善网络广告登记审查制度，加强域名注册登记管理，加强对 Internet 服务商的监督管理等⑥。

（4）工作机制的敏捷度有待提高。

有学者较早就指出我国广告管理单一的行政管理体制带来了效率低下、灵活性差等问题⑦。事实上，除法律规定的特殊行业、特殊产品外，我国广告事

---

① 张玲燕. 当前互联网虚假广告监管中的若干缺漏 [J]. 中国工商管理研究，2006（12）：61-62.

② 朱凯玲. 网络广告监管法律问题研究 [D]. 长沙：湖南大学，2011.

③ 陈荣彬，张红，何艾彬. 浅议网络广告的工商监管 [J]. 中国工商管理研究，2003（5）：42-43.

④ 刘光星. 互联网环境下新《广告法》面临的挑战及其对策 [J]. 湖南行政学院学报，2017（1）：71-76.

⑤ 丁磊. 加强虚假广告监管的法治思考 [J]. 黑龙江省社会主义学院学报，2010（4）：34-36.

⑥ 徐永华. 网络广告的现状及监督管理 [J]. 工商行政管理，2000（17）：29-30.

⑦ 李莲，曹小兵. 探求建立科学化广告管理体制的途径 [J]. 黑龙江对外经贸，2008（12）：101-103.

前审查制度已转入事中监管和事后监管模式。这就给违法广告监管的敏捷度提出了更高要求。因为互联网上的电子文件可以任意修改或删除且不留痕迹，电子证据的易丢性加大了监管部门在执法中取证的难度，所以网络广告行政监管除要丰富执法手段外，更要建立灵活的工作机制，以及时响应各种违法广告的处置状况。

地方市场监管部门一般可以从主动巡查、承接上级交办和异地移办以及接受举报投诉等途径获取广告违法信息。不管是哪一种渠道，监管机关从接收信息到处理问题，再到信息反馈，中间都有若干环节。

当前，新《广告法》对广告违法行政处罚主要限于责令停止刊登广告、没收广告费和罚款。这就导致在监管工作中容易形成"以罚代管"的工作习惯。就自媒体广告违法而言，与其广告的低成本、高回报相比，这种处罚机制存在不足。而对某些大型广告主或广告代理公司而言，行政处罚力度不够。违法广告的罚金最高在 20 万元左右，而违法获益则比罚金高十倍甚至百倍，这让很多违法者不以为意，甚至更为激进[1]。

（5）跨部门联合执法的协调水平应进一步提高。

广告行政监管中的联合监管是我国广告治理体制的一大特点。由于广告产业关涉方方面面，跨部门联合作战具备显著优势，可以形成共管共治的大环境。但由此也带来联合监管中协调不畅的问题。主要表现在以下两个方面：

第一，联合治理利中有弊。广告监管体制中涉及多个职能部门，如市场监管、宣传、新闻广电、卫生医药、通信管理等部门。为此，从中央到地方都设立了广告治理联席会议制度。从每年联合开展的"红盾""红剑"等大规模、集中整治行动的结果看，确实取得了不错的成绩。广告治理联席会议制度确实集中了行政资源，有利于提高集中执法行动的执法效率。但也应注意的是，网络广告监管是持续性、常态化的工作，如何将这一机制转变为长效机制？值得进一步思考。另外，是否会由此造成监管事实上的"多头管理"、相互推诿的情况，以致广告监管出现真空地[2]？也值得观察。

第二，特殊行业商品的广告事前审批机关与广告监管部门衔接脱节。新《广告法》规定，药品、医疗器械、农药、兽药、金融和保健食品等与人民生命财产安全密切相关的商品与服务有广告事前审批的强制规定。如果针对这些特殊行业广告的事前广告审批与事后广告监管脱节的话，就会产生有违立法本

① 田超. 论我国自媒体广告的法律监管 [D]. 武汉：华中科技大学, 2016.
② 马中红. 在中国，谁能管广告?：建构具有中国特色的广告监管体系断想 [J]. 中国广告, 2006（12）：88-91.

意的后果。

"每天两口，健康长寿"。这样一条广告语尽管被多地工商部门处罚达3 000余次，可这条违法广告为何在前后几年时间内畅通无阻？其原因就在于其广告批文一直未受影响。直至2018年年初鸿茅集团与内蒙古凉城警方以"损害商品声誉罪"将谭×东跨省抓捕一案爆发。由此，"特殊行业审批和处罚单位不一致会导致执法错位问题"[1]才广受公众关注。

对此，不断有学者提出解决方案。有人提出，应运用综合监管手段，加大对互联网上发布违法药品广告的监管力度，如建立互联网网站违法发布药品信息监管机制；用现代技术手段提高互联网上药品信息的监测能力[2]。还有人提出，规范互联网药品广告发布机制，强化监管技术，提高互联网药品广告审查效率；拓宽信息服务渠道，提升全民医药科学素质[3]。我们认为，这涉及行政监管部门之间的协调机制问题。

3.3.2.3 广告协会组织功能整体偏弱

广告协会是广告行业主体自发成立的自律组织。广告协会在为政府提供咨询、服务企业发展、优化资源配置、加强行业自律、履行社会责任等方面应发挥积极作用。新《广告法》第七条规定，广告会员组织依照法律法规和章程的规定，制定行业规范，加强行业自律，促进行业发展，引导会员依法从事广告活动，推进广告行业诚信建设。这一规定明确了广告协会组织的功能与价值，指明了广告协会组织在我国广告治理体系中的定位。

近年来，处于转制期的广告协会正在经历艰难的转型。尽管中国广告协会和部分地方广告协会正发挥着较强的广告行业服务和组织自律的功能，但还有很多地方广告协会组织面临着生存问题。例如，入会成员少，经费来源有限，以致不得不通过开展节庆活动、论坛、会展、培训等业务来实现自我"造血"功能；许多地方广告协会的组织机构还不健全，日常办公人员少。

3.3.2.4 平台型媒体的主体责任有待压实

随着互联网媒体平台化、流量集中化趋势日渐显著，平台型媒体在网络经济中的作用越来越重要，平台型媒体的主体责任也随之凸显。正因为如此，媒体平台在网络广告治理中的地位比较特殊。一方面，媒体平台作为广告的发布主体有可能产生广告违法行为；另一方面，媒体平台作为网络信息基础服务

---

① 鄢佳佳. 我国自媒体广告失范行为及其法律规制研究 [D]. 南昌：南昌大学，2019.
② 张弛，白玉萍，黄志禄. 运用综合监管手段，加大对互联网上发布违法药品广告的监管力度 [J]. 中国药事，2012，26（1）：3-4，13.
③ 叶菲. 加强互联网药品广告的监管 [J]. 中国药事，2012，26（2）：120-123.

商，在媒体生态系统中又扮演着广告信息的"把关人"角色，也是违法行为事后监管的执行者。媒体平台上每天发布的网络广告数量巨大，因此，压实媒体平台的主体责任就成为广告治理的关键一环。

从实践来看，在网络广告违法处理中，媒体平台接受国家相关主管部门约谈、处罚的并不少见。有研究者认为，这主要体现在媒体平台为利益而摇摆、监管趋于形式化、技术滞后等方面。互联网平台的身份非常多元，既是平台内部的监管执行者，又是问题的缔造者，还要接受政府的监管。但由于网络广告活动会为媒体平台带来巨大的利润回报，媒体平台往往处于监管与利益的矛盾漩涡中。在利益驱动下，也不乏媒体平台佯装自律、盲目逐利。互联网平台不具备政府行政监管部门的权威性，所以即使出台了相应规范守则，还是很难获得网络广告主、广告经营者的认同，加之不具备强制的监管手段，导致监管趋于形式化[1]。

---

① 席琳. 我国网络广告监管研究 [D]. 长春：吉林大学，2017.

4 网络广告治理机制建设的意义与问题分析

广告治理体系是以社会主义价值体系为基础的功能系统，是协调、规制由广告活动而形成的社会利益关系、经济合作关系和公民权利关系等相互联系而构成的有机系统。广告治理体系主要包括相关法律法规、行政制度及相关机制等。也就是说，广告治理机制属于广告治理体系中的重要组成部分，要解决治理机制问题就必须将其置于治理体系的大框架下来综合考量。

本书讨论的网络广告治理机制是从属于广告治理机制的。严格地讲，广告治理机制中的原则、制度、方法都适用于网络广告治理机制。技术缔造了互联网，互联网又逐步渗透到人类生活，并将我们的生存空间改造成一个线上与线下交错复杂的世界。网络广告生态就是如此。

4.1 构建长效治理机制是网络广告治理能力提升的抓手

4.1.1 提升治理能力是网络广告治理的核心议题

治理能力是近年来我国政治话语中的高频词。在我国，"治理能力"一词往往被置于"国家治理能力"之中。"推进国家治理体系和治理能力现代化"是在党的十八届三中全会中首次提出来的，经党的十九大进一步确立，成为我国全面深化改革的总目标之一。因此，要理解什么是治理能力，首先就要理解什么是国家治理能力。

从国家治理能力看网络广告治理能力。有的学者主要从多元治理主体视角入手研究，认为国家治理能力的主体是多个主体。如李佐军认为，应该从两个层面来理解国家治理能力：一是国家主体层面，即国家的整体治理能力，包括创新能力、整合能力及其他各方面的能力。二是具体主体层面，如党和政府、人大等作为治理主体所表现出来的各方面能力①。而有的学者在表述时没有明确指出哪些主体，只是单纯用"多元主体"一词进行说明。例如，何增科认为，国家治理能力是我们运用制度和机制（如人民代表大会制度、人民政治协商制度、民族区域自治制度、基层群众自治制度、法律制度、基本经济制度等，以及经济、政治、文化、社会、生态文明等各领域的体制机制）管理经济社会事务的能力②。

还有的学者从狭义的国家概念入手，认为国家是一个主体而非政治或地域概念，将国家治理主体单纯地理解为国家权力机关或政府机关。例如，陈朋认为，国家治理能力是国家有效运用相关制度管理社会公共事务，使之相互协调、共同发展、促进进步的能力。林振义认为，国家治理能力是运用国家制度管理社会各方面事务的能力，包括改革发展稳定、内政外交国防、治党治国治军等各个方面③。李新廷等人指出，国家治理能力是国家能力的升级版，但仍是对国家意志和政策的执行④。而国家治理能力既指各主体对国家治理体系的执行力，又指国家治理体系的运行力，还包括国家治理的方式方法⑤。

孙岩等人在《"国家治理体系和治理能力现代化"研究综述》一文中具体总结了国家治理能力的内涵、涵盖领域等。一是他们认为国家治理能力主要是指运用国家制度管理社会各方面事务的能力；二是他们评价国家治理能力是一个国家制度创新与战略管理、政策制定与执行、社会治理与秩序维护等各方面能力的整体体现，包括意志力、执行力、凝聚力、发展力、创新力、变通力、沟通力、协调力、纠错力等。同时，他们还提及了薛澜教授将其概括为资源动员能力、资源配置能力和资源有效使用能力的观点。

当然，国家治理能力具体包含哪些要素，学术界众说纷纭，既有"三要素"说、"四要素"说，还有"综合要素"说。其中，持"综合要素"说的研究者认为，国家治理能力并不是政府多项能力的简单相加，而是一种综合能力。国家治理能力贯穿整个国家机构、社会组织及公民个体等权益与之密切相关的所有社会事务治理主体的全过程。有的研究也更侧重"综合要素"说中的核心能力，如肖文涛认为国家治理能力是一种具有多元性、综合性的能力，

---

① 石德华. 汇聚各方智慧　共议国家治理 [J]. 华中科技大学学报（社会科学版），2014，28（3）：137-140.

② 何增科. 怎么理解国家治理及其现代化 [J]. 时事报告，2014（1）：20.

③ 林振义. 如何认识推进国家治理体系和治理能力现代化 [N]. 光明日报，2013-11-28.

④ 李新廷. 陈平. 国家治理能力：一种思想史维度的考察 [J]. 福建行政学院学报，2014（5）：1-6.

⑤ 张文显. 法治与国家治理现代化 [J]. 中国法学，2014（4）：26.

它贯穿国家治理的整个过程和各个方面。他对国家治理能力进行了分类，主要包括集合全民意志的目标凝聚能力、推进全面进步的领导发展能力、确立善治格局的制度创新能力、保障公平正义的社会平衡能力、回应公众需求的公共服务能力、有效化解危机的应急处置能力①。

有学者认为，国家治理能力集中体现在党和政府的履职能力上，其核心能力包括接纳参与能力、政治整合能力、精英录用能力、战略规划能力、法律实施能力、资源提取能力、监管能力、公正保障能力、政治沟通能力、政治革新能力、危机应对能力、制度建构能力、科学决策能力等方面②。如王绍光将国家治理能力划分为专断性国家能力和基础性国家能力，并重点阐述了基础性国家能力的构成要素：强制、汲取和濡化能力，认证、规管、统领和再分配能力，吸纳与整合能力③。

综上所述，无论是从广义还是从狭义上来理解国家治理能力中的"国家治理"都有道理，但是还需看具体的语境和条件。我们认为，从多元治理主体来审视国家治理能力似乎更能全面概括国家治理能力的外延，这里不仅包括以国家权力机关为主体的执行能力、运作能力，也包括通过国家政治制度、法律制度和各种行政制度调动的全社会力量参与的执行能力，如社会组织、经济组织、民间团体和个人等多元主体参与进来而形成的组织力与协调能力等。

网络广告治理能力构成了国家治理能力建设的有机组成部分。网络广告治理能力是国家指定的治理主体和能调动的治理主体，依照国家相关的法律制度，行使网络广告治理制度赋予的领导能力和执行能力，对网络广告产业发展的保障和促进能力，对网络广告主体和社会公众需求的回应能力，以及对网络广告问题的应急处置能力等。

4.1.2 健全网络广告治理体系是治理能力提升的保障

在探讨网络广告治理体系与治理能力的关系之前，我们有必要梳理一下网络广告治理体系及现有架构。

广告治理体系首先是一套制度体系，其中不仅仅包括制度、法律、机制，还包括执行力等要素。同时，该体系也是以广告治理价值体系为基础的结构性功能系统，是协调、规制由广告活动而形成的社会利益关系、经济合作关系和

---

① 肖文涛. 国家治理现代化的时代意蕴 [N]. 福建日报, 2014-02-17.
② 沈传亮. 建立国家治理能力现代化评估体系 [N]. 学习时报, 2014-06-03.
③ 王绍光. 国家治理与基础性国家能力 [J]. 华中科技大学学报（社会科学版），2014（3）：8-10.

公民权利关系相互联系的有机系统。当然，在此需先厘清网络广告治理生态系统和网络广告治理体系之间的区别与联系。本书认为，这两个概念是从不同的学科视角来概括同一个对象，即这两者本就是同一事物，只不过网络广告治理生态系统是从生态学的角度来表述网络广告治理要素与各要素的内在关联，是自然法则式的概括；而网络广告治理体系则是从管理学的视野来概括网络广告治理范围或同类的组织秩序和内部联系。

4.1.2.1 我国广告治理实践回顾

查阅文献，我们发现围绕"广告治理"认识过程体现在对该概念的使用变化线上。从 20 世纪末到 21 世纪前期，相关文献中出现的高频词是"管理""监管"等，而少见"治理"。从这些核心词中，我们可以还原当时国家对于广告治理的基本理念和工作重心，即将广告活动视为一个管理的对象物，将行政手段和行政监管视作规制广告违法的手段。正因为如此，学者把管理或监管作为研究的重点，把广告管理或监管中呈现出的广告监管体制作为广告治理体系研究的中心任务。在当时的语境下，广告治理体系是指广告监管（管理）体制，而围绕广告监管（管理）体制，学者们纷纷提出了自己的观点。有的学者认为，广告管理体制是为实现规范广告市场秩序，发挥广告积极作用的目的而对广告活动实行管理的一整套机制和组织机构的总和。还有的学者认为，广告管理体制简言之就是对广告业进行管理的体系与制度，进一步讲是指对广告业进行管理的主体层次及与之相适应的政策、法规、制度、原则、方法等①。应该说，这些观点是与当时的广告监管的实际情况相匹配的。

从立法实践看，我国对广告领域的专门立法是从 1982 年国务院颁布《广告管理暂行条例》开始的，后于 1987 年正式出台了《广告管理条例》。其后，根据我国广告行业发展的实际情况，1995 年 2 月 1 日，全国人民代表大会常务委员会颁布了《中华人民共和国广告法》。这几部法律法规明确规定了我国广告领域的管理主体为县级以上工商管理机关和某些需进行广告事前审批的特殊行业的行政主管机关。也就是说，我国此阶段的广告治理性质表现为显著的行政监管特性，其他行业组织和社会组织、公民个人并没有被纳入广告管理主体的范围。当然，广告协会在此时的广告监管体系中扮演了非常重要的角色，但是这一阶段的各级广告协会并非具有独立法人身份的社会团体，而是依附于各级工商管理机关的"半官方机构"。各级广告协会会长往往是由退居二线的工

---

① 杨柏松. 我国广告管理体制存在的问题及对策 [J]. 河南广播电视大学学报，2003（1）：37-39.

商管理机关领导兼任。

另外，各地大众新闻媒体也纷纷借助自身的影响力，通过"曝光台"积极介入广告的社会监督过程中。但这些社会组织并没有正式被当时的法律法规纳入广告管理的主体范围。这样概括，我们并不是否认这一时期的研究者忽视了广告行业组织和社会第三方在广告监管过程中的作用。正如有的学者所言，由于体制和历史的原因，我国对广告的监管采取了以政府行政监管为主、广告行业组织自律为辅，消费者组织及社会舆论监督为补充的体系或方式（吕志诚，2005）。事实上，在刘林清的研究中，是充分肯定了广告行业组织在广告管理中所起的辅助作用的①。而学者杨柏松也注意到了这样一个基本事实，即综观世界各国，特别是市场经济国家对广告业管理的主体层次，即国家对广告业的管理（行政管理）、行业自律组织对广告业的管理以及社会群众性监督组织对广告业的管理（杨柏松，2003）。只不过，要将广告行业组织和群众的监督纳入广告管理的体制框架中去，存在现实和理论的障碍。因为存在广告监管过于依赖行政执法、行业组织自律作用不强的被动局面（刘林清，2001）。就当时中国广告协会和地方广告协会而言，其实质上分别是原国家工商行政管理总局和地方工商行政管理局的一个附属部门，广告协会的工作只是工商行政管理机关广告管理部门工作的一部分（杨柏松，2003）。我国广告行业协会制定的自律法规仍然多属于道德层面的规约，其法律约束力不强，执行效果也必然沦为"口号"②。

显然，新《广告法》发现此问题，并及时补齐了法律在此方面的漏洞。其中，该法第七条和第五十四条规定，正式将广告行业组织、法人和公民界定为广告治理的主体。这两条修正案的意义是明确而重大的。它不仅是从立法的角度扩大了广告治理主体的范围，更是从立法的高度展现了广告治理领域的特殊性，反映了广告治理理念的调整，革新了广告治理中的广告行政管理思维，转变了传统广告治理中的过于以行政监管为导向的方式，使广告治理由上而下的单一管理走向了多元协同、社会共治的新阶段。

4.1.2.2　我国网络广告治理体系的现实架构

网络广告发展迅速，国内学者关于网络广告的法律研究也一直在进行，直到新《广告法》和2016年原国家工商行政管理总局颁布《互联网广告管理暂行办法》后，才结束了十几年来我国网络广告在法律规制上的"真空状态"。

---

① 刘林清. 论广告行业自律 [J]. 中国工商管理研究，2001（7）：25-27.
② 程明，赵静宜. 论大数据时代的定向广告与个人信息保护：兼论美国、欧盟、日本的国家广告监管模式 [J]. 浙江传媒学院学报，2017（2）：98-104.

新《广告法》中，除了上述分析中提到的第七条和第五十四条规定外，还有多处具体的条款已经充分尊重网络广告传播中的现实发展情况。如在自媒体传播一统天下的背景下，对"广告发布者"的界定中充分考虑到了自然人在广告发布的主体地位；如该法第四十四条规定了有关互联网广告类型的内容准则等。其实对网络广告传播更多的具体规制还体现在根据新《广告法》制定的《互联网广告管理暂行办法》之中。

有学者总结，我国已经形成以新《广告法》为主体，以《广告管理条例》为必要补充，以原国家工商行政管理总局（现国家市场监督管理总局）制定的行政规章和规范性文件为具体操作依据，以地方行政规定为实际针对性措施，以中国广告协会及地方广告协会制定的行业自律规则相配合的多层次广告监管体系①。目前，与新《广告法》颁布之前比，我国的网络广告治理体系中仍然表现出典型的中国特色，即网络广告的管理体制以网络广告实行的行政监管为主，行政管理上实行属地原则，而且进一步明确了网络广告管理机关的职权。同时，也从法律层面确定了广告治理体系中行业自律和社会第三方监督为辅助的架构。

在法律法规方面，近些年来，全国人民代表大会和地方各级人民代表大会就广告治理出台了涵盖不同法阶的法律法规。其中，专门法律有《广告管理条例》《中华人民共和国广告法》；其他相关实体法律中也或多或少有涉及广告治理的条款，如《反不正当竞争法》《消费者权益保护法》《刑法》《行政处罚法》等；还有国务院颁布的相关法规，如针对网络广告治理的法规（《互联网广告管理暂行办法》）；另外，还有各级地方人民代表大会及行政部门制定的相关规章制度等。可以说，目前，我国已经形成一套体系相对完整、层次丰富、适用面广且行之有效的广告治理法律体系。这些为我国网络广告治理奠定了坚实的法律基础。

在网络广告的行政监管方面，国家及地方各级行政主管机关针对网络广告行为主体的市场经营和传播行为，根据法律法规行使监管职权，进行检查、控制和指导的工作都属于行政监管行为。目前，我国已经构建上至国家市场监督管理总局广告管理司，下至省、市、县三级市场监管机关广告管理处（科）的四级广告行政管理体系，并根据新《广告法》等相关法律法规，建立了一个横跨医药、电信、公安、宣传等党政部门的涉及广告监管的联席会议制度，

① 程明，赵静宜. 论大数据时代的定向广告与个人信息保护：兼论美国、欧盟、日本的国家广告监管模式 [J]. 浙江传媒学院学报，2017（2）：98-104.

另外专门组建了国家互联网广告监测中心，相关政府机关依据法律法规参与对广告进行监管，为我国网络广告市场健康发展提供了坚强的制度保障。

在广告行业自律方面，网络广告自律指的是网络广告行业进行的自我净化、自我完善、自我革新、自我提高。广告行业自律包括两个层面：第一层是由广告的行业组织发起并倡议，由网络广告的主体，如品牌主、网络广告经营主体以及相关的网络广告媒体共同遵守的行业自律行为；第二层主要是指广告行业各主体基于自身的经营理念和风控制度在广告活动过程中进行自我管理和自我约束的行为。其中，第一层自律的核心是由广告协会组织牵头制定的、行业主体共同遵守的，以促进行业发展的行业自律条例或公约等一系列规则为基础，通过这些规则对行业内的广告活动进行管理和约束。目前，中国广告协会陆续制定了《中国广告协会自律规则》《自律劝诫办法》《自律公约》《广告主自律宣言》等；还为互联网广告制定了专门技术规范，如中国首个专门应用于互联网广告的设备标识规范《移动互联网广告标识技术规范》（T/CAAAD003—2020）和《中国互联网广告投放监测及验证要求》（T/CAAAD002—2020）两项团体标准，旨在针对数字广告生产和传播建立一套新的广告标识以服务于数字广告产业。

中国广告协会还成立了众多专门的下属分会。与网络广告直接相关的如互联网广告委员会、互联网广告主协会和互联网广告媒体协会等。这些分会通过制定自律规则，举办论坛、评比等活动开展行业内的自律。此外，全国各省（自治区、直辖市）及各地级市基本上都成立了广告协会，以组织和协调当地的广告主体进行广告自律。这样一套行业自律组织结构配合行政监管体系，有效地发挥了对网络广告的辅助约束作用，促进了网络广告市场的健康发展。

广告第三方监督，又称社会监督。广告第三方是指在行政机关和广告行业组织之外的社会组织、团体和个人。在多元治理、协调治理理念的引领之下，社会监管具有自发性和广泛性的特点。因为社会组织、团体和广大公民不仅数量众多，而且他们中的多数是广告信息接受者，更是广告违法行为的受害者。如果他们能积极、主动地参与到广告治理中来协助监管，那么广告行政监管部门就能及时收集到广告违法信息，畅通违法行为的取证渠道，给广告违法主体以强大的震慑力。目前，我国第三方监督的主要参与者包括媒体、消费者协会和不特定公民个人。媒体参与广告违法监督的方式主要是新闻曝光和事件调查追踪；消费者协会组织则可以根据相关法律法规直接参与到广告违法行为的处理当中；公民根据新《广告法》的相关规定参与到广告治理之中，主要是针对发现的广告违法行为向相关政府部门进行举报、投诉，同时也可以对行政监管部门或执法者的执法行为与执法结果提出建议或投诉举报。

正如上文所述，公民在我国网络广告治理体系中无疑是一个重要主体，但是公民的媒介素养，尤其是广告素养培育是否应该被置入我国网络广告治理体系？在相关的研究文献中它一般都是作为被治理的对象而被提及。但是，在广告治理体系中，如果将公民的媒介素养与广告违法并列为被广告治理对象，那么肯定是混淆了问题的性质。本书认为，公民的媒介素养问题并不只是网络广告治理所要面对的对象，而是广告治理主体在提升治理能力时所要解决的自身能力问题。也就是说，公民媒介素养处于公民参与广告治理的能力建设与提升范畴，是公民参与广告治理的自身条件的一部分。

4.1.2.3　网络广告治理体系与治理能力的辩证分析

庞金友在其《国家治理现代化深刻变革中的理论创新》一文中也提到治理体系与治理能力的关系，并指出"治理体系从根本上决定了治理能力的内容和结构，是治理能力提升的前提和基础，而治理能力的提升又将促进治理体系效能的充分发挥"①。侯恩宾、刘建文认为，治理体系与治理能力两者是"骨骼与血肉"的关系，并指出"治理能力是治理体系发挥作用的途径与方法，从而将治理体系与治理能力两者联系起来，形成顶层设计与基础能力相匹配的模式"②。

相对而言，沈国冰对于国家治理体系与治理能力的关系的分析比较全面。他认为，国家治理体系与治理能力两者之间相辅相成、密不可分。一是国家治理体系是治理能力形成的基础。没有治理体系作为基础性支撑、建设性构架和拉动性牵引，治理能力的增强也就难以实现。二是国家治理能力体现治理体系的科学性。治理能力强，在一定程度上是治理体系完备的表现；反之，治理能力差，则是治理体系科学性不足的表现。三是只有不断提升治理能力，才能充分发挥治理体系的效能。在治理体系和治理能力的内在逻辑关系中，治理体系的科学性决定了治理能力，治理体系对治理能力起着基础性作用。虽然治理能力可以在一定程度上反作用于治理体系，也就是说治理能力达到一定程度后，会助推对治理体系的非科学性进行校正、完善，但这种反作用相对来说，显得并不是十分强劲和有力③。

①　庞金友. 国家治理现代化深刻变革中的理论创新 [J]. 人民论坛，2019（27）：40-42.

②　侯恩宾，刘建文. 治理体系与治理能力现代化研究评述 [J]. 山东理工大学学报（社会科学版），2017，33（5）：27-33.

③　沈国冰. 准确把握治理体系和治理能力内在逻辑关系 [N]. 淮南日报，2019-11-26（3）.

4.1.3 长效治理机制是网络广告治理体系运行的"润滑剂"

我国已形成一套结构完备、功能齐全的以法律为依据，以行政监管体制为主体，以第三方参与为辅助的网络广告治理体系。在治理实践中，当前这一套体系也正发挥着强大的治理功能。但是否就意味着这套体系已经达到与网络广告产业发展相匹配的治理目标？是否达成了体系设计的高质量治理水平？

要回答这个问题，恐怕不能简单用"是"或"不是"来界定。一是随着网络广告技术的发展，网络广告的治理理念、治理手段必须与时俱进。从传统广告时代跨越到网络广告时代，人们对网络广告的认识还不够深入，相关法律规制的创新还在探索之中，基层政府的行政监管理念和执法手段还相对滞后。因而，在网络广告治理实践中出现这样或那样的问题也是发展中的必然问题。二是当前我国网络广告治理体系相对完整，结构要素齐备，并不代表其功效就能完全发挥，因为其涉及这套治理制度体系中的运作机制的建设与完善问题。如前文的分析，制约我国网络广告治理体系功效发挥的问题较多，而与治理体系配套的治理机制相关的问题也有不少。例如，现有法律中的概念界定不清、法律条文与司法实践不匹配、立法空白等问题；行政监管手段落后、监管人才匮乏、执法方式僵化、以罚代管等行政监管机制不完善的问题；行业协会组织功能弱化、公民参与度低、平台型媒体不履行主体责任等第三方参与治理机制不完善的问题。

广告行政监管主体是一个非常庞大的组织群，各组织之间的关系更为复杂。这里有上下级组织之间、相关平级组织之间的沟通与协调，还有同一组织内部的分工与协作。在行政执法实践中，也会存在沟通与协作问题，这也需要有相应的机制进行协调处理，以提高行政监管效率。此外，广告监管机关的执法行为还与外在环境存在紧密的联系，广告监管机关按相关法律法规行使管理职能，又受法律法规条款约束；同时，广告监管机关的行为结果也可以反馈于外在环境因素之中，它们之间也需要信息的输出与反馈机制来保障。

此外，第三方依法参与治理是我国广告治理体系的一大特点。但是，相关法律法规条款多为原则性规定，缺乏具体的指导内容。这就需要相关的治理机制，既要激励第三方组织或个人积极参与广告治理，又要保障他们的权利不受损害。

综上所述，网络广告治理体系既是网络广告生态中的主体部分，又是网络广告系统正常运转的"稳定器"。同时，作为在网络广告系统中生态位中的具体物种，它既要与环境因素以及相关的物种良性互动，又要保证其内部的组织个体之间沟通畅通，协调一致。这就需要一系列调节机制来保驾护航，以保障整个体系自我发展与革新，促进治理体系的功能正常发挥。

4.2　网络广告治理机制问题的生态学分析

就我国当前网络广告治理领域而言，尽管网络广告治理制度建设正稳步推进，体系构架基本完成，但相关治理机制未作为治理体系中的结构部分被单独提出，以致出现网络广告领域的立法进展明显滞后于网络广告技术发展的进程，一些法律适用出现冲突，公民参与广告治理的积极性不高等问题。对此，我们在前文中也进行过归因。虽然立法遗漏和制度缺失是造成这些问题的主要原因，但实际上又不止于此，治理机制不完善、不配套也是重要的影响因素。

如前所述，治理机制可能是制度的一部分，也可能并未体现在法律条款上却存在于行政执法的程序中，还有些并不会以制度条款呈现，而是隐藏在立法程序或行政执法的惯性上。本书试图将治理机制从治理体系中剥离出来并独立构建，而实践中却发现又不现实。因为治理机制是治理体系中的有机组成部分，它与治理体系中的制度条款相辅相成、密不可分。结合生态学理论分析，网络广告治理实践中林林总总的问题归根究底都是生态问题，也是系统内协调性的问题，是法律与制度条款和行政执法衔接不畅的问题。好比中医辨证原理——"据证而辨""审证求因"，即既要重视临床症状，又要有"天人合一"的整体观和系统观以及"阴阳协调"的平衡观，视情况决定是"同病异治"还是"异病同治"。这对我们解决网络广告治理问题也有一定启示。

4.2.1　网络广告生态系统分析

4.2.1.1　生态学观点概述

生态学源于科学家对自然有机体之间的相互关系，以及有机体与生存环境的关系。首次由德国的动物学家海克尔在 1866 年提出。他认为，生态学是研究生物体与其周围环境（包括非生物环境和生物环境）相互关系的学科，从此揭开了生态学研究的序幕。而生态系统（ecosystem）的概念是由英国的生态学家坦斯利于 1935 年首先提出来的。他认为，只要有种群（population，即在一定时间内占据一定空间的同种生物的所有个体）存在，并各自发挥特定的作用和相互作用从而达到某种机能上的稳定，这个整体就可以被视为生态系统①。后来，系统论、控制论、信息论的概念和方法逐步被引入，促进了生态学理论的发展，20 世纪 60 年代形成了系统生态学。

生态学有一套基本范畴，如种群、群落和生态系统等。生态系统是指在一定的空间内生物成分和非生物成分通过物质循环和能量流动而互相作用、互相依存而构成的一个生态学功能单位②。其一般由生物成分和非生物环境两部分组成。生态学强调三个基本观点：一是整体观和综合观。在一定的空间内，事物都是一个综合的整体，各个组成部分之间存在复杂的联系，彼此都不可能孤立。每个高级层次都有其下级层次所不具有的某些整体特性，这些特性不是低层次单元特性的简单叠加，而是在低层次单元以特定方式组建在一起时产生的新特性。二是层次观。客观世界都是有层次的，而且这种层次是无限的。组成客观世界的每个层次都有自己的结构和功能，形成自己的特征，对任何一个层次的研究和发现都有助于对另一个层次的研究和认识。三是平衡观。生态系统是一个广泛的概念，任何生物群落与其环境的组合都可以被称为生态系统。系统中各组成部分，包括生产者、消费者和分解者的种类数量，或物质与能量的输入和输出的强度，都保持着相对平衡关系。或者是说，共同生活在同一群落中的物种处于一种稳定状态。当然，生物群落不是一成不变的，而是一个随着时间的推移而发展变化的动态系统，组成群落的物种始终处在不断地变化之中，自然界中的生物群落并不是稳固不变的，常态表现为群落的抵抗性和恢复性。生态系统内部各因子的联系总是处于"平衡—不平衡—新平衡"这样一种不断运动、变化、发展的过程中。

4.2.1.2 关于网络广告生态系统

将生态学理论运用到广告研究领域有着较长的历史。截至 2021 年 4 月，有 311 篇运用生态系统相关理论来研究广告的文献，研究对象涉及广告媒体、广告设计、广告创造、广告经营等细分领域。

用生态系统理论观照网络广告，我们可以将网络广告产业视为一个相对完整的生态系统。从其结构看，网络广告的生态系统应该是广告产业主体和生态环境的重要组成部分。其中，产业主体应该是指围绕广告运作形成的广告各参与主体，包括但不限于广告主、广告代理公司、广告数字技术公司、广告媒体等广告运作的上下游相关主体，这一众主体又基于各自功能和产业逻辑的需

---

① JOACHIM L, DAGG ARTHUR G. Tansley's new psychology and itsrelationtoecology [J]. Web Ecology, 2007 (7)：27-34.

② 吴相钰，陈阅增. 普通生物学 [M]. 2 版. 北京：高等教育出版社，2005.

要，与相关业务紧密的主体结成不同的生态种群。

值得一提的是，在广告生态中，网络广告治理体系并不是各自孤立的系统，而是生态环境中最核心的要素，对整个生态系统而言也是最具影响力的部分。它与广告生态中的所有生态主体之间存在紧密联系。它们之间维系着一种强制约与弱反馈的状态。

4.2.2 网络广告生态污染与治理机制分析

在分析网络广告生态污染之前，我们有必要考察广告产业的发展历程，以便清晰地把握网络广告生态系统的特征，为分析治理机制问题寻求答案。

4.2.2.1 网络广告生态系统嬗变

学术界较早就从生态系统论视角观照网络广告发展历史。从 20 世纪 80 年代起，传媒学者就注意到生态位理论，并将其运用到分析传媒的市场竞争、新媒介兴起和扩散对传统媒介的影响等方面。从文献梳理来看，在我国，学者以生态学观点来观照广告传媒产业也有不短的历史。陈永、丁俊杰和黄升民等人早在 2003 年中国广告协会学术委员会年度研究课题中就对广告业进行了调查分析并引入了生态学的观点[①]。2008 年，以邵培仁的《媒介生态学：媒介作为绿色生态的研究》为起点，我国学者开启了一轮媒介生态学研究的小高潮。

从文献看，引入生态学理论对广告的相关问题进行研究的数量并不太多。对其进行梳理，我们发现，此类研究大致集中在三个方面：一是引入生态学理论分析广告产业的生态系统构成及特征。王园和楼崇在《广告市场生态特征的探讨》一文中运用类比方法，将自然生态系统与广告市场进行类别分析，勾画出了广告市场生态系统结构，并分析总结了广告市场的因子限制、广告市场的复杂性和稳定性、生态链发展的最适度原则以及生态位重叠四大生态特征[②]。杨杰和陈相雨在《论广告产业生态系统理论的构建》一文中的一大贡献是建构了广告产业的生态结构（见图 4-1）。

---

① 陈永，丁俊杰，黄升民. 中国广告协会学术委员会 2003 年度广告生态调查：传媒调查项综合报告 [J]. 现代广告，2004，000（002）：16-22.
② 王园，楼崇. 广告市场生态特征的探讨 [J]. 辽宁行政学院学报，2012（2）：174-176.

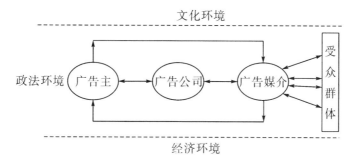

图 4-1　广告产业的生态结构

从图 4-1 我们可以看出，广告主、广告公司和广告媒介是广告产业的主体种群，是广告活动的主体系统。它们与受众一起构成了广告信息活动的生态关系。另外，文化、经济和政法三大环境因素与广告活动主体及广告信息活动之间存在生态关联①。由此我们可以看出，作者对广告产业生态的研究总结是带有显著的大众传播时代特征。

范晓东较早从广告的数字转型中敏锐地捕捉到了广告生态系统的变化。他以传漾科技公司为个案，揭示了广告生态系统之嬗变，即 DSP（供方平台）、SSP（需方平台）和 MDP（大数据平台）等带有信息技术基因的科技公司大量介入广告产业链之中，依托云端的数据库获取到海量可交互的非结构化数据，并由最底层的数据分析平台支撑中上游的应用服务，打通 PC 和移动互联网的数据通道，逐步催生出垂直的广告产业链形态②。此外，本书运用生态理论对广告产业竞争进行了研究。例如，张艳运用产业生态学理论对广告产业集群的发展进行了理论思考，强月新等运用生态位理论对中国传媒产业间的广告资源竞争进行了实证研究。

当然，相较而言，产业界对网络广告生态系统演变的追踪研究一直是实时而具体的。关于对这方面的研究又以中国程序化广告科技资讯网（RTBChina）的研究成果较为突出。他们发布的网络广告生态图谱不仅实时跟踪了网络广告产业生态系统的变化，让人们可以全面而清晰地把握网络广告进化轨迹和底层逻辑，也为广告产业发展和管理提供了不可多得的理论性依据。

应该讲，RTBChina 持之以恒地追踪并及时更新中国程序化广告技术生态图，为研究网络广告生态系统的嬗变提供了一个很好的历史视角。2012 年 7

① 杨杰，陈相雨. 论广告产业生态系统理论的构建［J］. 南京林业大学学报（人文社会科学版），2008（3）：101-103.

② 范晓东. 平台进化，传漾广告生态系统探路未来［J］. 互联网周刊，2012（6）：50.

月，RTBChina 首次公开发布了中国程序化广告技术生态图，之后每年更新一次。

对比传统广告生态系统，图谱仍然沿用了广告主—广告公司—媒体—消费者（广告受众）的主体架构，不同之处在于广告市场主体的变化。尽管实时竞价（real time bidding, RTB）只是网络广告的一种实现形式，但 RTB 使网络广告真正走向了由大数据技术和人工智能主导的程序化时代。该生态系统中最显著的变化如下：大量数据类公司、信息技术服务类公司已"登堂入室"，并占据了广告产业的核心生态位。

4.2.2.2　生态污染下网络广告治理机制症候

生态学是用生态污染来界定生态问题的。生态污染是指环境中某些物质或能量的增加直接或间接危及生态的情况。造成污染的既可能是生态外在物，如人类的活动，也可能是生物与受污染环境之间互相作用的结果。

（1）网络广告生态污染及原因分析。

在生态学领域，生态污染属于污染生态学的研究范畴。它专门研究环境污染物质、环境与生物有机体（人）之间的相互作用、机理及生态修复。通过研究污染条件下生物的生态效应，分析在生态系统中环境的污染物行为及对生物的影响，目的是进行污染控制和改善环境①。尽管还没有一门针对广告生态污染进行研究的学科，但生态污染学对本研究仍有一定的参照意义。即从该学科理论出发，我们可以将网络广告生态系统中出现的各种问题理解为一种生态污染。

事实上，已有研究者关注到传播领域的生态性问题。有学者认为，广告治理制度是广告系统运行的保障，一旦该系统因各种原因而失灵，则可能导致整个网络广告信息生态失衡，产生各类信息传播问题，如信息供应不足或过载、信息虚假与信息误导、信息暴力和信息污染等②。例如，谢加封在 2007 年针对当时广告生态中存在的广告信息不足、信息暴力和信息污染等生态系统中信息失调的问题进行了深入分析③。林牧与顾萱则在 2013 年就敏锐地感知到了信息技术对广告生态的影响。他们在《大数据时代的广告生态》一文中紧扣大数据技术对广告生态的影响这一主轴，分析了大数据对广告生态产生的正负

---

① 王焕校. 污染生态学 [M]. 北京：高等教育出版社，2012.
② 谢加封. 论广告信息生态系统的失衡与调适 [J]. 黑龙江生态工程职业学院学报，2007（11）：127.
③ 谢加封. 论广告信息生态系统的失衡与调适 [J]. 黑龙江生态工程职业学院学报，2007（11）：127.

影响，尤其是关注到了广告传播对受众隐私保护的挑战①。

当然，我们不能将网络广告生态污染与自然界生态污染简单对照，而是要从网络广告行业的特殊性来对网络广告生态污染进行有针对性的分析。从行业属性看，网络广告生态是基于广告信息传播而形成的一个信息生态系统。广告信息品牌主、广告代理公司、信息服务类公司、网络媒体和用户之间形成了生产—传播—接受—再传播这样一个信息流转和循环关系。信息是整个生态主体种群得以连接的核心要素，是产业链上下游的价值传递的纽带，是整个产业的价值所在。因此，广告信息污染应是广告生态污染的主要表现。而网络广告生态污染是该系统中的污染物在系统中积累、迁移和转化的现象，网络广告治理的核心目标是控制信息污染，消除影响其产生的要素。

与自然生态不同的是，广告生态既是社会生态的一部分，更是经济生态的重要构成部分。它的生态物种主要是市场活动的经济主体和自然人，而且经济主体背后也是由人来操控的。人是社会生态中的主体，具有行动的能动性。他们在各自的生态位中并不只是被动地接受环境因素的影响，一旦他们的行为超越制度约束，就可能破坏系统平衡。

在广告信息流转的整个流程中，作为行动主体的人始终是特定信息环境中的人，是时时受到各种环境因素的影响和制约的。他与特定信息环境中的文化背景信息、价值观念、政治导向、消费潮流、法制信息，以及其他有关信息存在直接或间接、或明或暗的信息交换。换言之，广告信息污染也是广告生态主体与环境相互作用的产物。

第一，与自然界生态类似，在网络广告生态中，政治、经济、法律和文化等背景性要素与生态物种也存在千丝万缕的联系。网络广告身处数字经济产业中，受国家的大政方针的影响最为直接。这些年，正是受惠于国家出台的各类鼓励数字经济发展政策，网络广告行业才以超常规的速度发展。社会文化对广告生态物种的影响往往是潜滋暗长的。这些年来的广告违法事件中，那些导向错误的、触碰社会伦理底线的、伤害民族感情的广告屡屡发生，就是信息生产主体、广告发布主体受社会文化的影响所致。更有甚者，不排除是某些别有用心的人故意通过此类违法广告来达到不可告人的目的。

第二，与社会氛围、文化思潮对广告间接性的影响不同，法律因素的影响就简单得多。一个生态系统健康与否往往是物种和环境因素相互作用的结果。健全的法律环境是依法治市的前提，是提升法治效率的标准和依据。对广告主

---

① 林牧，顾萱. 大数据时代的广告生态 [J]. 新闻世界，2013（7）：207.

体行为而言，法律法规规定是刚性的、严肃的，违法就要接受处罚。但是，一旦法律有漏洞，或是执法不严，那么结果也就可想而知了。从某种意义上说，网络广告违法问题在一定程度上是因法制不健全引发的。

第三，网络广告生态并不是一个静态和封闭的系统，也不是分散割裂的系统，而是一个动态、开放、相互关联的系统。一般情况下，无论是产业链的上、下游市场主体之间，还是各主体与诸多环境要素之间，都在一定的产业逻辑、经济秩序和社会规范之下相互联系、相互作用，发挥着各自的产业价值，维护着产业生态的稳定与平衡。其中，政治、经济、文化和法律等环境因素起着重要的作用。但这些环境因素并不都是各自单独与市场主体发生关系，它们通过国家有组织、有目标、有规划建构起来的广告治理体系串联起来，对广告产业链主体形成约束和监督。值得一提的是，这些由法律制度、行政执法机构、社会监督力量等组成的广告治理体系又是一个有着内在组织逻辑生态的子系统。各组织结构之间以及组织内部又是靠运行机制来维系的。

（2）网络广告治理机制的症候分析。

如前所述，机制从属于制度。制度要通过相应的机制来对制度系统内部组成要素进行组织协调、相互作用，以助力制度实现其特定的功能。同时，机制的组织性又决定了它在具体的制度体系之中的灵活性。在制度内部，各组成部分和环节之间相互联系与相互作用的方法保持着相对稳定，当某一要素的变化不符合系统整体的要求及功能的发挥时，系统就会借助自身进行调节，以确保系统目标的实现。

本书绪论部分通过文献综述概括出了学术界对于广告治理机制已有的研究成果。总体来看，研究者的关注点主要集中在以下几个部分：关于广告市场准入机制的问题、关于政府部门间协作机制的问题、关于网络广告监管执法的监督机制问题、关于网络广告治理的技术保障机制问题，以及关于广告行业自律机制的健全与完善问题等。在广告治理实践中，不少相关治理机制问题至今仍然表现突出，并持续成为研究的热点问题。有一些问题是过去出现过，现在表现更为突出，如广告导向监管机制、广告行业自律完善机制以及鼓励第三方参与治理机制问题等。有些问题是随着网络技术迭代发展并在网络广告中的广泛应用而逐渐产生的，如大数据、人工智能技术带来的技术监管难题。为此，本书在汲取现有研究成果的基础上，结合当前我国网络广告治理实践中产生的新问题、新趋向，对网络广告治理机制存在的新旧问题进行再研究。

第一，关于广告导向乱象与治理机制问题。在大众传媒时代，广告传播中也时有导向问题出现，但是在那时这种问题并不显著。新媒体传播环境下，媒体的社会化和自媒体化彻底颠覆了广告传播格局，因为人人都有"麦克风"，任何自然人和企业主理论上都可以发表言论，更可以发布广告。因此，一些违背社会伦理常识、触碰道德底线的广告在网络空间时有传播。

网络传播特性固然是广告导向问题产生的重要背景因素，但缺乏一套严谨有效的广告导向治理机制是主要原因。

第二，关于网络广告法律完善机制问题。对广告领域的立法，国家立法部门不可谓不重视。从时间线看，自1982年国务院制定的《广告管理暂行条例》开始，1987年《广告管理条例》颁布，1994年《广告法》出台，2015年《广告法》修订，2016年《互联网广告管理暂行办法》实施。其他如《民法典》《刑法》《反不正当竞争法》《电子商务法》《个人信息保护法》等也有涉及广告规范的相关条款。但是，网络广告技术发展太快，问题多且新，而相关法律的机制不够完善，修订速度相对滞后，以至于网络广告违法问题屡禁不止。

第三，关于网络广告行政监管效率保障与提升机制问题。按照新《广告法》的规定，国家市场监督管理总局和地方各级市场监管部门是广告治理的执法机构。也就是说，广告法律法规的治理效果实际上是取决于行政监管机关的执法成效。此外，在广告治理体系中还涉及公安、网信、通信管理、医药、农药、银行等部门。因此，在市场监管过程中，市场监管部门不仅要协调好系统内上下级机关和跨地区系统内部协作关系，还要与其他政府部门和事业单位协同一致，共同维护广告治理体系的良性运转。

在治理实践中，不管是市场监管部门内部组织之间，还是市场监管部门与其他部门之间，沟通协调效率会受诸多因素的影响，如部门内部科层组织的官僚作风、部门利益、地区保护主义等均在不同程度地发挥作用。这种由于缺乏顺畅的沟通机制带来的沟通成本高、办事效率低已经成为影响广告治理效率的主要因素。与此同时，广告治理中的跨部门联席会议制度、行政监管中的政企沟通协调机制，还有行政监管中信用管理机制等问题同样应作为研究的重点。

网络广告因互联网传播技术而生，由此带来的技术问题一定要用相应的技术手段解决。实践中，行政监管中技术手段落后、技术人才匮乏而导致广告监管效率低下的现象在许多地方表现突出。因此，如何创新网络广告技术治理机制已成为当务之急。

尽管新《广告法》明确赋予了公众对相关广告行政执法行为进行监督的权利，但实践中因缺乏对相应行为的法律救济制度和保障机制，社会监督的积极性并不高。

此外，在国家大力推行行政管理"放管服"改革的背景下，网络广告事前审查制度仍不时被学术界提及。在网络广告主体不断延伸至普通社会大众及广大企业主的情况下，创新网络广告主体规制也是一个值得进一步研究的议题。

第四，关于网络广告治理自律机制问题。随着我国行业协会社团化改革制度的推行，中国广告协会及全国各级地方广告协会也渐次开启了改革的征途。社团化转型是一条艰难的道路，不少地方广告协会还处于发展阶段，组织功能较弱，没能很好地发挥行业自律的引领作用，急需一种创新机制来推动这一进程。

第五，关于网络广告治理中第三方参与机制的问题。规范网络用户话语行为是网络空间文明建设的重要议题，而引导他们更加主动参与到网络广告治理行列是广告协调治理的应有之义。实践中，个人对违法广告的举报诉讼，媒体对广告违法事实的披露，消费者协会介入广告违法事件的处理已经成为第三方参与广告治理的常态。但是，现实情况还不容乐观。如许多网民宁愿在网上吐槽，也不愿去行政监管部门举报；不少媒体基于自身利益对广告违法行为"听之任之"。为激发利益相关方积极参与的热情，解除参与者的后顾之忧，启动广告公益诉讼立法研究，建立公民治理的救济机制是完善第三方参与治理机制的必要之举。

4.3 熵视域中的网络广告治理机制分析

熵增定律是克劳修斯提出的热力学定律[①]，他通过引入熵的概念证明了从高温物体流向低温物体的热量是不可逆的，孤立系统总是趋向于熵增加，最后达到熵的最大状态，即系统的最混沌状态。这种状态在自然界广泛存在，因此，熵理论一经提出，就被大量地运用起来，而且发展出多种相关理论，如信息熵、治理熵和耗散结构等。熵及相关理论原理作为对自然的一种现象或者规律的总结，最先被自然科学学界证明并运用，后逐渐从自然学科延伸至社会和人文学科研究中。

4.3.1 信息熵、治理熵和耗散结构

克劳修斯认为，熵的核心内涵是"混乱和无序"，是指系统中混乱的程

[①] 杰里米·里夫金，特德·霍华德. 熵：一种新的世界观 [M]. 吕明，袁舟，译. 上海：上海译文出版社，1987.

度，是不能再被转化的、无效能量的总和。1948 年，香农将熵引入信道通信过程中，开创了"信息论"这门学科，香农的信息熵本质上是对司空见惯的"不确定现象"的数字化度量。在香农的信息论的基础上，布里渊、维纳等人于 20 世纪 50 年代提出了"信息即负熵"的观点，认为信息熵大，意味着不确定性也大。学者们正是利用了这一特点，将其作为系统有序化程度的度量，表示信息的价值。其后，信息熵被运用于多个自然领域的度量和演化分析，甚至是企业管理、行业管理等领域。

学者们还发现，自然界和人文社会在诸多领域存在异质同构的关系。基于这一点，学者们便将信息熵理论引入企业管理领域中来，还提出了一个"治理熵"的概念。所谓治理熵是指企业治理的有序化程度，即当企业在相关制度和机制治理下的发展状况与时下企业发展的内外部环境不再适应从而引发企业治理无序程度增加，意味着治理正熵，反之则为治理负熵[①]。随着现代公司制企业的发展，众多学者从不同的角度分析公司治理的演变过程和机理。因而，在关注公司治理时，不可低估治理负熵的作用。公司治理的不畅通和不完善，将导致治理熵的增加，使得治理机制更加混乱；反之，若为公司引入治理负熵，便可以提高治理效率。

耗散结构理论是普里戈金于 1969 年基于贝特朗菲系统论提出的，并称之为一项揭示复杂系统中自组织运动规律的重要理论。普里戈金等人认为，在远离平衡态的条件下，系统可能得到从无序、混沌到有序的转变，并形成新的结构[②]。邱跃华和钟和平提出，耗散结构不同于静态的平衡结构，它是一个"活"的稳定有序的结构，当它远离平衡态时，可以通过涨落从无序到有序，并从一种耗散结构向另外一种更高层次的耗散结构跃迁[③]。耗散结构理论认为，系统要保持动态有序，必须使系统保持开放性、非平衡态，而且内部应具有非线性交互以及相应的涨落、突变。按照异质同构的观点，网络广告治理系统作为社会系统的子系统，同样需遵循耗散结构的演化规律。

4.3.2　网络广告治理中的信息熵增

十几年前，我国就已有学者将熵及相关理论运用在广告研究中。如宗煜和

---

① 顾亮，刘振杰. 公司治理过程发展研究：基于治理熵与耗散结构的分析 [J]. 未来与发展，2013（12）：79.

② 普里戈金，斯唐热. 从混沌到有序：人与自然的新对话 [M]. 曾庆宏，沈小峰，译. 上海：上海译文出版社，2005.

③ 邱跃华，钟和平. 基于耗散结构理论的社会治理思考 [J]. 改革与开放，2015（17）：3-4.

徐红琳（2006）认为，广告是广告企业向目标受众输出负熵的过程，可以降低受众认知系统里广告熵的作用，从而减少受众对商品或服务信息和广告企业观念不确定性的程度①。于馨燕（2007）曾用信息熵理论分析广告传播，认为广告受众对信息的处理具有持续性和继承性，也就是有其运动和发展规律，只要遵循其轨迹，按照信息熵理论分析其行为，就能够达成广告信息处理②。张伟博（2013）认为，基于新媒体传播环境的复杂性，在新媒体运作过程中就存在着大量的熵③。上述研究是从不同角度来探讨信息熵在广告传播中的作用，为本书的研究提供了有益借鉴。

广告传播是社会领域中典型的信息系统，而信息熵则是衡量该系统的运行是否健康有序的重要指标。为此，我们将违法广告视为一种信息熵增现象，即是广告信息在生产、传播、转化与再传播过程中产生的熵增。广告信息熵增是一个系统性问题，关系到广告传播的各个环节。要弄清其发生的原因就必须从广告传播全流程来分析广告信息熵增的原因。此外，广告传播生态系统与外部环境存在信息交换关系。而外部环境包括广告传播所处的法制环境、广告传播监管的行政治理环境、经济发展环境和社会其他因素等。其中，广告传播生态系统与广告治理体系之间的关系最为紧密，因为它们之间的信息交互和相互作用直接关系到广告产业运行与发展的质量和效率。这两个系统在信息交换时如果存在信息供给不足或信息沟通不畅，就会形成信息熵。

4.3.3 网络广告治理中的治理熵增

治理熵是源自企业治理领域中的概念，尽管企业治理和网络广告治理有着诸多不同，但根据异质同构原理，治理熵理论对网络广告治理还是有一定的借鉴价值。

治理熵视域中的企业治理正熵是源于企业自我治理机制不当或机制缺失所致。同理，就网络广告治理而言，产生治理正熵也应首先从系统内部寻找原因。理论上，网络广告生态系统应该有系统自我治理机制来保障其正常运行。但实践中，这种基于产业价值关联而形成的产业链是松散的利益联合体，也就不可能达成理想的治理效果。因此，广告产业链中、上、下游主体间信息不对称是不可避免的。

按系统运行的规律性要求，网络广告系统中各行为主体应该承担有自律的

① 宗煜，徐红琳. 广告的熵研究 [J]. 商场现代化，2006（12）：102-103.
② 于馨燕. 基于信息熵理论的广告信息处理研究 [J]. 江苏商论，2007（6）：95-96.
③ 张伟博. 熵：另一个角度解读新媒体广告的未来 [J]. 文化与传播，2013，2（5）：76-79.

主体责任，而行业协会组织则应该承担组织和协调功能。在网络广告系统自我治理失灵的背景下，建立健全系统的自律机制显得非常重要，以促进系统自我管理能力的提高。同时，我们更不能放任系统自律失灵的发生与发展，必要时应及时引入外部治理力量尤其是行政监管力量介入。

4.3.3.1　网络广告产业链中各主体自我管理能力弱

网络广告治理的终极目标是要推动广告活动主体恪守传播伦理规范，遵守商业准则，平衡产业链的各方力量，促进信息充分有序流动，杜绝信息不对称的现象。因此，真正有效的治理是网络广告行业主体都具备较强的自律意识和自我管理能力，能自觉遵纪守法，按照公正公平的市场原则行事。然而，现实情况并非如此。网络广告生态复杂，缺乏一套规范的、行之有效的自我管理系统，产业链中各主体自我管理能力弱，自律意识良莠不齐。问题的关键在于，广告行业的组织功能不全，产业链内部信息不对称现象难以得到有效的遏制。

4.3.3.2　网络广告外部治理熵增

网络广告行业内部治理机制失灵，外部治理力量介入网络广告治理成为必然。目前，我国网络广告治理制度设计走上了正轨，以行政监管为主体的治理体系也逐步完善，但我国网络广告治理起步较晚，加之数字环境下的广告传播问题日趋复杂，网络广告治理过程中仍存在一些制度和机制问题，致使网络广告治理中并不能保证给广告传播产业链持续输入治理负熵。我们认为，当下外部治理力量介入网络广告过程存在广告法律规范缺失、行政监管机制不完善等问题。

4.3.4　耗散结构下的网络广告治理机制

热力学第二定律认为，所有的能量转化都是不可逆的。而熵是随着做功的能量耗散而不断增长的量度，当做功潜力耗尽，熵就达到最大值。这个时候，"自组织"概念就被提出了。普里戈金通过观察激光、飓风等自然现象，认为自然系统中存在一种对称性破缺的"自组织"机制，它能够使系统以热力学反映的方式回应环境的变化，以增强系统的柔性，抗拒外界的扰动。换言之，自组织性就是系统在自我调节和加强，并引导系统走向自我完善的力量①。耗散结构就是这样一种系统理论，是相对于平衡结构而提出的，远离平衡状态的非线性系统中所产生的一种相对稳定的自组织结构。

---

① 伊利亚·普里戈金. 确定性的终结：时间、混沌与新自然法则［M］. 湛敏，译. 上海：上海科技教育出版社，2018.

普里戈金等人的自组织性又不同于皮亚杰的那种有目的性的结构化的"自我调节"，系统自我调节与建设的力和系统日益衰败的倾向之间并不一定对等，因而任何系统都不能完全靠自身维持平衡。任何封闭的系统都不利于更有序高层次的系统的生成，只有远离平衡状态的开放系统，与外界持续进行物质与能量交换，当外界条件变化达到特定阈值时，才会由量变引起质变，从无序变为一种有时间、空间和功能的有序状态，即耗散结构，而开放性、远离平衡状态和非线性互动是耗散结构的基本要求。由此说明，要解决网络广告信息熵增问题，应从建立和完善我国网络广告治理机制入手，消除产生网络广告治理正熵的影响因素。为此，本节将基于耗散结构理论寻求网络广告治理机制完善的新路径。

4.3.4.1 开放互动性取向下的治理机制

保持系统的开放性是耗散结构的最基本特点。网络广告传播系统是一个相对独立的系统，系统内的自组织性体现于网络广告行业自我管理与自律机制。尽管系统内部同时存在多种不同的结构元素，内部组织也会遵循一定的动力学规律运转，维持各个元素之间进行相互作用的非线性活动，进而促进形成区别于原有结构的新的有序结构，但是，只靠网络广告产业在自组织中的调节恐难达成系统稳定有序的目标。因为系统的构成要素复杂，各构成要素的运行目标并不一致，其中某些变量或行为偏离了正常的状态和轨道，而当网络广告生态不能发挥自组织的抗干扰功能时，系统的失序就会成为常态。为此，必须要让网络广告产业维持一个开放状态，与环境系统之间形成信息和能量的交换。这种系统外持续的信息输入是对系统熵增施加的负熵。

就网络广告产业链而言，广告治理体系是作为环境系统而存在的。它是一个复杂的大系统，由网络广告治理的法律法规体系、行政监管系统和第三方参与治理的子系统等构成，这些子系统共同构建了一个综合治理系统。广告治理的法律法规体系是整个网络广告治理系统中的核心要素，规定了系统中一切主体的行为规范和道德准则。行政治理体系是广告治理的中坚力量。同时，它又和广告治理中的其他第三方相互配合，共同对网络广告传播中的信息熵增进行影响，以消除信息熵。如前所述，这一作用行为就是两个系统之间的物质与能量交换的过程，是网络广告传播系统超越无序达成新的有序及结构的必要条件。当然，按照系统自组织性原理，外界广告治理力量终究是要通过促进广告产业自我调节机制的优化提升来达成治理目标，即激发和调整系统自组织功能才是广告治理不可或缺的部分。

在网络广告治理过程中，法律规制和行政监管需积极协作、相互配合，尤其是行政机关在行使权力时，需严格遵守法律规定。同时，我国还需建立完备的法律支撑监管机制，为行政监管提供法律保障，并建立完备的监管制度，明确各监管部门的责任，使行政监管部门各司其职。此外，在第三方协同治理机制运行时，我国法律没有明确的相关立法赋权于第三方协同治理机制，对其责任范围的划分也不明确。因此，我国应该出台相关法律赋权于第三方，充分发挥非政府组织的治理作用。

4.3.4.2 非平衡状态驱动下的治理机制建设

除保持开放性外，远离平衡态才是耗散结构之源。远离平衡状态可以理解为系统中某些变量和行为偏离平均值而产生的"涨落"。"涨落"是一种干扰，它将激发系统自组织的抗干扰能力，迫使"涨落"衰减，从而使系统从不稳定状态转化为新的有序状态。当一个开放系统不断与外界发生物质与能量交换，也会使得系统的某些参数变化至一个临界阈值，影响系统内部的"涨落"，引发系统突变，即非平衡相变，进而带动系统从无序向有序转变。就网络广告治理而言，外界治理力量的介入，可以被视为对网络广告传播系统施加的动能，促使该系统发生变化，打破某些平衡状态，形成一种新的非平衡相变。这可以看作系统非平衡状态驱动下获得的治理势能差，即为该系统输入的治理负熵。

（1）强化广告自律机制，夯实网络广告治理基础。网络广告传播系统内在的自组织现象是系统自发自为的调节功能。它能够对系统中非正常的扰动因素进行纠错，平抑"涨落"，引导系统从无序到有序。重视广告行业组织在广告自律中的组织作用，强化其在广告各行为主体之间的协调、引导和组织实施等功能，通过组织行业主体制定自律规约，凝聚行业共识，增强行业主体自律意识，督促行业主体自觉自律行为，将行业自发的自组织行为提升到整个行业自觉行为。

（2）建立正负反馈机制，推进治理机制建设。

正负反馈机制是信息控制中的重要机制。在控制系统中，通过反馈建立起原因输入和结果输出的关联关系，控制器以输入和输出的差值来决定控制的策略，以达到系统预设的功能。在网络广告传播系统与外部环境系统之间有着开放交互的关系，要使它们之间的构成良性而持久的交互，关键在于两者间要建立起正负反馈机制。对外部治理主体而言，需要实时掌握广告主体在广告活动中的违法行为信息，以便及时采取对策。对广告主体而言，需要及时了解广告法律法规内容和广告治理信息，以便适时采取权变策略。

网络广告是基于网络传播技术发展起来的新型广告传播形态，技术性特征显著。对外界治理主体而言，如果缺乏相应的技术手段，网络广告主体的相关行为就犹如"黑箱"，是很难获取其具体的违法行为信息。因此，技术监测手段和机制的创新成为外部治理力量介入广告治理的重要抓手。同时，外部监管主体的技术监管对网络广告主体来说也构成了一种技术压力，如对违法广告信息的追踪、捕获、过滤和屏蔽等对抗行为可以打破由传播技术公司和媒体建立的技术壁垒，构建新的广告信息传播非平衡相变。这样，广告治理系统就可以根据正负反馈信息来形成控制决策。

此外，如果要提升综合治理效率，需要治理系统内各要素协同一致，建立广告治理的高效协作机制。具体来说，包括行政监管体系与第三方系统之间、行政监管体系与广告法律法规体系之间、第三方系统与广告法律法规体系之间都要建立正负反馈机制。

（3）提升公民广告素养，积累治理势能差。广告信息生产、传播者与信息接受者是广告传播产业链中核心的两类主体，他们之间存在对立统一的关系，处于平衡—非平衡的动态变化之中。而决定这种关系变化的重要变量是信息势能，当一方相对另一方形成势能差，就一定会导致新的不平衡。网络广告传播链中一直处于非平衡态。但这种非平衡态并不一定是健康和有序的，广告生产和传播方往往借助势能差对信息接受方构成信息欺骗。因此，通过建立长效的公民素养教育机制，提高用户对违法广告的辨识能力、批判能力，积累己方的信息势能，并主动参与广告治理，对抗和反驳上游的信息压迫，构建相对平衡的新有序状态。

5　广告导向监管机制探析

2016 年 2 月 19 日，习近平总书记在党的新闻舆论工作座谈会上发表了重要讲话。他在会上强调指出，新闻舆论工作在各个方面、各个环节都要坚持正确的舆论导向，其中广告宣传也要讲导向。这为广告传播活动指明了发展方向。此外，该次讲话还阐述了广告导向与舆论导向的关系，即广告导向是舆论导向中不可忽视的重要组成部分，坚持正确的广告导向就是坚持正确的舆论导向。因此，从战略高度看，广告导向是广告传播活动的灵魂和指导思想。关注并研究广告传播中的导向，了解其内涵和作用以及对社会产生的影响，可以指导人们开展有序的广告活动，这具有重大的理论和实践意义。

5.1　广告导向概念的提出

在我国，最早提出广告导向论述当属新闻学的泰斗徐宝璜先生。他在 1919 年出版的《新闻学》中提出，报纸向来都是以广告经营来获取收益，但是报纸在刊登广告时，媒体应当有辨别能力，"不能刊登或者播报违法、欺诈性广告损害公众利益"。因为媒体刊登的广告往往体现该媒体的品位，广告质量直接影响公众对该媒体的认可程度。"媒体应当传播品质较高的广告，使广告效用更大地落到实处，进而良性循环发展"[①]。

改革开放以来，随着大众媒体的企业化经营，广告逐渐成为媒介经营的支柱，与此同时中国广告的导向问题随之产生。于是，"如何引导正确的广告导向"就成为广告管理中的一项任务。自 1987 年 12 月 1 日起施行的《广告管理条例》只是对广告内容做了原则性的规定，即"广告应当真实合法，不得含有虚假内容，不得误导消费者"。而到了 2004 年 1 月 1 日，《广播电视广告播放管理暂行办法》发布了更加详细的广告内容的规定，其中第四条规定广播

[①]　胡洋. 从《新闻学》中浅析徐宝璜的新闻思想 [J]. 科技传播，2015.1（上）：39.

电视广告内容必须真实合法、第九条规定广播电视广告"应当有利于青少年儿童的身心健康，不得含有可能引发青少年儿童不文明举止、不良行为或不利于父母、长辈对青少年儿童进行正确教育的内容"等内容。值得注意的是，该办法第一条中正式提出了"广播电视广告的正确导向"。总之，在这一时期，关于什么是广告导向？广告导向的功能是什么？学术界逐步推出了一些研究成果：从文献检索结果看，2016 年以后，关于广告导向的研究又出现了一个小高峰。

较早的论文有谭先峰于 2002 年发表的《新闻媒体广告导向研究》、于振连于 2002 年发表的《广告宣传也要把握正确导向》，他们都在论文中强调了广告导向在传播中的重要性。潘晓兰在《从广告的现状看广告宣传的导向性》一文中指出："所谓广告宣传的导向性，是指广告通过媒介形成的客观舆情态势对受众的导向作用。凡被受众获取并利用的广告，都或多或少影响着人们的审美观、道德观、价值观、消费观、社会风尚、生活方式，等等。"① 范莉在《如何正确把握广告导向》一文中写道："广告导向就是广告向受众传递信息引导其购买行为的一种倾向。"② 同时，她还指出，广告也是一种特殊的意识形态。但是，关于广告导向是怎样的一种意识形态，她只是集中于营销层面分析。金亦儒等对广告导向给出的定义是："广告导向是蕴藏于广告生产与发布全过程的价值倾向，它既可以积极，也可以消极。"③

由此可以看出，这一时期讨论广告伦理问题的文章，并没有明确集中地对广告导向进行深入分析。还有些学者对广告导向功能进行了探讨，如姚连学在《不能忽视广告的导向作用》一文中说，"广告通过传媒发布产生误导作用，对受众的思想道德观念有着潜移默化的影响，使不健康的东西渗透到群众的头脑中，腐蚀毒害人们的心灵。"④ 崔斌箴在《论广告的道德负面影响及其规范》⑤ 一文中指出，广告本身就带有道德倾向和暗示，会对我们的道德体系产生一定程度的影响。在台州热线网站，"都市柴门"在《不能忽视广告的导向》指出：导向正确的广告，不但有利于市场的繁荣与发展，也给人们的衣、食、住、行等带来种种便利；相反，导向错误的广告带给人们的则是一种伤

---

① 潘晓兰. 从广告的现状看广告宣传的导向性 [J]. 声屏世界, 2001 (3)：44-45.

② 范莉. 如何正确把握广告导向? [J]. 声屏世界, 2007 (6)：57-58.

③ 金亦儒, 赵韵文, 熊雨新, 等. 近年来商业广告导向研究述评：基于 CNKI 数据库的分析 (1996—2017) [J]. 视听, 2017 (9)：192-193.

④ 姚连学. 不能忽视广告的导向作用 [J]. 经营管理者, 1996 (12)：38-39.

⑤ 崔斌箴. 论广告的道德负面影响及其规范 [J]. 上海大学学报（社科版）, 2003 (9)：99.

害。其强调称广告不仅存在市场导向的问题，也存在政治导向的问题。

在国外，与广告导向相关的研究也并未缺席。美国著名的学者施拉姆在《报刊的四种理论》一书中提出，社会责任理论一直被当作一种传媒规范理论，它是对先前出现的自由主义理论做出的修正和完善。学者西奥多·彼得森等①曾指出，自由是伴随义务的，报刊媒体享有特权，就应对社会承担相应的责任。他认为，社会责任理论认同报刊需要为政治、经济服务，但是报刊在进行服务时有所不足，同时也认同报刊有为大众提供娱乐的作用，但前提是此类娱乐必须是正向娱乐，不能够给社会带来消极影响。媒体需要承担社会责任，这是由媒体的性质和特点所决定的，媒体有着其他行业难以比拟的地位和影响力。普利策认为，没有理想、没有责任的媒体行业会沦为一个只顾经济利益，与公众福祉背道而驰的行业。当然，他们所谓的"社会责任论"与中国语境的"广告导向"还是有显著的区别。

5.2 广告导向的概念与本质

目前，学术界对广告导向的定义尚未统一。尽管研究者们对广告导向的定义有不同的表述，但我们可以从其概括中获得较大的启迪。

5.2.1 广告导向的概念

上述文献综述对广告导向界定的影响主要体现在以下三个方面：一是广告导向是一种倾向。至于这种倾向的内涵是什么？从研究成果看，其内涵倾向至少应该包括道德、思想、价值观甚至是某种意识形态等方面。二是这种倾向有一种功能，即是可以通过媒介传播达到影响受众，尤其是达到影响消费者的思想、行为决策等深层次的效果。而这种效果的表现通常具有以下特征：一种是正面的，即可以正向引导广告受众，产生积极的导向效果；另一种是负面的，即产生消极的甚至是其他不好的效果。三是广告导向与广告信息之间还可能存在某种紧密的联系。这种联系可能与广告所要传播的产品或品牌信息无关，却又存在一定关联，如创意或表现层面的文字、图片、影像、创意元素，或是广告设计表达所呈现出的整体风格与调性之间明示或暗示的关系，但又与广告的

---

① 弗雷德·西伯特，西奥多·彼得森，威尔伯·施拉姆. 报刊的四种理论 [M]. 中国人民大学新闻系，译. 北京：新华出版社，1980.

主要商业信息诉求没有明显的逻辑关联。与此相反，这种联系还有可能是与广告产品的品牌信息紧密相关。从广告导向定义中所出现的高频关键词（如政治导向、意识形态等）来看，出现导向问题的广告，在一定程度上，可以看作广告传播主体是想借广告来达到其他别有用心的目的。

从上述分析中，我们认为，当对广告导向进行定义时，应该考虑到广告传播的实际情况，需要将广告传播中各种可能产生的导向问题考虑进去。广告导向是广告传播的本质属性，是广告活动在传递商品或服务信息时所伴随的、给予受众和社会公众的、一种带有倾向性的引导，或是价值观、消费观、世界观等意识形态的影响。这种影响既可以是由直接诉求产生的，也可以是间接的广告对社会的溢出效应导致的。由于广告导向在社会舆论中占据重要地位，若是广告导向出现问题，那么受众很可能会因此受到不良导向的腐蚀，进而影响社会稳定。所以，这就要求广告宣传必须坚持正确的导向，传播积极向上、健康的观念。

5.2.2 广告导向的本质

我们认为，广告导向的本质属性是意识形态属性，因为广告会直接或间接地传递意识形态。笼统地讨论广告的意识形态问题并不能深刻地凸显意识形态在广告传播中的地位。其实，从作为日常社会生活中重要广告形式的政治广告和公益广告中可以看出，它们都是以直接传播意识形态为终极目的。政治广告是政党、社会团体或公民组织等在政治斗争、民主选举等政治活动中，以传播政治主张、思想价值、党派宗旨等意识形态为核心价值，以达成政治目的的宣传手段。相对而言，公益广告使用更为广泛，不仅是国家、社会团体，还是个人为公益事业而进行有价值主张的宣传形式。公益广告所传播的主题相对宽泛，既涉及经济生活、文化观念、移风易俗、社会道德等方面，又涉及价值观、道德观、生活观、世界观等方面，这些都是意识形态的应有之义。无论是政治广告还是公益广告，它们的宣传目的都是影响社会公众的思想和价值观念。

一般情况下，由于商业广告具有强烈的商业信息传播的目的，这导致不少人产生错觉，误认为广告导向与商业传播并行不悖、没有交叉。事实上，既然商业广告是由大众媒体来传播信息，那就不能将它与媒体本身分割开来。它既是媒体信息的组成部分，又以自身的整体印象和风格反作用于媒体。从这一层面看，商业广告透露了媒体的倾向。另外，由于商品信息与社会生活息息相关，商业广告往往蕴含着消费者的消费观念、生活方式和价值判断。而这一切则决定了商业广告传播中的意识形态属性。

5.2.2.1 商业广告意识形态的界定

"意识形态"这个概念一开始是由法国的哲学家特拉西提出来的，首次出现在特拉西的著作《意识形态原理》中，并称之为"理念的科学"。之后，国外不少学者都对意识形态做出各种定义，其中德国的哲学家、思想家马克思对意识形态进行的诠释是更加科学且全面的。马克思、恩格斯在《德意志意识形态》中认为，意识形态可以被理解为一种具有理解性的想象和一种观看事物的方法，存在于共识与某些哲学中，或者是指由社会中的统治阶级对所有社会成员提出的一组观念。在《中国大百科全书》（哲学卷）中，意识形态被定义为："系统地、自觉地、直接地反映社会经济形态和政治制度的思想体系，是社会意识诸形式中构成观念上层建筑的部分。在阶级社会中意识形态具有阶级性，集中体现一定阶级的利益和要求。"[1]

从广义上看，意识形态应该包括精神世界中广泛的思想和文化形象。而中国大百科全书对意识形态的解释则更偏向于狭义层面，即有特定阶级属性的、具有一定的上层建筑地位的政治思想、观念、主张等。在一个社会中，意识形态形成与否的关键是看其是否有强势的话语权。只有获得绝对话语权，再传播自己的观点并扩大其普适性，最终得到大多数人的认可。此时，意识形态才真正诞生。

由此我们认为，商业广告除了传播商品和服务信息之外，通常会以某种观念、主张和思想来引导受众，以此说服消费者购买商品。我们可以将其称为广义的意识形态。但是，它们是否符合特定的社会价值和特定时代的阶级性要求，这就属于狭义层面的导向了。只有那些符合主流文化潮流、主导阶级的价值观的意识形态才是正确的导向。

因此，商业广告的意识形态是指广告商借助商业广告将自己或相关利益集团的经营理念向社会大众传播，并对消费者进行潜移默化的教化，从而形成对人们的社会生活与价值观念具有影响的价值观和消费观。

5.2.2.2 商业广告意识形态的表现

从广告实践看，在一般情况下，商业广告呈现的意识形态属于消费意识形态，如消费理念、消费形态倾向、消费追求等。从广义角度看，它区别于商业广告中的商品信息，但与品牌的价值主张、消费理念等融合一起。这些价值主

---

[1] 胡乔木，姜椿芳，梅益. 中国大百科全书（哲学）[M]. 北京：中国大百科全书出版社，1985：1097.

张通常还会拔高到社会精神和文化价值层面，甚至是有阶级属性的意识形态。

这种现象同时表现在国内学者对商业广告所进行的意识形态研究中，如方军在《"意识"与"形态"——潜意识广告的传播形态分析》一文中认为，"有两种广告模式，一种是意识形态广告，一种是普通的常规广告"。他还指出，"广告曾经被当作一种'潜意识控制'的艺术，只有当意识形态广告出现，才从真正意义上把握了人们的潜意识。"① 王儒年在《〈申报〉广告与上海市民的消费主义意识形态——1920—1930 年〈申报〉广告研究》一文中，分析了《申报》广告是怎样通过广告语和画面赋予消费主义多种价值。他认为，"《申报》广告给予了上海市民的享乐主义、拜物主义、上等身份地位的认同，从而向上海市民灌输了一套全新的消费主义的意识形态。"② 王伟明、何畏在《商品广告意识形态初论》一文中提出："广告有强大的意识形态功能，广告中的意识形态要从道德维护、环境净化等较高社会层面自觉地担负起社会责任，从而引导人们努力追求高尚的人格以及走可持续发展的健康之路。"③ 花家明在《当代中国广告的意识形态》一文中认为，"广告其实不会对如今的社会产生如它自己所想象的很大的影响，广告中深藏的意识形态观念以及为推行这种意识形态观念所做的行动和努力，需要以当代中国的经济发展水平和文化发展状况为前提。"④ 赵鑫在《广告意识形态：广告作为转型中国敌对意识形态的角斗场》一文中，以《人民日报》为对象，将我国改革开放至今的这段时期内的《人民日报》上的广告划分五个阶段，并进行符号学分析，讨论了以下几个问题：消费主义是怎样以广告为手段取得在中国的合法身份的、现阶段中国广告的实践如何合理平衡社会主义、消费主义与市场社会主义之间的关系等。

5.2.2.3　商业广告意识形态的功能和责任

（1）引导和更新消费观念。影响消费者消费的决策因素较多，而在通常情况下，商业广告是通过传递商品或服务信息以激发消费者的购买欲望，满足消费需求来影响消费者的消费意愿。由于人们的消费行为和购买倾向通常被自身的心理需求和消费观念左右，因此不少商业广告往往借助情感诉求、理性诉

---

①　方军. "意识"与"形态"：潜意识广告的传播形态分析 [J]. 中国广告，2002（11）：66 -68.

②　王儒年.《申报》广告与上海市民的消费主义意识形态：1920—1930 年代《申报》广告研究 [D]. 上海：上海师范大学，2004.

③　王伟明，何畏. 商品广告意识形态责任初论 [J]. 中国广告，2007（2）：132-136.

④　花家明. 当代中国广告的意识形态 [J]. 经济研究导刊，2008（19）：135-136.

求等方式来影响消费者的需求愿望，以改变他们的消费行为。

帮助人们追求积极向上的生活方式、倡导合理的消费观念和精神追求，这是商业广告在传播意识形态时的应有之义，尤其应该倡导积极培养和引导受众树立理性的消费观念。改革开放以来，中国人民的物质生活和精神文化生活发生了翻天覆地的变化。与此同时，商业广告也在与时俱进，大力宣扬健康运动、积极生活等消费观念。这极大地推动了我国经济增长和人民生活品质提升。商业广告中所表现的日常生活常常是虚拟的、经过加工的，带有一定的理想主义色彩，这会将人们的真实生活美化。所以，在商业广告的影响下，人们会以商业广告中所呈现的生活方式为价值标准来要求自身在现实生活中也能达到同样的理想状态。于是，人们便会在商业广告潜移默化的影响下，去选择购买那些在商业广告中出现的商品。

不可忽视的事实是，西方资本主义社会中广受诟病的消费主义思潮在我国的商业广告中时有显现，如宣扬极致、渲染奢华、鼓励超前消费、讽刺节俭、排斥朴素等消费观的广告。而这样的商业广告诉求与我国当前经济发展的整体水平并不匹配，极易给社会带来不良的影响，尤其会对正在生成世界观、价值观的广大青少年造成一种潜在的错误导向。从中我们可以发现，在广告传播的实践中，消费主义观念通常具有隐蔽性的特征，其判别标准模糊，消费者难以分辨。

（2）塑造和培养消费者的价值取向。商业广告是信息市场中的重要组成部分，会受到社会环境的影响，并受制于特定社会中的文化和价值观念。同时，它又与信息传播互相交融，共同作用于社会。因而，商业广告中蕴含的意识形态必定是特定文化或主流意识形态的反映。它可以准确把握时代的脉搏，迎合社会流行趋势、人们思想观念的变化，并将这些变化体现在商业广告作品中，最后潜移默化地影响人们的消费观乃至行为[1]。因而，对商业广告来说，在传递产品信息和推动经济发展的同时，引导人们树立正确的消费观、推进社会主义精神文明建设是其应当承担的社会责任。

（3）向消费者传播真实有效的商品信息是商业广告最基本的责任。实际上，许多广告并没有履行这样的社会责任，造成各类虚假广告泛滥，有些广告极度夸大宣传、对受众产生了误导[2]。这些虚假广告在严重侵害消费者的利益、造成不良社会影响的同时，也严重损害了品牌的形象和信誉。商业广告在

---

① 周志平. 广告意识形态的生成和传播研究 [D]. 上海. 上海师范大学, 2018.
② 黄合水，曹晓东，丘永梅. 2008 电视媒体广告效应系数研究 [J]. 广告大观（理论版），2008（4）：13-14，106.

宣传产品时，也应传播有关文明守法、劝导公序良俗等正能量信息，向公众和社会传递与主流价值观一致的思想观念、家国情怀，甚至是文明理念、世界大同等关乎国家、人民和世界的宏大主题。

5.3　广告导向的基本原则

新《广告法》第三条提出"广告应当真实、合法，以健康的表现形式表达广告内容，符合社会主义精神文明建设和弘扬中华优秀传统文化的要求。"从话语分析上看，真实、合法是对广告信息（内容）的合规性要求，而健康是广告活动应遵循的行为准则，包括广告创意制作的过程、手段和方法。其中，"社会主义精神文明""中华优秀传统文化"是对广告内容即广告活动主体过程的价值指向。以上内容作为总则在广告领域的专门法中提出，因此可以看作广告活动的最根本原则。

另外，"健康"一词看似是对广告活动过程的要求，但是结合后半句的意思，可以认为，健康是广告活动的程序性要求、是保障结果正确的必要条件。结合广告实践可知，广告作品的创意表现过程涉及的环节多，既有创意的方法，又有表现必备的创意元素，如文字、图片、影像和音效等。这些都应审慎选择，以保证广告作品的主题和整体风格的真实合法。从这一层意义上讲，广告内容并不能与创意表现的手段和素材完全分离，而应该是互为表里的关系。健康向上的创意表达和表现手法是保障广告作品保持正能量风格的必要条件。因此，尽管广告立法中并未将"健康"和"真实""合法"一同并列为广告活动的基本原则，但它也是判断广告是否为正确导向的重要标准。结合广告应符合"社会主义精神文明"和"中华优秀传统文化"的总体要求来看，"健康"也是与基本原则并行的伦理要求。

5.3.1　真实原则

5.3.1.1　广告真实

在广告中，真实即为清楚、明显、不虚假、客观存在、与实际情况相符的。要做到广告真实，既要保证广告内容真实、清楚、客观存在，也要确保广告形式是可以明显识别的。广告的真实区别于一般的新闻报道，不同于新闻真实要求以客观为基础、记录事实为目的。其并不追求对客观事实的原样复制，即广告真实既要求广告作品中要真实反映广告对象物，又要反映广告对象物客观存在的一些属性、特点或功能。因此，广告真实是一种拟态真实。拟态真实分为两种情况：一是现实生活中实际存在的情况，再通过文字、图片、影像等展现出来。但拟态真实是编辑人员以现实为基础，经过二次加工的"真实"，在此过程中可能会进行美化或删减，并不是真实世界发生的事情的"镜子"式再现，而是创造了一个拟态环境；二是虽未发生过，但是通过设计，用虚构的情节模拟成真实的生活场景。

这在广告中经常运用，常见于微电影广告、网络视频广告。如微电影《TOYOTA 大故事家——两个爸爸》中描绘了子孙三代人的日常互动，以日历为沟通载体展示亲人间的关爱。这个故事虽然是虚构的，但是影片中的互动细节却容易将观众带入其中，将其与自己的真实生活相比较，从而产生真实感。但此类广告的目的不是直接传递产品信息，而是通过细腻的情感表达来博得受众的好感，从而塑造品牌形象。这个故事情节基于现实生活，但也会加入戏剧元素，使观众在观看时便知道故事情节中具有虚构的成分。因为拟态环境是人为创造的，必然会存在因个人的主观意愿造成的选择性呈现，造成无法完全真实。消费者对广告真实性的认知会受到产品类型、广告媒体和受众性别的影响，此类广告的效果或许很好，具有真实感，能使消费者自我代入，主要通过虚构情节来创造一个模拟的"真实"。因而，从这层意义看，广告真实有时表现在艺术真实之中。

不同于客观生活的真实，艺术真实往往是艺术创作者基于社会生活中实际存在的人和事，通过艺术手法或艺术要素，以虚构的形式解释或者揭示出生活的本质。在创作广告作品的过程中，借助艺术手法进行创意表现是必要的步骤，因而广告真实就不一定是广告对象物的客观真实。但是，广告作品一定要以对象物为真实反映的基础，要忠于客观真实。因此，广告真实成为一种判断标准是结果的一种状态。为了更好地理解广告真实，我们有必要引入相关的词汇——真实性。

5.3.1.2 广告的真实性

真实性是"反映事物真实情况的程度"，是对客体某一特点的描述。因此，新《广告法》第四条规定"广告主应当对广告内容的真实性负责"就是与广告真实形成照应。"真实"的并不一定具有完全的"真实性"，有时片面的真实虽不能说是虚假的，但并未展示事物的全貌，其真实性存疑。就像盲人摸象，每个盲人摸到的可能是局部的"真象"，但他们心中的"象"并不是实际那头"象"。

什么是广告的真实性，有学者进行了研究。例如，马斌（1997）提出，广告的真实性是"广告的客观性、准确性和完整性"三个特征的有机统一，能保护消费者的合法权益、开展公平竞争、使广告业健康发展。他从广告内容——所提供的信息要真实，广告形式——要让人一眼就能辨认其是广告，佐证材料——主要的广告内容都要有相应的佐证材料做证明，广告发布后对消费者的影响——在广告中所做的承诺要兑现，从这四个方面去判断广告是否真实，为判断广告的真实性提供了具体的方向。

杨国平（2007）在《论广告真实性的法律规范》一文中对比《西班牙广告法》后，认为我国广告法规应对真实性原则做出较为具体的规定[①]。在进行违规处罚时，应在判定其对消费者的损害程度后，再做相应的处罚。由于广告主对广告内容负主要责任，还应当追究相关责任人的责任。他对真实性原则的具体规定提出，广告法要能落在实处，需要对违反真实性原则做具体规定。

陈保红（2012）在《广告的"夸大"与真实性探究》一文中对"夸大"手法在广告中的使用情况做了分析，认为巧妙地运用夸大手法能给广告画龙点睛，与此相反，过度的夸大则会削弱广告的信用而被视为弄虚作假[②]。陈保红还指出，夸大而不失真的标准在于广告要没有欺骗的成分，要符合产品的性能和特征。张望发、张莹（2016）的《解读夸张性广告言语行为的"真实性"内涵》一文对夸张性广告的"真实性"进行了三个方面的解读：一是夸张性言语行为所传递的产品或服务信息必须符合真实情况；二是夸张性广告言语应受到道德规范的约束，在夸张的同时能使受众一眼就能识别出这是夸张的手法；三是夸张性广告言语要符合法律规范。夸大的手法能使广告更有创意，但夸大也需保证信息的真实性[③]。

刘双舟在《正确理解新〈广告法〉的真实性原则》一文中对真实性原则进行了解读，他认为"广告所宣传的产品和服务要真实，这要求广告介绍和推销商品或服务客观存在，真实可靠""广告表现要真实，这要求广告在产品的信息和传递方式上是真实的"[④]。

迈克尔·贝弗兰德、亚当·林德格林和米歇尔·温克（2008）[⑤] 在《通过广告传播真实性》中提出真实性有三种形式：纯（字面）真实性、近似真实

① 杨国平. 论广告真实性的法律规范 [J]. 湖南行政学院学报，2007（4）：56，73.
② 陈保红. 广告的"夸大"与真实性探究 [J]. 包装世界，2012（3）：12-13.
③ 张望发，张莹. 解读夸张性广告言语行为的"真实性"内涵 [J]. 现代交际，2016（11）：72-73.
④ 刘双舟. 正确理解新《广告法》的真实性原则 [J]. 光彩，2015（12）：16-17.
⑤ BEVERLAND MB, LINDGREEN A, VINK MW. Projecting authenticity through advertising [J]. Journal of Advertising, 2008：37（1）：5-15.

性和道德真实性。他们通过定性研究方法分析消费者对广告的理解和对真实性的判断。为了成功传达真实性，广告必须只关注品牌属性——产品或服务的描述性特征，传达它的历史感，而近似真实则更关注广告所创造的整体抽象印象。此外，道德真实性是一种自我参照行为，反映消费者个人的道德价值观。每个被测者都有自己评判真实性的一套标准，但他们还是不免被营造的真实误导，很难辨别什么是真的、什么是假的。这说明，大众对广告真实性的判断意识还有待加强。

综合学者的研究，可以从以下三个方面来把握广告真实性原则：一是广告的真实性是广告真实的特征，是对广告真实的原则性要求。二是广告的真实性既体现在广告信息以及承诺的内容应符合真实性要求，又体现在对广告活动过程的真实把握，其中包括广告创意表达的形式。三是广告的真实性至少有两个层次：现实层面的真实和意义层面的真实。现实层面的真实既可以是完全忠于现实的真实状态，也可以是近似真实的真实状态；意义层面的真实主要指广告传递的价值内涵要符合伦理道德标准，即广告所派生的精神内涵应当符合伦理规范。

5.3.2 合法原则

顾名思义，合法原则就是要求广告活动中的所有行为都应该符合相关法律法规的规定，以保证广告传播健康有序。法律作为固定化的伦理规范，是自然人、法人和特定组织日常言语和行为的准则。这是文明社会的基本要求，也是人类进步的标志。尽管广告活动属于民商事范畴，但其核心环节涉及面宽，包括政治、文化等方面的信息传播。而且广告活动主体广泛，既可以是企业、团体、行政事业单位，又包括不特定的公众个体，因而对广告活动提出合法性要求就显得尤为必要。为了阐释清晰的合法原则，新《广告法》第五条做了进一步规定，广告主体在从事广告活动中，"应当遵守法律法规，诚实信用，公平竞争。"从该项规定看，合法原则既有一般性规定，即要求"守法"，也有重点的提示。这突出了广告活动的民商特征，同时也派生出广告活动的公平原则和诚信原则。

5.3.2.1 合法原则及意涵

合法原则与真实性准则相辅相成，共同构成了广告立法的基本原则。其实，广告的真实性要求就是对广告主体遵守新《广告法》的重点规范，即广告主的主体资格要合法，且与其核准登记的经营范围要相适应；广告的内容要合法，不得为国家明令禁止生产的商品或开展的服务做广告，不得发布虚假和引人误解的广告；广告的表现形式要合法；广告的发布要符合法定程序，特殊行业的产品要依法实行广告审查制度等。

针对广告内容传播的敏感性和公共性特征，新《广告法》专门规定广告的内容不得有法律禁止的情形，必须符合法律规定。广告的内容、形式都必须在法律允许的范围，不得违背社会秩序和公共利益的要求，此外还包括在特殊情形下的主体资格涉法问题。

5.3.2.2　公平原则及意涵

公平原则是我国境内所有的民事活动都需遵循的一个基本原则。它要求当事人在相关民事活动中应以正义和公平的观念指导自己的行为，处理当事人之间的社会、经济矛盾，平衡各方的利益。它强调，在市场经济中，当事人只能以公平交易为市场准则，遵循权利与义务相一致的标准，平等地享受利益，合理公平地履行义务。

《民法典》第四条明确规定，"民事主体在民事活动中的法律地位一律平等。"第六条规定，"民事主体从事民事活动，应当遵循公平原则，合理确定各方的权利和义务。"这两条规定是民事领域最基本的行为准则，前者是后者的基础，没有法律单位的平等，公平就无从谈起。

公平原则在新《广告法》第二十一条（广告主体不得在广告活动中进行任何形式的不正当竞争）中得到了具体体现。在《反不正当竞争法》中，明确将虚假宣传列为不正当竞争行为。虚假宣传是指经营者在广告中，对产品的质量、性能、制作成分、用途、生产者、产地、有效期限等进行引人误解的宣传。根据《民法典》的相关规定，如果民事行为是显失公平的，一方当事人有权请求人民法院或仲裁机构予以变更或撤销。在新《广告法》和《反不正当竞争法》中，对于违反公平原则的宣传或广告行为人也规定了相应的行政、民事或刑事责任。

5.3.2.3　诚信原则及意涵

诚信是诚实讲信用之义。所谓诚实，是指言行一致，不欺骗、不虚伪；所谓讲信用，则是指当事人自觉履行约定，承担约定的义务和责任。两者互为表里，协同一致。诚信原则是指当事人在从事社会活动及经营行为时，应从善意的心态和方式出发，正当地行使权利，自觉地承担义务，以维护当事人与利益相关方之间的利益平衡关系。讲信用、守诺言，还包含不规避法律和合同约定，不为追求个人利益而损害他人或社会利益；不做出无法兑现的承诺，也不恶意地欺骗别人，辜负他人信任。因此，诚信原则既是《民法典》中的基本原则，也是广告活动中广告主体必须遵守的重要行为准则。

在广告活动中，诚信原则要求广告主体在广告行为中，要讲诚实、重信用，以诚实的心态和正确的方式履行义务，不规避法律或合同约定，不制作、发布虚假广告，不欺骗或误导受众。

5.4 广告导向的伦理意涵与分类

应该说，"真实""合法"原则对于绝大多数立法实践都具有普适性，对广告立法亦是如此。其实，"健康"的伦理要求对广告立法也显得尤其重要和特殊。因为广告导向的伦理是由商业信息传播的意识形态属性决定的，它是大众媒介传播中的重要组成部分，不仅涉及信息传播的环境构建，还关系到一国一地的社会文明和精神文明建设。从这一层意义看，广告传播的伦理要求具有先导性和引领性价值。

5.4.1 广告导向的伦理意涵

自古以来，"真""善""美"既是人类社会孜孜以求的终极价值，也是人类个体在思考"我从何来""我将何去"等绕不开的终极命题。因此，古今中外的哲学家和哲学派别对这些终极命题都有着极大的研究兴趣，试图从中寻求社会进化和人性进阶的捷径。虽然不同的哲学家对"真""善""美"的问题有着不同的回答，但在哲学意义上，对"真"的寻求，实际上都是哲学家们从深层次上对"善"的寻求，即人对自身的幸福与发展的寻求。

作为市场背景下的广告媒体，以商业利益为目的无可厚非，但前提是其必须承担相应的社会责任，维护公众利益，坚持正确的广告导向。钟以谦认为，"我们所强调的是媒体在发布广告时，不能有悖于全社会处于一定历史阶段所具有的伦理与道德规范"①。广告行业必须把社会效益放在与经济效益同等重要的地位，承担起相应的社会责任。承担社会责任的最基本要求是广告所传播的内容必须是真实的，更进一步地说，广告还要传递社会正能量，弘扬传统美德，引导公众养成积极向上的生活态度和正确的消费观、价值观。

5.4.1.1 广告导向中的政治伦理

政治伦理思想的起源在我国可追溯到先秦百家争鸣时期的"德政"思想，西方则是古希腊时期的"善政"理念。在传播视域下，政治伦理为政治传播

---

① 钟以谦. 媒体与广告 [M]. 北京：中国人民大学出版社，2005：54.

提供了各种需要遵守的道德准则。恩格斯认为，报刊脱离政治是不可能实现的，即使是放弃政治的报刊媒体也在从事着政治①。政治属性是大众传媒的重要属性，大众传媒通过宣传政治文化来影响受众的政治认知，并且宣扬占主导地位的政治文化在社会形成主流意识，达成政治文化的趋同性。因此，媒体在传播政治信息时，必须传递真实信息，不能歪曲事实。

政治伦理是围绕道德性和秩序性开展研究的，体现的是政治主体在处理政治、经济、文化时所要遵守的伦理秩序和蕴含的道德内涵，也是现代政治文明的价值内核。广告作为一种短小精悍的传播形式，具有独特的教化功能，尤其是政治广告可以发挥政治教化功能。政治广告可以有效搭建政府和公众之间的沟通桥梁，将主流意识传递给公众，引导公众积极支持并参与到社会政治活动中去。广告可以随时随地传播，在不断反复重播中提高到达率，从而使公众加深对广告的印象，强化记忆。此外，由于首因效应的作用，广告必须坚持正确的政治导向，加强民主政治素质宣传，以防止公众在潜移默化中接受错误的政治观念，产生错误的政治思想，最终影响社会稳定。广告导向的监管工作要紧紧围绕习近平总书记在新闻舆论工作座谈会上所强调的"广告宣传也要讲导向"的重要讲话展开。同时，要加强对主流意识形态的引领，用正确的思想培育人、教育人、影响人，向公众传递正确的政治价值观念，坚定政治信仰，提高公众的政治素质，进而为建设现代政治文明服务。

5.4.1.2 广告导向中的商业伦理

商业伦理在某种程度上代表着商业的发展水平。关于我国商业伦理的记载，早在司马迁所著的《货殖列传》中就有所体现。该著作阐述了较多古代的商业伦理思想内容。在传播学视域之下，商业伦理意味着企业在进行商业传播活动时需要遵守的核心道德规则，这体现了商业活动中各个主体之间的伦理关系和规律。同时，这在一定程度上可以对企业起到约束作用。商业伦理本质上是企业应该遵守的职业道德，它崇尚树立公平正义的价值理念，以此维持良好的市场秩序。

从表面上看，违背商业伦理的行为似乎都不违法，企业无须为此负法律责任。但实际上，一旦触犯到商业伦理这根红线，就会对企业形象等无形资产造成难以挽回的负面影响。如商业欺诈、恶意竞争等违背社会道德、人情伦理的行为，不仅会遭到舆论攻击、公众谴责等，还会使企业多年积累下的信誉毁于一旦，甚至会使整个行业受到牵连。若有企业不遵守商业伦理，最终受到危害

---

① 马克思恩格斯选集：第 2 卷 [M]. 中共中央编译局，译. 北京：人民出版社，1995.

的还可能是整个行业和消费者群体。

5.4.1.3 广告导向中的社会伦理

人是群居动物，人和人的组合形成了社会，社会是国家和个人之间的中间地带。人基于地缘、业缘、亲缘等关系在社会中形成了多种多样的社会关系。在特定的意识形态和上层建筑的规定下，社会化的情感和劳动行为共同构成了特有的社会权力结构。其中，在道德、文化和风俗习惯等隐性的价值理念共同作用下，形成了一套广泛适用的社会伦理。它影响并指导了社会人的行为规范，并催生了各种各样的生活方式。

理论上，社会伦理的外延非常广泛，是除了个体伦理之外的所有伦理的总和。它是人与人、人与群体、群体与群体之间交往时应该遵循的道德准则和行为规范，包括文化伦理、家庭伦理、职业伦理等人们在生活中的方方面面，呈现出复杂性和连带性特征。社会伦理并非一成不变，它随着社会制度、经济变迁和人口迁徙等因素的变化而变化，并且反过来影响着社会中人的政治、经济、文化等方面。

广告传播是特定社会生活图景的反应，同时也构成了社会图景本身。作为经济活动中的重要组成部分，广告传播既推动着社会经济的发展，又受到社会多方面的制约与影响。其中，社会伦理在品牌形象塑造、产品推荐等广告诉求中若隐若现，甚至构成了广告价值传播的核心主题。譬如，广告在描绘生活图景时就少不了公序良俗的展现，要进行产品功能的推荐就可能要倡导健康的生活方式、要进行品牌跨文化营销就要表现出对文化的尊重与宽容等。

当然，社会伦理的全面性和复杂性对广告传播的影响，并非只是在广告作品中对现有社会主义道德的简单重复和强调，更多可能表现为广告为了追求标新立异、对大众伦理与道德规范进行重构或程序性改造。若围绕品牌和产品的销售诉求进行的重构或改造，都应以不偏离主流伦理价值和道德观为前提，并以社会正向传播效应为基础，那么就是值得肯定和支持的。

5.4.2 广告导向的分类

好的广告，不但有利于市场的繁荣与发展，也为人们的衣、食、住、行等带来种种便利。明快、醒目、准确、健康，提供真实信息，传播先进文化，这些都是社会对广告的基本期盼；而不良广告不仅给消费者带来物质损害，更给社会造成精神污染和精神伤害。广告具有宣传导向作用上的巨大影响力，一般先是通过作用于人的头脑，然后对人的观念产生影响①。广告不仅仅是广告主以谋取经济利益为目的的一种大众传播手段，还直接影响到广告主的经济利润、品牌信任等大事，更是社会文明教化和文化传播的有机组成部分。将广告活动置于社会伦理道德层面来对待和要求，它应受到整个社会的道德规范约束，服从于整体社会的伦理价值观。如果广告传播与社会伦理之间的关系处理不当，它对社会的反作用是显著的，对于社会价值观、道德规范的影响也不可忽视②。

广告导向从来都不是虚无缥缈的，而是伦理理念在现实生活中的具体运用。从元伦理分析可知，广告导向脱胎于真、善、美，源于公平、正义和价值，是国家意志、阶级情感、社会道德、个人价值判断的综合体现。正如丁俊杰教授等人所言，"广告宣传也要讲导向"源于三个基本事实，即中国广告业的生存土壤、角色定位和评价标准，而且这三个基本事实都带有鲜明的社会主义烙印③。广告是商品经济的重要组成部分，广告作品既是经济活动中产生的有形产品也是精神文明的重要载体。在广告活动的管理和调控中，广告相关的法律法规以及市场、技术都在其中发挥了一定的作用。此外，广告规制作为广告管理中的刚性规定，并非能将一切内容都纳入其规范的范围，有很多模糊的空间并不能覆盖。若缺少对广告在伦理道德上的引导和规约，有些问题广告造成的负面影响将很难把控。正如伊万·普雷斯顿所说，法律管不到的地方，还需要有伦理掌管④。正是广告的复杂性决定了广告的导向必然包含多个方面。具体而言，可以分为政治导向、经济导向、社会导向和文化导向四个方面，这四个导向同时也是衡量我国广告业发展成就的重要标准。

5.4.2.1 关于广告的政治导向问题

毋庸置疑，国家的稳定发展是中国广告业可持续健康发展的前提和基础。国家的大政方针和政党的思想意志是全社会、全体人民应该遵守的最高准则，是中国特色社会主义最根本的意识形态。作为意识形态领域的宣传工作，我国的广告宣传必定要涉及国家的思想、理念，人民的文化认同、情感诉求等要素。广告传播中的政治导向是指在广告宣传中，应以维护国家的国体和基本政治制度、维护国家主权和领土完整、维护国家和人民的根本利益、传播国家的正面形象、保守国家机密等为最高宗旨。广告从业者应有鲜明的政治站位和强

---

① 晏东方. 广告必须把握正确导向 [J]. 中国地市报人，2012 (5)：57-58.
② 程瑶，张慎成. 广告创作中的伦理导向分析 [J]. 凯里学院学报，2015, 33 (5)：113-115.
③ 丁俊杰，刘祥. 广告宣传也要讲导向 [J]. 中国广播，2017 (4)：30.
④ 胡璐. 广告的第三种导向：伦理导向研究 [D]. 杭州：浙江财经大学，2017.

烈的阵地意识，在广告创意、设计制作、发布等运作流程中时刻坚持遵循这一宗旨，并落实在具体的行动之中，以饱满的热情和责任担当，去传播正能量。

（1）坚持正确的广告导向，就必须和党中央在政治上保持高度一致，始终站在党和人民的立场，在广告传播过程中体现党的方针与政策。将党和国家的政治性与权威性放在广告宣传的首位，倡导正确的国家观、政党观、民族观和人民观。绝不允许借品牌传播的诉求加塞"私货"，来传播违反国家大政方针、诋毁国体政体、宣传异端邪说、否定党的领导和中央权威的内容或政治倾向。事实上，2016 年发生在湖南省长沙火车站电子屏"××空气净化器"的广告公共事件给我们敲响了警钟，某些别有用心的人借广告这种方式来制造社会混乱和政治影响，以达到否定党的领导、否定中央的目的①。为此，新《广告法》第九条专门规定了四款②，从国家的象征物，如国旗、国徽、国歌，以及军旗、军徽和军歌做出使用的限定。对涉及国家和工作人员的名义、形象，以及对"国家级"等可能涉及有损国家形象和利益的极限词等方面做出禁止性规定，对涉及有损国家和人民利益及泄露国家机密的行为做出了宽泛的禁止。

（2）广告宣传虽然不等同于新闻宣传，但广告也是从媒体中发出的声音，同样是党的宣传工作的一部分。新闻媒体是党的"喉舌"，坚持党的领导，传播党的思想，是坚持社会主义制度最大的政治宣传工作。一直以来，坚持政治家办报和办台，是坚持党对新闻舆论工作的领导的具体体现，也是正确引导大众消费和形成良好社会风尚的必然要求。我们要充分认识到当前意识形态斗争的必要性与紧迫感，应时刻同党中央保持高度一致，把政治方向摆在第一位，这就是广告宣传的最高责任。牢牢坚持党性原则，坚决维护国家尊严和利益，维护社会稳定，主动增强广告宣传的政治意识、大局意识和责任担当③。

随着媒介技术变革带来的媒介格局变迁，互联网资讯平台日益占据信息传播的主流地位。自媒体对传播渠道的渗透度加剧，广告媒体的选择度也随之增大。在缺乏政治把关的情况下，自媒体在资讯传播与广告传播中极易出现这样

---

① 2016 年 5 月 3 日，长沙火车站站前电子屏刊播了一则长沙××空气净化器的广告。文案是"你可以不说话，但不能不呼吸……我为长沙××空气净化器代言"。但看广告，不明就里的人似乎都不明觉厉，也难以感受到其中的奥秘，但如果把特定的人和特定的事件联系起来，就很明白其代言人的所言所指了。

② 《中华人民共和国广告法》第九条规定，广告不得有下列情形：1. 使用或者变相使用中华人民共和国的国旗、国歌、国徽，军旗、军歌、军徽；2. 使用或者变相使用国家机关、国家机关工作人员的名义或者形象；3. 使用"国家级""最高级""最佳"等用语；4. 损害国家的尊严或者利益，泄露国家秘密。

③ 王伟. 浅议广告宣传的导向问题 [J]. 西部广播电视，2019 (6)：51，53.

或者那样的问题。在这种媒介环境中，如何在广告宣传中坚持正确的政治方向是我们面临的重大挑战。如果广告导向出了问题，同样会造成公众思想的波动和混乱，影响社会政治稳定，因此要始终把社会效益放在第一位①。所以，除了广大广告工作者必须具有高度的政治责任感外，还要强化广告导向管理，建立一套对症的机制，从政策、纪律、法规的高度，自觉加强广告宣传管理，使之纳入健康发展的轨道②，以保障广告宣传导向生机勃勃，经久不衰。

（3）将广告真实性原则落实在广告舆论引导上。政治导向绝非一些形而上的政治理念，也不是几句空洞的政党宣传口号，而往往是那些与国家政策、政党方针息息相关的具体的人和事。社会上发生的大事小情背后映射出了国家和执政党的决策，公众人物和关键消费者（KOC）的命运哪个又不是这个社会在重大变革下的缩影？这些又恰恰是广告传播中常常关注的焦点，并常被作为创意表现的元素来运用。因此，在广告制作中，遵循真实性原则、反映真实的广告对象，展现真实的社会图景，用正确的消费观和健康的理念引导大众，就是在反映党的正面形象和国家的良好面貌，就是广告坚持正确的政治方向的具体体现。广告人始终要坚持把社会效益放在第一位，不断提高把关能力和服务水平，坚持职业操守，牢牢守住导向和道德底线③。

5.4.2.2　关于广告的经济导向问题

广告是市场主体经济活动的重要形式之一。从生产到销售，广告在其中起到了重要作用。广告可以帮助品牌树立良好的形象，从而提高品牌的知名度，最终建立起品牌的市场版图。毋庸置疑，商品属性和追求经济效益是广告与生俱来的价值和目标。同时，广告宣传也是社会主义市场经济中实现国际国内经济循环的重要手段，通过传播市场信息，以此推动品牌的优胜劣汰，从而打通商品生产、流通和销售各个环节，有效配置市场资源，最终为整个经济建设大局服务，实现经济的良性循环。基于此，广告的经济导向就可以概括为：广告通过商品信息的传播，提高品牌的知名度，推动商品流通过程中所倡导的良好的市场发展观念、正当的竞争方式和健康的消费态度等价值观落地落实。

从广告运作流程上看，广告具有明确的目标性。著名的消费漏斗模型AIDMA 理论创建了一个清晰的广告传播路线图：一是引起受众注意并且关心品牌的信息和形象，二是建立起受众对品牌的理解和信任，三是在受众心理留下对品牌的美好印象，四是激发受众的购买欲望，五是催促受众尽快采取购买

---

① 于振连. 广告宣传也要把握正确导向 [J]. 新闻出版导刊，2002（5）：85.
② 朱立云. 广告宣传也有"导向"问题 [J]. 视听界，1994（3）：50-51.
③ 许莉凌. 广告宣传也要讲导向 [J]. 青年记者，2016（23）：16.

行动。随着媒介传播环境的改变，这一流程也迭代进化为分享模型 AISAS 和黑客模型 AARRR 等理论。但基本原理还是起着关键性的作用，因为广告的核心功能是通过广告创意与表现形式使受众产生品牌信任，从而激发受众的消费需求。其中，广告所蕴含的强烈导向性是重中之重。有学者认为，广告的商品性为第一性，广告的导向性为第二性①。尽管这种导向性受到传播商品的属性制约，这也决定了消费动机和需求也可能是商品（或品牌）的属性本身。但这个"第二性"反过来又会作用于商品性。

值得重点关注的是，在广告商品性和导向性之间确实存在某种程度的矛盾。在实践中，确实有不少广告主体通过传播一些虚假的商品信息来获取短期的经济效益。如为了达到诱导消费者购买商品的目的，而传播一些误导性信息，或者为了获取流量与关注而不惜违背社会道德和公共利益，最终带来巨大的社会负面效应。其中，广告媒体在这一问题中发挥的作用不可小觑。因为它是广告的最后发布环节，一旦媒体失守或审查缺位，其产生的恶性后果可想而知。在媒体社会化和自媒体化的当下，这一问题尤为突出。另外，大量传统新闻媒体处于升级转型的关键期，经济效益不佳，所以报纸、电视台、广播通过软性广告和专题片的形式刊登违法违规广告的现象时有发生。

其实，商品性与导向性的矛盾并不是天然不可调和的。只有那些奉行"利益至上"原则，罔顾市场经济的基本秩序，蔑视消费者利益的商家和媒体才会将广告导向置于脑后。所有参与市场竞争的经济主体应当明白，忽视广告经济导向的传播行为，最终失去信誉的不仅仅只是广告主、广告代理机构，媒体也有可能被反噬。一时的利益换来长期的损害是不可取的，暂且不计违背市场原则、损害公共利益的广告主受到的监管部门的惩罚。更严重的是，当消费者对该广告表示不信任的态度时，那么该品牌和媒体也势必面临公众不信任的危机。所有的广告参与主体都应当明白，广告是一个国家或地区经济发展和文明状态的象征。"广告的主题及其表现形式必然涉及宣传什么、鼓励什么等社会问题，因此不仅要讲求经济效益，更要负起社会责任"②。

5.4.2.3　关于广告的社会导向、文化导向问题

我国著名的新闻学大家戈公振先生曾在《中国报学史》表示："广告为商业发展之史乘，亦即文化进步之记录"。因此，广告"实负有宣传文化与教育群众之使命"。广告不仅是社会文化中的重要形式，也是一时一地的商业文化

---

① 赵晨. 广告导向问题浅析 [J]. 报刊之友，1996（6）：43-45.
② 范莉. 如何正确把握广告导向？[J]. 声屏世界，2007（6）：57-58.

表征。广告需要借助文字、图形、影像和声音等传播手段来表达创意主题，本身有着鲜明的文化属性，也具有显著的文化审美功能。其中，广告中所承载的历史文化信息、价值观念、生活形态塑造、消费方式诱导等内容对受众起着劝诱和引导作用。它会在描述直陈、循循善诱、恐吓威胁、潜移默化中影响公众的社会认知、观念生成等，进而影响整个社会的风气与时尚。这就是广告的文化导向功能。

我国的广告传播活动是商业文化的重要组成部分，应服务于社会主义精神文明的建设大局。但要了解广告宣传的文化导向作用，我们首先要深入分析广告文化导向到底包含了哪些文化内涵？这些文化与社会文化环境存在哪些交互关系？它们又如何发挥作用？

广告是一种营销传播的工具，也是一种社会文化现象，因而具有文化的特征和功能。广告传播中的文化信息和文化观念在消费者对商品价值认知与认同中起着日益重要的作用。那么，广告文化包括哪些文化类型呢？具体来讲，广告文化应当包括传统文化、消费文化、大众世俗文化，以及相关的社会精神文化等类型。这些文化类型有些泾渭分明，但更多是相互交织、互相影响，共同作用于一个具体的广告作品之中，发挥着文化导向的功能。

就广告中的传统文化而言，越来越多的广告已经不再是单纯地介绍商品信息或构建品牌形象。有的是借助传统的文化要素来表达广告主题，如酒类广告中大量使用传统文化名人、传统的酒文化特征等为品牌服务；有的是通过灌输传统价值观念来借喻品牌理念，以达成与受众心理价值认同的目的，如忠、孝、节义、家国情怀、扶老携幼等主题常常出现在男性用品广告之中，爱、互助、仁信等主题也常被运用于"银色市场"宣传；有的是传统文化样式被复制到平面广告或影视广告镜头之中，如祖传秘制、传统古镇古法等易为食品药品广告所借鉴。其实，这很好被理解，因为任何商品都与百姓生活休戚相关，而生活是通过传承发展而来的，文化的印记和文化的熏陶是特定时代、特定社会中的人都不可逃避的。文化的积淀是历史发展前进的力量，在传统文化中汲取营养成分、收集价值精华也是人类得以前进的必经路径。

之前，椰树集团刊播了一则令人错愕的招聘广告。该广告引发众怒之后，该公司居然回应说，"有车有房有高薪，肯定有美女帅哥追"这句话并没有明确违反现行的法律法规，美女帅哥是当前社会的通俗叫法①。从字面上看，确实没有明显的违法，但从文化导向看，该广告宣扬的价值观念显然已经触及社会文化的底线，价值取向恶俗而低级，令人极度不适。

消费是经济发展的原动力，鼓励消费可以在经济学中找到合理的解释。因而，广告中宣传消费文化有其必然性。与原始的自给自足的生产—消费模式不同，后工业化时代的生产效率极大提高，需要市场有足够的消纳能力，市场端如果销售不畅，就会反向传导至生产端，造成商品积压甚至是经济危机。因为只有消费品与生产品相匹配，商品的供应链和市场销售链才能形成完整的闭环，促进整个市场协调发展。

人类的发展进程可以从人类的消费史上按图索骥。从工业文明到后现代文化，消费在其中所扮演的角色是无可替代的。但是，应该明确的是，鼓励消费与我们诟病的消费主义有着泾渭分明的界线。消费主义思潮在当下有"沉渣泛起"之势，我们要做的不是去简而化之的批判或"革命"，而是先要具体问题具体分析，再剖析其发生发展的原因，最后对症下药。消费主义不仅在当下为人不齿，而且在 20 世纪中后期就被西欧批判学派批得"体无完肤"。个中缘由就是一旦消费为资本服务，或是资本以商品为"武器"来赚取"超额利润"时，很多原本健康有序的事情就会朝向非理性或反人类的方向发展。如果商业广告配合资本"作恶"，意味着商业广告必将会把宣扬奢侈主义、享乐主义的文化价值观作为时代的意识形态，拿"消费至上"作为人类生存价值的座右铭，最终会对社会公众的思想价值观产生难以控制的负面影响。更严重的是，对那些心智发育未全、价值观还在养成阶段的青少年来说，消费主义观极具蛊惑性，轻则会使他们养成追逐享乐的非理性消费观，重则商品拜物教会成为他们的文化信仰，后果不堪设想。

这是一个资讯爆炸的时代，也是一个"天涯比邻"的"地球村"。国际国内资讯的自由流动，鱼龙混杂的信息为人们建构了一张天罗地网。如果没有清晰的判断、没有理性的文化引导，一些虚妄、不切实际的消费观念将逐渐侵蚀我们的"肌肤"。在享乐主义大肆入侵面前，我国"勤俭持家"的优良传统文化受到严重挑战，那些能证明我们这个民族自身存在价值的属性特征正被逐渐

---

① 2021 年 3 月 25 日，海南椰树集团官方微博发布一则"招生广告"，内容为"椰树集团培养正副总经理学校再招生，入学就有车有房有高薪"。广告还表示：该集团招人的是"正副总经理学校"，号称"入学就有车有房有高薪，肯定有美女帅哥追"。不仅如此，海南椰树集团还表示升任集团副总经理后年薪 108 万元，有贡献就奖励 600 万元海景房，甚至 1 000 万元的别墅，奖励分红股权。

消耗殆尽，这不能不引起我们的警觉①。一是我们要弘扬中华优秀传统文化，就是要继承传统文化中的精髓，挖掘属于时代自身的优秀文化基因，培育正确的消费观念和消费文化，利用当代先进的大数据技术手段，追踪时尚潮流变幻，用理性的消费价值和健康的文化观念引导人、影响人。二是按需生产，创新创造，用物美价廉的商品对接消费需求，满足人民对美好生活向往的需求。

关于广告的大众世俗文化。严格地讲，大众世俗文化因时而变、因地随形，最难把握和追踪，但是它又时刻影响着我们的消费状态，与其他文化样式共同作用于社会生活。强调广告的大众世俗文化的原因在于，其发端于民间，来自普罗百姓，是原生态的文化样式。大众世俗文化植根于普通的百姓生活，却又自给自足、自得其乐，因而往往视之俗而味之甘。对此，我们不应简单排斥，但也并非照单全收，而是要吸收其精华，发扬其优点，使之上升为主流文化。

大众文化在消费领域中体现得较广。它多讲求实惠、朴素而欠精致，讲究变化、奇特而少考究的消费观，尤其是在服饰、饮食、休闲等方面都得到充分显现。这些对广告文化产生了巨大的影响。优秀的广告以不同的艺术风格、艺术追求共同构成了当代大众文化的审美形态②。我们主张广告吸收各种文化因素，推动其自身成为文化形象的本身。事实上，广告实践正是如此。越来越多的百姓生活场景、世俗文化元素、网络俚语，甚至一些插科打诨式的无厘头都进入了广告作品中。接地气、有烟火气是生活的本原，因此广告在挖掘蕴含着大众生活底层的思维方式、培育并发扬小人物的情怀等方面还需努力。只有这样，才有可能进一步深挖消费潜能，激发潜在的消费能量。

值得注意的是，大众世俗文化并不是都可以进入导向性行列，那些既具有商业性又富有积极文化特征的、既具有物质性又富有正面精神色彩的文化元素，才是我们要发扬光大的。相反，尽管那些俗不可耐的、盲目追求新奇特的、与主流思想相背的文化元素受到不少人的欢迎，但这些并不能直接"拿来"进行广告创作。对此，我们应有一个理性的判断，有的要扬弃，有的需要改造。广告不仅仅是一种商业行为，因为广告人不仅需要为甲方服务，更要肩负起应有的社会责任和担当。在广告创意、设计和制作中有条件、有意识地将富含文化特色、有正向引导作用、有传播正能量的文化元素融入广告作品中，用优秀的广告作品传递品牌理念和社会价值，以人性和温度对消费者形成

---

① 陈相雨. 商业广告"讲导向"的逻辑起点和价值准绳 [J]. 传媒，2017（20）：77-79.
② 苏大伟. 广告与大众文化心理导向 [J]. 美术大观，2010（10）：212.

潜移默化的引导。当然，更主要的是，我们要自觉抵制庸俗、低俗、博人眼球的不良广告，不能突破底线，损害消费者的合法权益，背离社会主义核心价值观的要求①。

总之，我们要处理好广告的物质与精神的双重属性，协调好具体广告作品中商业诉求和其所蕴含的价值观、思想观念、审美取向等，坚持正确的广告导向，坚守社会主义精神文明的底色。既要防止用政治宣传代替广告，又要防止只顾经济利益而忽视广告的思想内涵，把传统文化、消费文化和大众世俗文化基因有效地融入广告活动之中，实现广告传播的经济效益与社会效益共赢。

为此，新《广告法》第九条还设置了相应的条款，从公共利益、社会风尚、文化习俗、民族种族、个人利益和文化遗产等方面进行了行为限定。

5.5 广告舆论导向监管机制探索

"广告宣传也要讲导向"的重要意义在于：一是这是我国第一次对广告传播领域明确提出原则性要求；二是这为我国的广告治理工作提出了总要求、奠定了总基调；三是这是我国广告领域中最新最重要的理论成果，为今后我国的广告业发展和广告监管指明了方向。

从上文分析可知，"讲导向"就是要在广告创意表现中谨记导向的细分类型，明白"导向"无小事，时刻以坚定的政治站位和大是大非观指导广告实践，以合法的竞争观和健康的文化观来进行广告创作。同时，审慎斟酌表达的言辞和符号的应用，坚决贯彻以下三个方面的内容：一是遵循社会主义精神文明建设和社会主义核心价值观，二是遵守广告法律法规，三是遵循社会道德和公序良俗原则。事实上，广告导向问题发生的核心原因是，广告主体的指导思想和创作理念出现了偏颇。因而，广告导向监管的重心不是管"事"而是管"人"，只有广告主体提高自身的政治站位，才能牵住问题的"牛鼻子"。只有从顶层设计层面建立一套导向监管的机制，才能从根本上解决问题。除了建立促成广告主体自律的机制外，我们还要从广告素养教育、行政监管、第三方参与监督等方面进行考量。在此，本书将重点就广告舆论与广告导向监管做专题研究。

---

① 张国华. 广告要讲导向 [J]. 中国广告, 2018 (5): 16-17.

5.5.1 广告舆论与广告导向监管

5.5.1.1 广告舆论是什么

有学者认为，广告是媒介的重要组成部分，广告舆论在很大程度上表现为媒介舆论。胡忠青注意到媒介广告引领着人们的思维和脚步，认为在无所不在的广告环境中，"人们的生活本身也被无形地改造了，人们对各种'新潮'变得麻木而缺乏反省，习惯于跟着媒介广告走"。在这里，广告舆论是一种媒介舆论，广告舆论与媒介舆论有着类似的议程设置功能，但仍然没能清晰地回答广告舆论是什么。

有学者认为，广告舆论是一种消费舆论，是广告主借助一定的媒介传播商品和服务的评价性意见。这一界定是建立在将新闻舆论和广告舆论作为两种最为重要的舆论的基本形态语境之下的，而且这还只是一个模糊概念，未明确回答广告舆论的内涵和外延是什么。

有学者从广义与狭义两个层面对广告舆论进行了翔实研究。广义的广告舆论是指广告传播所引发的公众关于现实社会以及社会中的各种现象、问题所表达的一致性信念、态度、意见和情绪表现的总和；狭义的广告舆论是指广告发布者通过特定的媒介，借助权威认证、明星代言等方式，向目标受众传播广告信息、引导消费观念等，进而形成舆论事实或表象，并在受众体验、交流和反馈的基础上，形成对广告产品及服务认知的导向性意见[1]。前者可以称为社会广告舆论，后者可以称为消费广告舆论。

吸收舆论学、广告学和相关学科的研究成果，借鉴了传播学、社会学的研究方法。本书认为，广告舆论是指广告行为所引发的全部舆论的总和，包括一切与广告有关的舆论，主要囊括了社会公众自觉发起的、企业广告相关议题的、较为集中的认知性和评论性意见，以及企业以引导消费行为、实现利益追求为目的而精心策划的导向性舆论活动。

广告舆论的内涵包括以下两个方面：一方面，广告舆论都是由广告发布而诱发的，但广告舆论来源广泛，有的是企业有意诱导的，有的是社会公众自主发表的；另一方面，广告舆论虽是多方观点的综合表达，但指向性明确，基本上是由涉及广告导向的争议性话题引起的。

5.5.1.2 广告导向监管

目前，对于广告导向监管的概念界定，学术界还缺少专项研究。"监管"

---

① 杨海军. 广告舆论传播研究：基于广告传播及舆论导向的双重视角 [D]. 上海：复旦大学，2011.

一词源于"regulation"，意为运用规则条例进行管理。日本学者植草益认为，监管是政府依据一定的原则，对特定的个人或群体和特定的经济主体活动进行限制的行为①。由于市场资源配置机制存在缺陷，监管是政府为维持市场秩序、对市场进行干预的手段。有的学者将"监管"拆分成"监督"与"管理"两个词去做叠加解释，但实际上"监管"并不是两个词汇含义的简单叠加②，更多的应该是强调规则下的管理和引导。

本书认为，广告导向监管是政府制定并执行相关政策，依据有关法律法规，协同社会对广告所传达的价值倾向进行的规范制约活动。从行为主体上看，广告导向是广告行为主体所传达的价值倾向，对广告导向进行监管则必须对从事广告活动的广告主、广告发布者的行为实施监管活动。从监管行为属性上看，广告导向与传统的广告监管并没有实质上的差别，即都是对广告活动所进行的引导、规制和约束性行为。但是，由于信息技术的不断发展，广告依托的媒介载体和传输方式日新月异，广告监管方式难以跟上媒体更新的步伐，再加上广告导向属于意识形态层面的范畴，这都给监管活动增加了难度。广告导向监管活动必须是全方位、多维度的，所以监管主体仅靠政府单方面是难以有成效的，因此需要协同广告行业组织、社会组织进行监管活动，以及广告主体及平台的自我监管。广告导向监管的手段不仅需要国家法律法规、政府行政条例和广告行业自律性规范，还需要社会对广告行为的主动监督。

5.5.2　广告舆论的功能

广告舆论对品牌传播的功用不外乎有正反两方面的功能，即广告的正面舆论和负面舆论。结合广告舆论发起者的不同，正反两种舆论又可能存在四种不同的舆论处理结果。如果广告舆论是由广告主体主导策划的，只要操作得当，多数会达成正面引导效果，也不排除可能收获的是反面教训；如果广告舆论是由社会公众发起的，一般也会产生正反两种结果。实践中，有两种情况较为普遍：一种是广告舆论多由广告主体主导策划且取得了正面效果；另一种是由社会公众主动发起，以引发品牌的公关危机为结果。

前一种情况是品牌传播中常见的操作方法。一般是企业有意地引导行为，为实现品牌利益而精心策划的具有导向性的重大关注事件。在大众媒体环境中，这种品牌炒作事件司空见惯，广告主往往借助强势的传播渠道来传播某种

---

①　植草益. 微观规制经济学 [M]. 朱绍文，译. 北京：中国发展出版社，1992：19-20.

②　吴弘，胡伟. 市场监管法论：市场监管法的基础理论与基本制度 [M]. 北京：北京大学出版社，2006：1-2.

导向性意见，对受众施以影响，使受众的态度朝着对广告主有利的方向转变，并进一步影响受众行为。在互联网时代，企业一般并不站在前台，而往往是通过创意的广告活动或富有争议性的话题炒热事件，再利用意见领袖提高热度，促进广告舆论的生成，并引导广告舆论方向，将广告舆论与口碑营销相结合，实现口碑的最大化传播。后一种情况往往是偶发事件。在大多数情况下，品牌掩盖的某种信息被社会公众（媒体）发掘，随即引发普通公众的广泛关注和讨论，最终形成负面的评价情绪。故对品牌而言，这种情况往往以品牌的公关危机收场。当然，只要品牌应对得当，也可能化险为夷，或逆势翻盘，最后成为重新树立品牌形象的契机。

此外，广告舆论的溢出效应是本书要重点关注的。无论是品牌主动策划还是公众主动发起，只要广告舆情对社会影响小且在有限的范围之内，公众都大可不必大惊小怪，都可将其视作商业操作而已。但是，一旦超出社会的忍受阈限，且对公众有明显的伤害，甚至是对伦理道德构成威胁，那这样的广告舆情就必须上升到公共事件来对待。有时，负面舆论一旦涉及公众情感、公序良俗甚至国家荣誉等议题，往往会引发社会公民的病毒式传播，将相关议题推上舆论的风口浪尖。因而，广告舆论并不只是广告主体塑造品牌形象、实现销售目的的手段和方法，更是由广告传播而引发社会效应的衡量"标尺"、广告导向监管的"信号器"或"反应阀"。通过观测广告的舆论风向、剖析舆论动态，可侦测公众情绪，为监管机关引导舆论、进行整顿市场秩序、开展社会治理提供有力抓手。广告舆论往往还是意识形态斗争的新型战场，只要应对得当，可以为凝聚民意、导引民心向背、提高国家治理水平做出更大贡献。

广告舆论的作用绝不能小觑，但过分夸大广告舆论功效的倾向也与事实不符。尽管我国已经建立比较完善的广告法治体系，但是违法广告仍然屡禁不止。尤其在互联网广告之中，虚假、欺骗广告屡见不鲜。另外，企业利用广告夸大宣传和误导消费者的不正当的竞争现象普遍，其中不乏恶意诋毁和抹黑对手产品的。这些问题既要加大行政监管力度，还要建立健全相关的长效机制。

例如，在2016年，滑膜肉瘤患者魏×西在某搜索平台看到北京武警二院能够以某种生物免疫疗法治疗他所患的恶性肿瘤，就信以为真，并按广告指引到相关医院治疗，但结果未能如愿。此事被曝光后，经由网民披露，该院所宣称的"肿瘤生物免疫疗法"在美国早已被淘汰，并且它并没有和斯坦福医学院合作。何况该科室还是莆田系医院承包了的，合作一说纯属捏造误导。此后，网络舆论持续发酵，最终在公众舆论的压力下，有关部门才介入处理，最后某搜索平台公司不得不向社会道歉。由此可见，广告舆论在其中扮演的角色不可忽视。

5.5.3 广告舆论下的导向监管机制

广告导向监管需以相关广告立法为依据。新《广告法》不仅对广告活动进行原则性的指导，也对广告导向监管做出了较为具体的规定。本书将依据新《广告法》及相关法律法规的框架来展开对广告导向监管机制的探讨。

5.5.3.1 加强行业自律，鼓励企业自律

面对广告导向问题，理想状态是建立一套针对广告活动全过程的监管流程及灵活机制，将监管过程落实在广告运作的每一个时间节点上，以保障广告市场的有序运转。但实际情况远非想象的那么容易。因此，在落实监管机关的主体责任时，如何进一步调动广告行业组织和广告活动主体的自律机能，是关系到监管效率的关键步骤。

新《广告法》第七条明确指出，广告行业组织可以根据相关法律的规定，制定行业规范，加强行业自律，推进广告业的诚信建设。从立法角度看，广告行业组织在广告治理中的作用是被充分肯定的。因为行业组织是广告产业链上下游企业的自助组织，俗称广告主体的"娘家"。它最能理解广告行业的"疾苦"，也对广告行业自身的问题了如指掌。从法律建议看，健全的行业组织有能力承担起行业自律的职责，可以有效辅助监管机关进行行业监管。实践表明，中国广告协会在自律规定、企业公约制定等方面发挥了组织和引领作用，上海、广州、厦门等地方的广告协会的组织工作进展良好，在切实服务当地广告企业的同时，还为行业的自律工作进行了不懈努力。应该说，近年来，随着行业组织的转型转制，各级广告协会的组织功能在下降，仍有相当多地方的协会还未能正常开展活动。如何进一步发挥行业组织在广告导向自律方面的作用，如在行业组织架构中探索建立广告行业的审查机构、完善广告协会的自律功能，都是值得研究的方向。

在行业组织指导下，加强广告主体的导向自律是提高导向监管效果的根本途径。因为所有广告问题的产生基本上都源于广告主体自身，如企业内的目标导向、员工的广告素养、企业内部自查机制等问题。杜绝有导向问题的广告的播出和传播扩散，就要从源头上杜绝广告主制作错误导向的广告。那么，如何才能做到呢？一是可以加大监管部门的执法力度，以反向惩戒促进广告主体的自律；二是需要政府提供足够的诱因来引导企业主动遵守规则，如政企之间可以建立有效的协作机制，协同治理；政府基于广告企业的行为评价，设定广告导向的评估指标，对企业进行按期考核，同时用信用管理机制来促进企业进行自我约束、自我管理和自我促进。此外，政府和组织应建立长效的培养机制，

为市场培训合格的人才。

5.5.3.2　政府主导，政社联动

一直以来，我国的广告监管体制采取的是政府主导型的监管模式。这是由我国国情决定的，也是在长期的监管实践中被证明了的有效模式。尤其在中国特色社会主义市场经济结构中，大政府与大市场双轮驱动的发展模式仍将继续。为此，强化政府监管是我国广告治理形态的必然选择，尤其是在推进广告舆论导向这种大是大非的问题面前，更应加大行政监管的工作力度，以确保广告导向正确。当然，在加强行政监管顶层设计的同时，我们也要实事求是，创新监管体制和监管方式，注意发挥"多条腿走路"的优势，使用资源配置合理的方式，完善广告导向的监管体系。具体而言，要根据媒介环境变化的现实，结合当下互联网传播的复杂态势和广告导向的新情况，以问题为导向，建立更紧密的政府监管—社会监督的协作框架。

重视社会监督在导向监管中的作用，一直是国家的重要政策方向。对网络广告而言，导向监管中的社会监督尤其重要，这不仅是因为社会公众处于导向问题的前线，还由于网络广告自身的复杂性。每天数以亿计的自媒体人活跃在各类平台，数以千万计的媒体在发布广告，而公众是处于导向问题一线的"报警鸟"。此外，各类媒体（包括记者在内的媒体人）也是社会监督的主要力量。

导向问题涉及党和国家的利益，也与社会公众息息相关。一旦问题发生，因其具有传播面广、破坏力强的特征，如果单靠政府单方面的能力，监管效果定会大打折扣。因此，政府必须发动社会组织、广大媒体、不特定公民等第三方力量，增强其责任感和担当意识，打一场群策群力的保卫战。

社会组织、媒体单位和广大公民是相对独立的主体。他们各具特性，行为模式迥异，因而需要建立相应的协同机制，才能更好地集中目标，更有效地统合各方力量。健全行政与第三方协同机制的同时，重点加强协同渠道建设，如进一步发挥"12315"在举报投诉中的作用；开设更多更方便的联系途径，如邮箱、官方微信、官方网站等，以供公众进行举报投诉，并且安排专人及时回复和跟进。此外，出台更多的激励措施，以调动第三方的积极性，这也是值得探讨的。

5.5.3.3　完善相关法律法规

加强广告导向监管，其中法律法规发挥着至关重要的作用。广告导向的问题频出，很重要的原因之一是相关法律不完善、违法成本低、知法犯法的冲动难以有效遏制等。从公开报道的情况上看，我国广告入刑的案例少之又少，法

律刑责的震慑效应无疑被降低。有学者曾公开呼吁，对于制作虚假广告并造成严重后果的人，必须将其绳之以法①。新《广告法》规定的"真实""合法""健康"等基本原则和行为标准为广告导向指明了方向，但是针对广告导向的监管条款仍然留有进一步细化的空间。关于处罚的法条用词仍然存在大量的模糊地带，留给执法者较大的自由裁量空间。对导向问题的顶格处罚设置为 200 万元，依据是什么？是否符合监管实际？对导向监管的执行主体是否应进一步界定？

除上述分析外，为提升广告导向监管的成效，还需完善相关的法律法规，如积极推动广告领域的公益诉讼制度尽快落地、完善社会监督的救济制度等。

5.5.3.4　增强阵地意识，加强普法宣传

法律是广告导向监管的根基。新《广告法》中第一条开宗明义，就是"为了规范广告活动，促进广告业的有序发展而制定"的。但现实情况是，有法不依和视法为玩物者大有人在。加强法治建设除了完善相关法律法规外，加强普法宣传更是法律落地的关键步骤。相关法律法规的制定尚未完善，抑或是普法工作环节的缺失、不到位，监管的效果都将事倍功半。

广告导向关系到广大人民的普遍利益。因而对社会公众而言，加强广告导向的普法教育就需要增强阵地意识，将广告导向的理念认同与爱国爱党、爱民教育融会贯通。只有这样，才能达成全民一心、共同对抗歪风邪气、构建风清气正的和谐社会的目标。为做好相应的法制宣传，相关监管部门应联合设立官方网站、微博、微信账号等，并且整合线上渠道，以丰富多彩的方式宣传法治观念和法律条款。相关部门也应在线下积极开展普法讲座，如社区应定期发放广告法律法规宣传册等，努力实现人人知法、守法，使法治观念深入人心。

针对监管对象而言，导向普法不仅是业务教育，也是思想教育。一是监管部门和行业组织应设计长效的培训机制，定期或不定期对广告从业人员进行相关培训，以提高广告从业人员的广告导向的自审能力和减少错误导向广告的出现频次。二是重点讲解坚持正确的广告导向的重要性，提升广告从业者的站位高度，创作出更多更好的广告作品。

5.5.3.5　加大科技监管力度

互联网技术的更新迭代对广告传播产生了革命性影响，我们应与时俱进，用先进的网络技术革新落后的监管手段，用互联网思维覆盖陈旧的官僚作风，打好广告导向监管的阵地战。

---

① 史建三. 虚假广告中的刑事责任 [J]. 法学, 1985 (11): 18-19.

随着大数据、人工智能等技术逐步应用于广告监管实践中，监管效率有了提升。虽然各地逐渐开启广告监管的智能化进程，但从全国来看，整体技术水平并不高，监管系统的标准还未统一，监管人员技术的能力普遍不足，严重影响了广告监管的实效。

值得重点探讨的是，我国广告监管软件系统仍停留于以关键词进行模糊搜索、梳爬和屏蔽的阶段，人工智能技术的运用宽度和深度均有欠缺，图片识别和语音甄别能力远落后于网络传播的技术水平，总体监管效果不尽如人意。尤其是涉及广告导向的图文面宽、内容广泛，对于广告导向监管方面还未有专门软件技术应对。这将是未来广告导向监管的一大努力方向。正因为如此，追踪广告舆情动态，及时把握社会舆论变化，成为当前广告导向监管的一个可行的方法。

另外，随着区块链技术的不断提高，区块链在各行各业不断落地应用。加大科技监管力度，可以引入区块链技术进行广告导向监管，以此强化我国广告导向监管的实际效果。区块链凭借其公开透明、可溯源、不可篡改等特点，可以提供一套完整的追溯方案。所有广告一经发布，便不可篡改，发布者的各种数据与信用清单也记录在内，区块链这一特质将在一定程度上促进广告业加强自律性，提高广告导向监管的效果。

当下各种举报方式繁多，但是电话热线、投诉邮箱、线下投诉等较传统的举报方式效率较低。针对此问题，可利用区块链技术的去中心化、匿名性和可追溯性等特点，建立一个广告投诉数据库，使所有社会公众都可在该平台上对错误导向的广告进行投诉举报，若经平台审核并证实该广告确实存在导向不端正的问题，则可以获得相应的积分奖励。举报者累积到一定积分后可以兑换相应的虚拟奖励形式，相信这种激励机制能够较大地调动公众的举报积极性。

总之，广告导向监管是一个系统工程，需要在广告法的框架下，以政府为监管主体的强力后盾、行业自律为内生动力、法律法规为基本准则、区块链技术为助推器，形成多方参与、共同治理的多元监管治理体系。

6 完善网络广告法律补齐机制

从第一条线上广告发布至今，我国网络广告业走过了 20 多年的时光，实现了从零到 8 000 多亿元的营业额，网络广告成为数字经济领域增长最快的细分行业。与此同时，我国针对网络广告治理的立法工作则相对落后，无论是 1987 年出台的《广告管理条例》，还是 1994 年颁布的《广告法》，对网络广告的规制性都不强，即使是新《广告法》出台了一些针对性的条款，可仍存在不少立法问题。

有学者认为，《广告法》整体的"广告规制体制和规制工具主要针对传统线下媒体广告而创设的"①，因而很难回应网络广告规制的现实需求。互联网技术的发展日新月异，数字技术颠覆了传统广告生态，一批新型广告主体加入广告传播生态系统之中，创新技术不断地被运用在广告流程中。虽然它们大大地提升了广告传播效率，但是也改变了广告监管的原有模式，冲击了管理理念和手段。在这种情况下，我们就不应该再简单照搬传统广告治理中的"命令—控制"模式来指导网络广告治理，而是要走一条协同治理之路。

6.1 网络广告治理中的法律问题与立法完善

从实践层面看，任何一项立法都有一个发展过程，广告治理也是如此。如渐进式修法是完善立法的基本原则，也是立法程序的一种自我调节机制。为此，本书将从公法的立法原理和科学立法的原则出发，来探讨广告立法中存在的不足，并在此基础上讨论如何健全广告治理中的法律完善机制。

6.1.1 公法法理中的广告立法问题与应对

2 000 多年前，古罗马法学家乌尔比安提出公法与私法的分类观点，后来

---

① 宋亚辉. 互联网广告规制模式的转型 [J]. 中国市场监管研究，2019 (2)：23.

无论是大陆法系国家还是欧美法系国家都多少遵从了此观点来进行立法。按照一般的传统，所谓公法，是指规范国家和人民之间关系的法律，或者说，只要适用法律中一方主体是以公权力为主体的，那么这部法律是公法；所谓私法，是指调整平等的民事主体之间的法律规范。按此项分类标准，《广告法》是一部典型的公法。

"良法善治"是国家治理的价值取向。"公法因诸恶而产生，为防止诸恶而构建公法体系。"① 公法的意义就是"以恶止恶"或"以恶去恶"，从而达到惩恶扬善或者止恶扬善的目的。公法所蕴含的法理和教义是宪法与部门法共通的理念和法理。从这一层面看，《广告法》作为一部部门法，它是以调整国家、公民与社会组织之间的法律关系的法律。也就是说，法律关系之间并不是平等的。因而，市场监管部门以国家的名义对法律相对行为人采取法律行为，必然要遵循"命令—控制"的规制模式。

在这样的规制模式之下，广告市场监管权力机关以维护国家和人民利益为最根本的决策标准和行为依据，以政府权力决策来确定管控的时机，以公共管理手段介入广告产业各个环节，来对法律相对人实施惩戒或制裁。应该说，在大众传媒时代，这一套事前审批、事中检查和事后处罚的规制体系是具有必要性的。

然而，随着"放管服"改革向社会和经济管理全方位推进，广告治理中除了"三品一械"（药品、保健食品、特殊医学用途配方食品和医疗器械）、烟草、教育、金融、房地产、农药、化肥等领域外，其他各领域基本上取消了广告审批或审查制度，这对调动广告主体的积极性、激发广告产业活力起着重要的促进作用。同时，在网络新媒体时代，媒介社会化和自媒体化的现实使得大量非传统广告人加入广告发布行列。在广告主体泛化的背景下，广告资讯化趋势也越发显著，海量的广告传播问题相伴而生，过去那种"命令—控制"模式显然与时代变化不相适应。有限的广告监管资源和急剧涌现的问题广告形成了尖锐的矛盾，这一矛盾可能产生的后果是既有的监管模式失灵。宋亚辉认为，"互联网广告规制模式的转型必须改变行政主导下的命令—控制手段，转向一种公私协力、以网管网和网人治网的新型合作治理模式"②。

公私协力、合作治理的治理方式创新符合现代社会治理的发展趋势，也是广告治理适应现代网络传播环境的应对之道。在社会治理实践中，引入公共治

---

① 郑磊，宋华琳. 良法善治，民尊国范 [J]. 法制与社会发展，2019（1）：204.
② 宋亚辉. 互联网广告规制模式的转型 [J]. 中国市场监管研究，2019（2）：27.

理、协同治理的探索实践也是被证明行之有效的。广告行业组织（一般是广告协会）就是这样一个协同治理平台，它起着制定行业规范的作用，如加强行业自律、行业诚信建设，促进行业发展，并引导广告主体依法开展活动，且个人、其他组织与单位是可以通过举报、投诉等行为参与到广告治理中来的。

新《广告法》虽明确界定广告行业组织、个人和其他组织或单位在广告法律关系中的法律地位，也明确了广告监管部门与广告活动主体之间的法律关系。但从该法中的条款看，广告协会在广告治理中可以行使一定的权利，但这一权利是非强制性的，也缺乏执行细则；同时《广告法》还规定，个人、组织和单位可以在广告治理中行使举报和监督权。另外，法律并没有对行使该权利进行相应的法律救济，也没有规定不行使该权利行为的惩罚。换言之，这些主体的行为权利可能被虚置。

从立法的角度看，《广告法》是公法，根据公法法理，这些广告治理的参与性主体不是公权力机关，是不具有相应的公权力的。从这一层意义看，《广告法》的设立没有弊病。在立法实践中，公法与私法的界定又是一个随着法律变化而变化的基本法理问题，而且在法律实践中常常又面临着公法和私法分立的挑战。那么，私权与公权界定的法理基础是人为还是必然？私法公法化与公法私法化等公私互通的法理基础又在哪儿？这些都是国家治理现代化背景下亟待思考的问题。本节讨论的广告行业组织、个人和其他组织或单位在《广告法》中的法律地位和法律权利问题正是如此。

从公法和私法界定的标准看，广告行业组织、个人、其他组织或单位和广告活动主体是平等的民事主体，如果他们发生法律关系，也应当适用相关私法法律。可是，在特定的广告治理语境中，将广告行业组织、个人、其他组织或单位等相关第三方纳入广告治理主体的范畴，这本身就有悖于公法和私法的界定。将它们纳入治理主体行列，却没有授予实质性法律权力，这是立法上的自相矛盾。

诚然，保护公民权利、以公共利益为价值取向和有效地实现行政目标是行政部门的立法宗旨，公权力机关是代表国家行使此权力。广告行业组织、个人、其他组织或单位不具备国家公权力的行使资格，但并不意味着不能采取国家授权或赋权机制，使其具有特定的法律权利。只要是能切实有效地达成或辅助达成保护公民权利等执法目标，就可以给予广告行业组织特定的广告审查权和处罚权，如积极探索适应具有中国特色的广告公益诉讼制度，在不损害国家形象与权威、不滥用国家公权力、不与相关的法律相抵触的前提下，是可以有效弥补广告治理中的立法缺憾的。

其实，只要坚持公法优位、依法治权、依法掌权的基本原则，回归法治的本质，还是能有效破解国家治理现代化中遇到的公法与私法界定的法理难题。这也是应对公权和私权关系新变化、新现实的新途径，是对公法和私法互通机制的探索。在我国立法实践中，以私法为公法而提供管制工具或以公法为私法而提供自治工具的方式，进行公法和私法互通的个案时有出现，如在《民法典》的修订中，针对有违公序良俗的民事行为严重破坏正常的民事关系的现状，就有限度地让具有强制效力的公法规范进入私法领域，使得这部法律具有公法性的性质。

6.1.2 科学立法视野中的广告立法问题与应对

广告治理的法规体系中，除了一些专门的广告法律，如《广告法》《互联网广告管理暂行办法》《广告管理条例》外，还有一系列相关法律及地方性法规涉及广告治理，如《刑法》《反不正当竞争法》《消费者权益保护法》《质量法》等。这一系列法律体系为我国广告治理提供了法律和制度保障，也在治理实践中取得较好成效。尽管如此，但为何广告治理实践中仍存在违法广告屡禁不止的问题呢？为此，我们将从科学立法层面来进行探讨，探究广告立法中存在的问题，以寻求相应的解决方式。

科学立法有众多原则性要求，其中法律体系的完备性、一致性和可判定性等都是科学立法的基础性要求，从这个角度来分析广告治理的法律法规，可以发现在广告立法中存在的些许问题。

6.1.2.1 关于法律体系的一致性

"任何法律体系都具有某些元逻辑的语义特征，如完备性、一致性和可判定性"①。一致性原则，就是要求立法时必须要预防一部法律内或相关联的法律之间法律规则或原则的不一致，以避免法律内部法条之间起冲突。因为任何一部法律法规，甚至是一个法律体系内都是一个法律命题的集合，而且在集合论意义上该集合应当满足极小一致性。针对不同的对象，法律体系的一致性可分为内在的一致性和外在的一致性。内在的一致性是指一部成文法内部规则和原则间要求一致，外在的一致性要求一个法律体系之间不同的法律法规之间也要求一致。一致性就是要避免法律间的矛盾，不能制定相互矛盾的规则从而避免法律适用时自相矛盾。"不仅下位阶的法不得同上位阶的法相抵触，同位阶

---

① 熊明辉，杜文静. 科学立法的逻辑 [J]. 法学论坛，2017（1）：83.

的法之间要彼此协调、统一，而且同一法内的条款之间也须不抵牾"①。

无论是《广告法》的内部法条之间，还是它与相关法律之间，是存在规则或原则上的冲突的，这些都给广告执法实践带来了不少的问题。下面就相关问题做相应的剖析。

案例一：杭州方某富炒货案。案由是方某富炒货店的店招上出现了"杭州最好吃的"字样，所在地工商行政管理机关根据调查，认为其违反了《广告法》第九条的关于"绝对化"用语的相关规定，并做出了20万元的行政处罚。当事人不服，提起了行政复议，后有关部门根据《行政处罚法》的相关规定，针对早前工商行政管理机关按照《广告法》的相关规定处以20万元的处罚更变为处罚行政相对人10万元的判决。在此案例中，按照上位法优先原则，《广告法》应优先于《行政处罚法》。但是，当事人通过行政复议后，结果却是按照下位法的有关规定做出了改判。先不追究该行政复议的实体判决结果合适与否，但就该判决行为而言，是对《广告法》的稳定性和可预测性的一种挑战，也对《广告法》中制定相关条款的严谨性提出了反诘。一致性原则就是要求一个法律体系之中的原则或规定应保持一致，否则就容易造成上述案例的结果。

案例二：2017年11月2日，中国日报报道：徐岩教授首次检测并鉴定中国传统白酒中的非挥发性脂肽化合物地衣素，其中在董酒中发现的含量最高。随即董酒便在其官网宣称董酒中所含物质具有抗癌、抗病毒、抗炎症、抗氧化等五大功效。信息一经发布，立即引发社会舆论关注。国内食品产业行业分析人士朱丹蓬认为，食品功效过分宣传已涉嫌虚假宣传；又有律师认为，相关法律明文规定，普通食品不能宣传有保健功能，更不能过分宣称其治病功效②。对此，尽管舆论多有负面评价，但是当地工商行政管理部门并未对此采取处罚措施。此案例涉及了"商业广告"与"商业宣传"的法律表达带来的司法困境。

关于商业广告，《广告法》第二条规定，"在中华人民共和国境内，商品经营者或者服务提供者通过一定媒介和形式直接或者间接地介绍自己所推销的商品或者服务的商业广告活动，适用本法。"该条款中"一定媒介和形式"的表达语句对广告发布载体的界定相当宽泛，"直接或间接"是对"介绍"的形式的界定，而且其采用的是排除式概括。我们可以理解为"所有形式"是

---

① 高中，廖卓. 立法原则体系的反思与重构 [J]. 北京行政学院学报，2017 (5)：81.
② "董酒抗癌"涉嫌虚假宣传，还有江南大学副校长"站台" [N]. 北京青年报，2017-11-07.

符合"介绍"一词的特征。从广告实践来看，"直接"介绍就是所谓的硬性广告，而对"间接"介绍的理解，是指凡是具有"介绍"特征的广告都算在内。总之，凡是使用媒体或相关形式载体对商品或服务进行沟通、推荐、劝导并使人了解的行为都属于商业广告的范畴。

《反不正当竞争法》第八条中提到，经营者不得"作虚假或者引人误解的商业宣传"。那么，这里的"商业宣传"又是指什么？它与"商业广告"之间是怎样的关系？因《广告法》与《反不正当竞争法》都是商业行为规制体系层面的相关法律，但是对相关行为表述的不一致，给司法实践带来了困扰，问题焦点在于商业宣传与商业广告的概念辨析不清。王瑞贺和杨红灿在《反不正当竞争法解释》中认为[①]，商业宣传包括了商业广告，商业广告与商业宣传的区别在于商业广告必须通过一定的媒介和形式进行，如通过广播、电视、报纸、期刊、互联网、户外广告等，而在营业场所内对商品进行演示、说明、上门推销、宣传会、推介会等，属于商业宣传。宋亚辉也认为[②]，在实践中与商业宣传相关的"商业性展示信息"在电商平台上出现时，往往不被归类为商业广告，而出现在大众传媒上又被视作商业广告，这就存在着明显的法律体系冲突。

因为法律表述的不一致，导致在司法实践中各地工商行政管理机关处理问题各有不同的适用结果。从理论上看，能适用《广告法》规范的行为都可以适用《反不正当竞争法》规范，但在什么情况下属于虚假广告，才可以转致适用《广告法》相关规定进行处罚？从这一案例看，其实许多企业的官方网站、官方微信、官方抖音或官方微博上，有大量类似的商业宣传或服务类信息，那又应该如何界定？实践中，处理商业广告与商品和服务信息的关系往往有这样一些观点，如商业广告不能直接等同于商品和服务信息展示，商品和服务信息的展示只具有客观性、描述性，而不具有推介性、劝诱性的一般不属于商业广告。在法律适用中，对不属于商业广告的商品或者服务的相关信息所做出的商业宣传行为，不宜适用《广告法》，应引用《反不正当竞争法》第八条规定予以定性。但是，这并不能解决所有问题。

6.1.2.2 关于法律体系的完备性和可判定性

法律体系的完备性是立法追求的终极目标，但囿于立法环境和技术中的限制性因素影响，立法中存在各种各样的缺憾和不足。这是不可回避的客观现

---

① 王瑞贺，杨红灿. 反不正当竞争法解释 [M]. 北京：法律出版社，2018.
② 宋亚辉. 互联网广告规制模式的转型 [J]. 中国市场监管研究，2019（2）：26.

实。法律的不完备可能是法律标准的缺乏，也可能是法律规范的缺乏，但这并不意味着法律原则的缺乏。因此，只要法律原则和立法原理存在，法律的缺憾是可以通过不断的法律修订和法律解释来对立法进行完善的。

当然，法律空缺还可以通过法律适用原则在司法实践中得以补充，如上位法优先、专门法优先和特别法优于一般法等原则等。因此，这就需要法律体系的一致性和可判定性来保障。一致性原则上面已经进行了阐述，而可判定性是指"在法律体系中，如果存在一种有效方法来判定任一社会关系是否受该体系所规范，那么我们就说该法律体系可判定"①。在实际法律适用实践中，判断法律的适用往往有歧义，因此就需要有一个基本原则来保障，如法律优先原则。不同于英美法系，大陆法系中是不允许法官在司法判案中用"创新案例"的办法来创造法律的，一般要遵循"原则优先于规则"。但是，这还不足以补充法律的缺憾，最终还需要因时因事的修法来补充。

法律冲突往往是法律空缺在司法实践的表征，其实质上是法律间的法律规则不协调所致。除了上一节探讨的关于如何完善广告行业组织、个人、其他组织和单位参与广告治理的立法外，在广告立法中的法律不完备性包括且不限于下列一些法律空缺，如管辖权冲突、处罚金额缺少灵活性规定、对广告发布者行为规制等方面。

管辖权冲突在司法实践常见，但有些冲突难以解决，如网络广告发布地有时难以界定，造成了冲突的法律适用问题。网络广告并不像传统媒体如电视、广播、报纸一样，广告经营者所在地是广告发布者所在地，但也有网络广告的发布地与发布者所在地不一致的情况。这种复杂就给实际办案的管辖权带来了困难。《互联网广告管理暂行办法》第十八条规定，对互联网广告违法行为实施行政处罚，由广告发布者所在地工商行政管理部门管辖，这里采用的是"广告发布者所在地管辖"原则。与网络广告密切联系的《网络交易管理办法》第四十一条规定，网络商品交易及有关服务违法行为由发生违法行为的经营者住所所在地县级以上工商行政管理部门管辖，这里法律适用采取的是"经营者住所所在地"办法。这两者属同一法阶的法规，因而对实际办案造成了一定的困扰。

2016 年 5 月，上海市工商行政管理局在某搜索平台上发现本市 10 家民营医院发布的内容，其针对上海市 IP 性病广告的搜索引擎竞价排名，广告并没

---

① 熊明辉，杜文静. 科学立法的逻辑［J］. 法学论坛，2017（1）：88.

有取得审查证明①。依据相关规定，违法广告管辖理应归属于"广告发布者"所在地工商行政管理部门管辖。该平台作为广告发布者，其注册地在北京，北京的工商行政管理部门因被屏蔽不能搜索到这例针对上海的广告。上海监管部门发现违法广告却无权进行查处，北京监管部门有权管辖却不能监管到该类广告。监管矛盾一方面是因为管辖权在复杂情况下显现出法律盲点，另一方面则是因为《广告法》与同位阶一般法的《行政处罚法》没有实现对接协调所导致的。根据《行政处罚法》的规定，违法行为发生地行政机关同样有权对违法广告管辖，而在此案中，上海只能得到北京工商行政管理部门的批准才能依法进行查处，大大增加了执法难度、降低了执法效率。管辖权问题一直是研究的重点和难点，复杂情况下管辖权的归属问题在有明确法律规定的前提下，仍应注重与其他法律之间的依法协调。

关于处罚金额缺乏灵活性规定的问题，新《广告法》在颁布后，曾被业界冠以"最严厉"的称号，原因就是在对违法行为处罚金额上比以前更严苛。尽管如此，但在实际司法操作中却有不尽灵活之处，以致产生了"过罚不等"或工商行政管理机关自由裁量权过大的问题。被誉为"绝对用语第一案"的2016年"方×富炒货案"就是"过罚不等"的一例，该案之所以颇有争议，不仅是因为法律适用的问题，还有对使用"绝对用语"的处罚金额存有疑问。一爿小店，日营业额不过几百元，却要处以20万元罚款，给人感觉反差较大，况且其广告违法的损害到底有多大？与之相反，2016年12月，瓜子二手车的母公司金瓜子科技发展（北京）有限公司则因一条一个时长约15秒钟的视频广告被北京市工商行政管理局海淀分局行政罚款共计1 250万元，因其内容含有"创办一年、成交量就已遥遥领先"的宣传语。对此，应该按照《广告法》第五十七条还是按照《广告法》第五十五条处罚，并非没有争议。如果按照绝对用语处罚的话，罚款额就大幅下降。在这一案例，行政机关的自由裁量权过大。无独有偶，一则来自《21世纪经济报道》的消息表明，北京和广州的监管部门分别对×搜索和×浏览器发布虚假广告处以罚款200万元和2 091 636.59元。这一处罚金额是否符合相关规定？社会上对此是有不同看法的，正如网友的评论"互联网虚假医疗广告为何难根治？原来是这样轻的罚款！"

经广州市监管部门查实，2019年3月16日—2021年3月15日，×浏览器所属"神马搜索"为473个广告主发布了608条违法广告，发布的违法广告包

---

① 兰蓉. 对一起搜索引擎竞价排名广告的认定 [J]. 工商行政管理, 2011 (5)：32.

括：24 条虚假广告；63 条用"绝对化用语"；156 条中违背公序良俗；162 条含有赌博内容；2 条烟草广告；104 条是含有对未来收益做出保证性承诺的金融广告；78 条引证出处问题；19 条医疗广告审查证明核准的广告成品样件与广告内容不一致，收取广告费共 13 464.04 元。从表面上看，对其母公司广州聚禾信息科技有限公司处以 209 万多元的罚款似乎并无不当。但是，联想到"魏×西事件"中某搜索平台一再发布违法医疗广告的事实来看，对于动辄年营业额数十万元至数百亿元的广告平台而言，200 多万元的罚款实在是"九牛一毛"。

关于对广告主体规制不完善的问题，新《广告法》将自然人纳入广告主体的范围，是与时俱进的表现。因为大量非传统的广告主体，包括自然人、品牌主直接介入网络广告经营已是不争的事实，我们必须重视。但是，对这部分新广告主体如何规制，在法律中并未做出及时且有针对性的制度安排。新《广告法》中针对广告主体的特别规制有很多，如第二十九条有对广播、电视和报纸等主体的特别规定①，第三十二条有对承接广告的主体有特别规定②，第三十四条对广告主体的运作行为有笼统的规范③，第五十五条、第五十七条中都有对违法广告主体"可以由有关部门暂停广告发布业务、吊销营业执照、吊销广告发布登记证件"的条款。关键问题是针对自然人或品牌主介入广告经营中的行为规范是什么？是否应该按照这几项规则执行？如果是，又如何执行？因为它们都不具备广告经营的基本工商注册条件，也没有固定的经营场所，更没有相关的专业人员进行内部审核把关。事实上，大量的个人抖音号、头条号、微博号、微信公众号支撑起了网络公共空间，这些"号"一旦违法，监管部门是很难及时准确追究其责任的。另外，MCN（网红孵化机构）大量涌现成为当下公共生态中的新情况、新现象，甚至大有取代传统广告代理公司角色的趋势。在小红书、抖音等平台上，这些机构培育的网红或 KOC（关键意见消费者）动辄数以百万人、千万人的粉丝量，随便一个号就相当于过去一家传统主流媒体的影响力和传播力，其广告营业收入远多于传统的电视、报纸和广播，但对他们的主体行为规制却远远松于对电视、报纸和广播的资格管

①《广告法》第二十九条：广播电台、电视台、报刊出版单位从事广告发布业务的，应当设有专门从事广告业务的机构，配备必要的人员，具有与发布广告相适应的场所、设备，并向县级以上地方市场监督管理部门办理广告发布登记。

②《广告法》第三十二条：广告主委托设计、制作、发布广告，应当委托具有合法经营资格的广告经营者、广告发布者。

③《广告法》第三十四条：广告经营者、广告发布者应当按照国家有关规定，建立、健全广告业务的承接登记、审核、档案管理制度。

理，这是新《广告法》在完善立法内容时亟待补足的缺憾。这一情形对那些法人型广告经营主体而言既不公平也不合理，甚至可以说，这是广告立法中的逻辑悖论。长此以往，对广告市场的健康发展也极为不利。

当然，对于网络广告发展中出现的新型主体形态关注不够，也是广告立法中的一大缺憾。程序化广告在 2011 年被引入我国广告市场，经过十多年的发展，RTB（广告程序化交易）已经占据了网络广告的大部分"江山"，但是对广告经营中产生的诸如 SSP（广告需求方平台）、DSP（媒介方平台）、MDP（大数据平台）和 ADX（自动化交易平台）等环节催生出的新型广告经营主体的特殊性却视而不见。正如有学者所言，《互联网广告管理暂行办法》虽然对程序化购买广告有特别规定，也试图重构各类主体的行为规范体系，"但在法律概念上却套用《广告法》中的广告发布者概念，借此又遁入线下广告的行为规范体系"[①]。

对社会公序良俗的法律界定模糊，给执法带来不确定性。公序良俗概念本身较抽象，新《广告法》及其相关条款并未对其做出具体明确的解释。在实践案例中，违反公序良俗的广告主要与社会伦理道德等有关，如上海某公司安排模特在地铁内当众更衣经网络短视频传播后被发现是某洗涤品牌的广告宣传，该公司因违反该法律被罚款 47.5 万元。这是比较典型的个案，在网络广告中违反公序良俗的案例太多，在一般情况下，许多并没有纳入被执法的范围中，比如涉及色情的广告会被认定为违反了公序良俗，那么定义的界限在哪里？广告立法并没有做相应的法律解释。严格来讲，杜×斯的许多广告并不能成为例外，以此逃过公序良俗约束。对公序良俗所包含的具体内涵和所涉外延界定非常模糊，也不利于执法机关的司法实践，有的地方有热衷于适用这一条款进行行政处罚的倾向，而又有不少引起了社会广告舆论的案例并没有受到相应的处罚。

另外，针对网络广告大量侵犯公民隐私的现象，《广告法》第九条有所提及，但过于笼统和宽泛，也有待相关立法补足。对此，下文还将专门分析。

6.2 广告公益诉讼制度的完善与推进

针对将公益诉讼制度引入广告治理领域的研究持续了近 20 年。但是，国家相关立法却是最近几年的事。2016 年 2 月 1 日，《最高人民法院关于审理消

---

① 宋亚辉. 互联网广告规制模式的转型 [J]. 中国市场监管研究，2019（2）：28.

费民事公益诉讼案件适用法律若干问题的解释》在最高人民法院审判委员会第1 677次会议通过，并于2016年5月1日起施行，为正确指导各级人民法院审理有关消费民事公益诉讼案件提供了法源①。2017年6月28日，全国人大常委会通过了修改《民事诉讼法》和《行政诉讼法》的决定，标志着国家检察机关提起相关领域的公益诉讼制度正式确立②。按照相关解释和修法决定，国家检察机关和消费者协会是相关民事领域提起公益诉讼的合格主体。2018年，《最高人民法院 最高人民检察院关于检察公益诉讼案件适用法律若干问题的解释》发布，对检察机关诉讼地位、法院审判程序及职责做出更明确的规定。

相关立法相对滞后，是广告治理领域引入公益诉讼制度迟滞的根本原因。尽管广告传播是可以纳入民事消费领域的，但对公益诉讼的范围却没有明确提及，还是给人以一种似是而非的模糊印象。而且近年来，民间参与广告公益诉讼的案例少之又少。2019年首例"开机广告"公益诉讼案在南京立案，2021年3月经二次审判该案赢得了公益诉讼。部分媒体曾就在广告治理中引入公益诉讼提出一些呼吁。如北京青年报曾刊文呼吁"广告神医"应提起公益诉讼，正义网也呼吁遏制"弹窗广告"可否引入公益诉讼？目前，广告公益诉讼的实践在我国还刚刚起步，相关成功案例还太少，民间舆论热度还不够，广大民众对广告公益诉讼的热情还没有被激发。

---

① 2016年2月1日，最高人民法院审判委员会第1 677次会议通过了最高人民法院关于审理消费民事公益诉讼案件适用法律若干问题的解释，本解释是根据《中华人民共和国民事诉讼法》《中华人民共和国侵权责任法》《中华人民共和国消费者权益保护法》等法律规定，结合审判实践而制定的。第一条中国消费者协会以及在省、自治区、直辖市设立的消费者协会，对经营者侵害众多不特定消费者合法权益或者具有危及消费者人身、财产安全危险等损害社会公共利益的行为提起消费民事公益诉讼的，适用本解释；法律规定或者全国人大及其常委会授权的机关和社会组织提起的消费民事公益诉讼，适用本解释。

② 本次会议决定，《中华人民共和国民事诉讼法》第五十五条增加一款，作为第二款。现行民事诉讼法第五十五条规定，对污染环境、侵害众多消费者合法权益等损害社会公共利益的行为，法律规定的机关和有关组织可以向人民法院提起诉讼。新增加的第二款规定，人民检察院在履行职责中发现破坏生态环境和资源保护、食品药品安全领域侵害众多消费者合法权益等损害社会公共利益的行为，在没有前款规定的机关和组织或者前款规定的机关和组织不提起诉讼的情况下，可以向人民法院提起诉讼。前款规定的机关或者组织提起诉讼的，人民检察院可以支持起诉。本次会议还决定对《中华人民共和国行政诉讼法》做出修改，为检察机关提起行政公益诉讼提供了明确的法律依据。会议决定对《中华人民共和国行政诉讼法》第二十五条增加一款，作为第四款。该款规定，人民检察院在履行职责中发现生态环境和资源保护、食品药品安全、国有财产保护、国有土地使用权出让等领域负有监督管理职责的行政机关违法行使职权或者不作为，致使国家利益或者社会公共利益受到侵害的，应当向行政机关提出检察建议，督促其依法履行职责。行政机关不依法履行职责的，人民检察院依法向人民法院提起诉讼。

6.2.1 广告公益诉讼的提出

一直以来，我国广告治理都是遵循法律指导下的行政主导型的监管模式。应该肯定的是，多年来基于强大执行力的行政治理模式在广告治理中发挥着巨大的功效，取得了巨大的成就，对广告违法行为起到了很好的震慑作用。同时，随着海量网络广告的发布，难免泥沙俱下，只靠行政机关的力量是难以招架来势汹汹的违法行为的。在广告治理中提倡将更多的主体引入治理实践中来，充分激发全社会参与到违法广告的治理中，更好地实现公共治理的协同效应将是未来广告治理的必经之途。

6.2.2 设立广告公益诉讼制度的必要性

在现有的 30 多篇相关文献中，多数学者还是集中在广告领域引入公益诉讼必要性的论述上，并将主要论域集中在广告对公共利益的危害和引入公益诉讼对公众的影响等两方面。

在广告对公共利益的危害上，有的学者从广告的特点出发，认为广告传播具有范围广和受众广泛的特征，使得侵权广告能够对社会公共利益带来巨大危害，虚假广告将会诱使消费者做出错误选择，购买到低劣产品，并且在市场上引发不正当竞争，使消费者对广告行业的信任减弱。有的学者从受众利益出发，认为虚假广告侵害了消费者的安全权、知情权及其他经营者的合法利益，并妨碍国家对市场秩序的管理及社会"公序良俗"[1]。在引入公益诉讼的影响上，学者主要是从激励公众维权意识角度展开论述，认为建立广告侵权公益诉讼制度"将是对社会公共利益最有效的保护和对违法广告最有效的监督，可增强社会公众的维权意识"[2]。

另外，网络广告治理中行政主导型模式所产生的问题也是反证引入广告公益诉讼必要性的重要原因。为了适应互联网广告的发展需要，目前我国已经出台以新《广告法》《消费者权益保护法》《反不正当竞争法》等为核心的相关法律，并出台了以《互联网广告管理暂行办法》等规章为辅助的网络广告法律法规。但从新《广告法》和《互联网广告管理暂行办法》的主要精神看，国家对互联网广告的监管权集中授予了市场监管部门，虽然提及了公民和社会组织的监督权，但语焉不详，没有具体条款可执行。

---

① 李缨. 公益诉讼应对虚假广告的理论探析 [J]. 西南民族大学学报（人文社科版），2008 (8)：223-226.

② 王建枝. 广告侵权公益诉讼制度探析 [J]. 商品与质量，2010 (S6)：1-2.

6.2.2.1 群体权利难以得到法律救济

广告作为面向不特定多数群体传播的信息，与群体权利密切相关，一旦广告内容违反了法律法规，便很有可能侵害到社会公众的利益。新《广告法》中明确了特定多数社会群体受到网络广告侵害时相应的救济权，规定广告发布者若具有在广告中损害未成年人或者残疾人的身心健康的行为，应当依法承担民事责任。如果监管机关已对违法广告进行行政处罚，也不能免除对受害群体做出赔偿的义务。

目前，我国给予被网络广告侵害的群体的权利救济渠道并不畅通。虽然诉讼是权利救济最主要的渠道，但我国还没有开辟对受网络广告损害的群体发起群体诉讼的维权渠道，受害群体在权益受损后想要获得赔偿基本没有办法。

6.2.2.2 网络广告治理的中心化缺乏执法的灵活度

行政主导型模式的特点就是中心化。由于行政监管中的官僚等级严格、管理体系相对封闭，影响了内部协调效率，而管理部门与市场沟通机制的顺畅与否又决定了治理效率。广告产业链与行政管理体系之间如果没有建立一个有效的沟通反馈通道，就会缺乏来自行为相对人的即时反馈，致使行政管理部门对广告违法信息的收集大多来自系统的单方力量。如果缺乏外界信息的支持，无疑会增加网络广告的治理难度。

行政管理的中心化不适用于网络广告所存在的网络环境，容易引发政府部门的管理危机。网络传播不仅速度快、传授面广，其时效性和双向互动化的特征更能使网络广告的影响比传统广告更大，公序良俗的网络广告一旦被广泛传播，其引发的社会舆论也将迅速扩散。如果行政执行没有及时跟进就容易导致公众对行政部门的信任度下降。治理中心化、执法缺少监督、行使动力不足，导致执法机关面对违法案件处理时灵活度不足、推诿责任、怠于执法，也造成了一个"违法广告被广泛传播—网络舆论泛滥—行政管理部门信任下降—被动治理"的尴尬循环局面。

6.2.2.3 推进广告公益诉讼是时代所需

推动社会治理由"管制型"向"治理型"转变，通过在官方和公众之间建立"横向协作"，实现协同治理是提升社会治理效率的有效途径。转变"执行政策"的社会管理模式，让政府由政策的制定者和管制者向服务的提供者角色转变，通过引入公民和社会组织的参与，利用多组织和多元治理的模式，强调公民的服务使用感受，提供公民有效的反馈渠道，以不断提高公共服务水平。在广告治理中引入社会组织和公民治理的参与，建立相应的维权和反馈渠道，实现政府与公民之间持续的良性互动，来促进政府管理与服务水平的提升，广告公益诉讼就是一个较为理想的途径。

在网络广告治理领域引入公益诉讼，能够在网络广告侵权行为时，给公民提供一条有效的维权渠道，也能够化解公民和行政管理部门之间可能发生的矛盾。另外，在网络广告治理中引入公益诉讼，也是目前我国法律完善的需求。我国现行法律对公共利益的保护这一块还很薄弱，借鉴环保领域的公益诉讼实践经验，将公益诉讼引入网络广告领域是完善我国群体利益保护法律制度的必然要求。

6.2.3　推进广告公益诉讼制度的几点意见

6.2.3.1　关于适格原告资格范围的扩充

在当前的法律框架中，民事领域的公益诉讼的适格原告只有检察机关和部分社会团体，而一般公民则被排除在外。现实情况是广告公益诉讼极少被提起，根本的原因是有原告资格的社会团体提起诉讼的积极性不高，而检察机关又缺乏相关的办案经验和办案力量。如环保领域的公益诉讼，即使是被社会舆论热炒多年，但是真正被提起的诉讼也不多，原因也是如此。为此，学者较早就提出应将公益诉讼的原告资格授予检察机关、社会团体和公民个人，采取这种"三元启动"的方式启动公益诉讼①。本书也赞成这一提法。

公益诉讼在广告治理实践中的应用状况并不理想。不仅是相关案件总量少、民众可见度低、社会影响力小，对公共利益的救济范围与力度也十分有限，难以获得预防性收益。此外，相关案件多通过诉前程序调解解决，对深入探讨广告公益诉讼的实操规律可资借鉴价值较低，对公民介入广告公益诉讼的积极性意义也不大。

相较于广告领域中公益诉讼的乏善可陈，在引入公益诉讼较早的环保领域可谓"热闹非凡"。但有研究者关注到，与频发的环保事故相比，能被提起公益诉讼的案件数量远不匹配。究其原因，公益诉讼中原告的主体资格缺失问题被视为阻碍的"核心问题"（阮丽娟，2013）或"首先要解决的问题"（洪雅琴，2013）。针对公益诉讼司法实践中的这一"主体障碍"（张楚漪，2020），有支持者指出检察机关和有关组织均存在不同程度的治理缺憾，主张应建立公民环境公益诉讼制度，同时建立相应的约束与激励机制（刘汉天和刘俊，2018）；李志鹏（2017）认为，此举还有利于对政府部门处理环境问题进行事中与事后监督；有学者认为，放眼未来，赋予公民个人环境公益诉权是大势所趋（王翼妍和满洪杰，2017）。

---

①　赵许明. 公益诉讼模式比较与选择［J］. 比较法研究，2003（2）：68.

同样涉及广泛公共利益且公益诉讼制度被提及率仅次于环保领域的可能就是消费领域，广告违法是消费领域的重灾区。如果要在广告治理领域大力推行公益诉讼制度，恐怕公民的诉讼主体资格问题也无法回避。

　　从立法层面看，针对消费民事领域的公益诉讼，《民事诉讼法》及相关的司法解释明确规定，检察机关和有关组织具有原告资格，而公民不在诉讼主体之列。同时，对公民应通过怎样的途径、何种方式参与相关的公益诉讼中并无具体界定。换言之，面对消费民事领域中的公共利益受到侵害的事实，如果检察机关和有关组织没有主动和及时提起公益诉讼，对相关公共利益的救济和保护就会落空。对一些既事关公共利益又牵涉私人利益的消费民事案件而言，更是如此，譬如广告领域的民事案件。

　　诚然，广告违法致个人消费权益受到侵害时，公民可以按照《消费者权益保护法》第四十五条的规定主张权利，也可以依照《广告法》第五十三条向相关主管部门投诉或举报来间接保护私利。但从实践角度看，这两种操作路径均存在规制的空白之处，如公民遵循《消费者权益保护法》第四十五条提起诉讼，且不说面临举证难度大的现实问题，即使能顺利赢得诉讼，也只是保护了个人私利，而广告违法所造成的公共利益侵害却被忽视——特定的广告违法大多具有受害对象广泛且不特定的特征。尽管《消费者权益保护法》第四十七条规定消费者协会为保护公共利益可以提起诉讼，但是起诉主体仅限制在省级消费者协会。显然，这一规定过于严苛，与赋予公民原告资格以直接参与到广告治理的立法的期盼相去甚远。由此，一个基本的事实是大量涉及公共利益受到违法广告侵害的案件并未被提起公益诉讼。

　　公民可以依据新《广告法》第五十三条参与到违法广告治理中，即新《广告法》支持公民对有关广告违法行为进行"投诉、举报"。在实践中，公民的投诉举报行为确实为行政主管机关打击广告违法起到了很好的辅助作用，但在这一法律框架中，公民只具有间接参与权，往往必须依靠行政执法，而非司法诉讼得以实现。这在最大程度上强化了我国广告治理的行政监管主导模式，为行政监管中的"以罚代管"找到最优辩解，同时也在一定程度上弱化了公民参与的积极性。

6.2.3.2　关于举证责任的调适

　　根据"谁主张，谁举证"的基本原则，对于广告领域的公益诉讼是否可以探索打破原先民事诉讼原则，采取举证责任倒置？

　　举证责任倒置是指在一定情况下，提出事实主张的当事人不承担举证责任，而由另一方当事人承担举证的责任①。值得注意的是，举证责任倒置并不是让被告方承担原告方的全部举证责任，而是将损害后果与加害事实之间的因果关系要件事实的举证责任予以倒置，由被告方证明其行为与损害后果之间不存在因果关系。举证责任倒置只是举证责任承担的特殊情况，除非法律有明文规定，否则一般还是适用"谁主张，谁举证"的原则。由被告方承担对消极事实的主张进行举证的责任，证明事实不存在或未发生往往十分困难。

网络广告公益诉讼领域实行举证倒置，主要是考虑到举证和原告方收集证据困难。在收集证据的过程中，广告公司或其他相关企业出于对自身利益的考虑，会将原告方拒之门外，因此举证责任向原告方倾斜，而且一般的社会团体和普通个人也缺乏收集证据的必要技术手段。

随着我国广告行业的逐渐发展成熟，许多广告公司对广告的监测已经达到相当完善的地步，广告发布的平台、频率、浏览量等数据都能被直接监测到。尽管如此，作为个人的原告或者是经费有限的社会团体通过广告监测公司等第三方收集证据，不仅需要花费不少资源，而且在缺少其他方面的支持下，其提起公益诉讼的可能性和积极性自然下降。这也等于将部分原告方拒之门外。从这层意义上看，要鼓励公民主动参与到广告的公益诉讼中，举证责任倒置是一个好的促进途径。

6.2.3.3 公益诉讼费用改革与相关激励

公益诉讼的本质是维护公共利益。为激励个人主动参与诉讼，可在公益诉讼的各个环节减轻公民的诉讼负担。除了实行举证责任倒置，由被告方承担主要举证责任，设置诉前证据调查收集程序，降低公民作为原告的举证难度外，改革诉讼费用缴纳模式，分担、降低公民所需交纳的诉讼费用也是其措施之一。另外，鼓励设立广告公益诉讼专项基金，为公民参与诉讼提供支持。其资金来源主要为被告方败诉后缴纳的罚款，当公民原告胜诉时，从中抽取些许作为奖金或补偿；当公民原告败诉时，产生的诉讼费用视情况由专项基金全额或部分承担。同时，为了防止滥诉的发生和专项资金账户入不敷出的情况，可以设置诉前审查制度，经审查属于合理合法的起诉，再予以立案。这利于帮助公民解决因经济原因而产生的诉讼障碍，消除其心理顾虑，鼓励其主动参与到相关诉讼中来。

我国公民法律素养虽整体有所提升，但大多数公民尚不具备专业的法律专业知识，对前沿性广告公益诉讼相关知识更是知之甚少。为尽可能规避公民被纳入公益诉讼主体后可能会出现的非理性参与现象，法律与广告方面的文化资

---

① 姜文明，邹文国，曹爱娣. 论举证责任倒置 [J]. 公会论坛，2005（9）：142-143.

本普及工作应齐头并进——推行法律通识教育，弘扬法律精神，树立法治观念；普及广告法等行业性知识，纠正消费者对广告公益诉讼的认知偏差，增强其主动介入公益诉讼行为的信心，也可为公民的诉讼实践营造一个良好的场域生态，实现公民乃至各主体与广告公益诉讼场域"和谐共生"的善治目标。

6.3 直播带货中虚假广告的立法完善

一场突如其来的新冠病毒感染疫情既改变了世界，也改变了人们的生活方式。艾媒咨询发布的中国直播电商发展现状报告中指出："2019 年，中国直播电商行业的总规模达到 4 388 亿元，预计到 2020 年规模将翻一番。"尤其是 2020 年，受疫情影响线下销售纷纷转入线上，直播电商发展之势更加迅猛。

一个事物的迅速崛起必定会带来诸多问题，直播电商也不例外。随着各大品牌、商家、明星或地方官员、网红等各主体纷纷挤入直播电商这辆"快车"，直播电商问题也纷纷显现。当前，直播电商问题较为突出的虚假宣传和引人误解问题，包含夸大宣传、极限词滥用、货不对板、质量低劣、虚假荣誉及数据造假等违法违规行为。面对异军突起的直播电商和由此带来的问题，我们发现，虽然我国有很多法律条文可适用于对直播电商行业的监管，但真正针对其虚假宣传行为的法律规范条文模糊、法律适用性差、监管效果甚微。这不仅损害了消费者的合法权益，破坏了正常的市场竞争秩序，还极大地降低了直播电商行业的信誉。

随着直播行业的发展，国家和地方也先后出台过一些法规或行业自律性规范。自 2016 年始，几个关于网络直播行业监管的部门规章陆续问世，如由主管直播行业的国家互联网信息办公室联合多个部委共同发布了《关于加强网络直播服务管理工作的通知》《互联网直播服务管理规定》以及《网络信息内容生态治理规定》等。2020 年，关于直播电商的几部相关规范性文件也先后出台，集中从直播电商营销行为的界定、直播人才体系的完善、直播监管等角度来规范直播带货行为，比如 2020 年 7 月 1 日中国广告协会发布的《网络直播营销行为规范》，这是国内首个针对直播营销行为的规范性文件，但在法规层级上仅属于行业规范，效力有限①；中国商业联合会在 2020 年 7 月份发布了《视频直播购物运营和服务基本规范》和《网络购物诚信服务体系评价指南》；

---

① 抖商公社. 最新！国家对直播带货的监管来了！这七类直播带货行为将被严查[EB/OL]. (2020-08-30)[2023-09-12].http://www.j1f3.com/11822.html.

浙江省电子商务促进会发布了《直播电商人才培训和评价规范》；同月，浙江省网商协会还发布了《直播电子商务服务规范（征求意见稿）》。但真正对直播电商有针对性的法规还是国家市场监督管理总局在 2020 年 7 月 28 日发布的《国家市场监管总局关于加强网络直播营销活动监管的指导意见（征求意见稿）》；与直播相关的法律是 2019 年 1 月 1 日施行的《电子商务法》《反不正当竞争法》《消费者权益保护法》。

如此众多的法律法规和行业规范文件对直播带货中的虚假广告与引人误解宣传行为的规制力度如何呢？从司法实践看，结果并不尽如人意。我国的网络直播行业的专项立法的最高位阶规范性文件依然是 2016 年 11 月印发的《互联网直播服务管理规定》，但仔细分析《互联网直播服务管理规定》中的内容可以发现，如要求直播平台"应当具备与其服务相适应的技术条件""应当加强对评论、弹幕等直播互动环节的实时管理，配备相应管理人员""配备与服务规模相适应的专业人员"等①，其内容大多数还是原则性规定，整体条款表述过于笼统，导致在实际执法过程中难度很大。《电子商务法》规定了以网络方式销售商品或者提供服务均在该法的监管内，却没有将音视频方式销售以及观赏服务规定在其法内，这势必无法适应当今"网络直播+电子商务"新模式的发展，且规范的作用是微小的，不具有法律强制力和较大约束力。

6.3.1 电商直播虚假广告治理中的难点

6.3.1.1 行政监管中的多元主体导致执法效率低

对网络直播，我国当前实行的是"一方主导、多方共管"的行政监管体制。其中，国家网信办的管理职权最大，管理范围也最宽，是管理体系中的主导机构，其他如广播电视管理部门、市场监督管理部门、公安网监、文旅管理部门、工业和信息化管理部门与通信管理部门等各管一块。目前，我国网络直播领域的监管范围几乎覆盖所有的行政部门。从职权来看，可以将其划分为四大部门，涵盖了内容管理、信息管理、行业主管和专项内容管理。

关于如何监管网络直播行业，主要依据的是 2016 年发布的《互联网直播服务管理规定》。该规定指出，国家互联网信息办公室履行管理职责，地方互联网信息办公室依据职责在本行政区域内开展工作，国务院有关行政管理机关应当按照权限范围进行监管工作②。网信办主要是对直播行业方面提供一些大方向的政策性指导工作，起到总领全局的作用。文化和旅游部主要是监管直播

---

① 赵凤华. 浅析网络直播管理新规 [J]. 河北企业，2017 (3)：34-35.
② 杨雨洁. 我国网络直播行为监管法律制度研究 [D]. 呼和浩特：内蒙古大学，2019.

中是否存在不良的文化传播行为，引导直播行业传播优秀、健康的网络文化。此外，网络直播属于互联网视听节目的一种，属于国家广播电视总局的管辖范围。市场监管部门在此办法中的职能并不明确，多种监管部门的存在极易引发多部门交叉管理、执法困难的问题。

如此，可能导致以下两种结果：一是监管机构冗杂势必不利于监管目的的实现。在实际监管过程中，监管机构过多容易导致部门之间存在权责冲突。而且，由于部门长期以来的交流机制不够畅通，极易出现合作不够顺畅，进而引发监管存在空白的风险。二是监管机构冗杂还易导致监管成本增大，这也完全违背了科学监督的原则。同时，这也极易导致监管分散、执法标准不统一、执法细则混同的情况发生，使得直播的监管工作无法顺利开展。应该说，我国当前的管理体制仍没有对直播电商形成一个责任归口明确、职责清晰的管理制度与机制。

6.3.1.2　直播电商中对虚假广告的规制针对性不强

目前，针对直播电商规制的主要的法律是《电子商务法》。《电子商务法》第十八条规定："电子商务经营者向消费者发送广告的，应当遵守《中华人民共和国广告法》的有关规定"。这条规定相当笼统，没有实际的规制价值。《市场监管总局关于加强网络直播营销活动监管的指导意见》中涉及直播带货中虚假广告规制相关的条款主要包括第二条第二款和第四款、第三条第六款和第七款以及第四条第十三款①。从相关条款纳入看，除了重申《广告法》的主要精神外，并没有特别针对性的规定，也没有新的提法。

6.3.1.3　平台、专门机构和主播的责任界定模糊

在直播带货"野蛮生长"的背后是平台和专门机构的共同推动，而直播带货行业乱象丛生，与它们的关系紧密。

---

① "市场监管总局关于加强网络直播营销活动监管的指导意见（征求意见稿）"第二条第二款：网络平台参与宣传推广时的法律责任，网络平台经营者对网络直播营销活动进行宣传、推广的，应按照《广告法》规定履行广告发布者或广告经营者的责任和义务。第四款：网络主播的法律责任。自然人、法人或其他组织在网络直播营销活动中为商品经营者提供直播服务，直播内容构成商业广告的，应根据其具体行为，按照《广告法》规定履行广告发布者、广告经营者或广告代言人的责任和义务。第三条第六款：严格规范广告审查发布。在网络直播营销活动中发布法律、法规规定应进行审查的广告，应严格遵守广告审查有关规定，未经审查不得发布。不得以网络直播形式发布医疗、药品、医疗器械、农药、兽药、保健食品和特殊医学用途配方食品等法律、法规规定应当进行发布前审查的广告。第七款：严格规范广告代言。自然人、法人或其他组织接受委托，在直播中以自己的名义或形象对商品、服务作推荐、证明，直播内容构成商业广告的，应遵守广告代言有关规定。不得利用不满十周岁的未成年人在网络直播营销活动中开展广告代言活动。不得委托因在虚假广告中作推荐、证明受到行政处罚未满三年的自然人、法人或者其他组织，在网络直播营销活动中开展广告代言活动。第四条第十三款：依法查处广告违法行为。针对网络直播营销中发布虚假违法广告问题，根据《广告法》，重点查处发布欺骗或误导消费者的虚假广告、发布违背社会良好风尚的违法广告和违规广告代言等违法行为。

一方面，部分直播平台监管缺位。平台的把关责任缺失主要表现在以下三个方面：一是平台方对主播的准入门槛偏低。在抖音 App 上，如果用户的主页所发布的视频超过了十条，且有超过 1 000 人关注该用户，该用户就拥有了直播带货的权利，能够开启个人主页的橱窗功能，拥有为看直播的消费者提供第三方购物平台的商品链接的权利。正是因为平台对主播把控缺乏科学有效的准入规则，想进入直播带货圈，操作上比较容易。二是平台对主播虚假宣传、商品质量、售后问题及第三方交易行为监管不力、把关责任缺失。如在 2020年的前三个季度，与直播相关的投诉举报共涉及 8 079 家企业，排名前五位的均为较大的电商平台和短视频平台。有些直播平台采用第三方交易的形式来逃避第三方监管，由于直播带货模式本身不易取证，消费者发现问题后难以联系主播或商家进入退换货流程，导致消费者维权难。三是平台的内容筛选机制和监管不够完善，大多数直播带货平台都是依据直播间的观看人数、点赞数来决定带货主播在直播首页的排位情况，观看数、点赞数靠前的主播往往出现在直播首页越靠前的位置，从而容易使得带货主播排位固化，极大地限制了消费者的选择范围，也在一定程度上影响了消费者的购物体验。

另一方面，专门机构如 MCN 往往是多频道网络布点，能够连接网红、平台和广告商三大主体，并且通过内容制作、交互推广、资本资源等方面的支持，保障签约或孵化的红人内容持续输出，并帮助其实现稳定的商业变现[①]。随着网红经济的持续升温，MCN 机构数量也迅速增长。有些 MCN 机构为了获取更多的利益，在内容把关及主播素质这块责任缺失。具体表现在以下两个方面：一是 MCN 机构没有一个统一的准入标准。随着直播带货越来越火热，由于很多 MCN 机构并非具备了规范化、专业化的培训机制，导致 MCN 机构的问题原生化。二是 MCN 机构中普遍存在主播准入标准低的问题。MCN 机构往往更加看重主播的颜值，而较少关注主播本身的文化素质及道德素质等。只要是可以为他们带来更大的经济利益，是否具备做主播的专业度似乎对他们来说并不是太重要。虽然现阶段能留存市场的 MCN 机构越来越专业化，也渐渐摸索出了一套成熟化和标准化的发展逻辑，但还是存在部分 MCN 机构只顾经济利益，罔顾把关责任的现象。

6.3.2 压实主播的主体责任

与一般网络广告比，直播电商中虚假广告表现更复杂，产生的原因也更

---

① 孙旭丹. MCN 模式下短视频专业化发展路径 [J]. 青年记者，2019 (21)：59-60.

多，针对责任主体的治理仍然是解决问题的关键。在直播带货过程中，虚假广告一定是借由主播之口播出的，因此，在平台、专门机构和主播等各方中，主播是关键性主体。紧扣主播这一责任主体，压实其主体责任，是直播电商虚假广告治理的重中之重。

6.3.2.1 带货主播的两种主要法律身份

直播带货主播的身份标签丰富，有网红、明星、品牌管理人员、KOC，甚至一些地方官员也纷纷加入，这些都是从社会属性上对主播的角色辨析。在大多数情况下，消费者在直播购物时并不清楚主播的法律身份，而是基于对主播的社会身份认同而购物消费，这与法律意义上的主体身份是两个层面上的归类，有本质的不同。透过纷繁复杂的表象，带货主播的法律身份其实并不难确定。一般而言，直播带货中带货主播不外乎两大法律身份：一类是主播自主带货，即主播作为网店的店主或网店的员工进行直播带货，他们在直播间的直播行为可视为对公司所经营的商品做推荐或导购。因而，他们是代表店主或品牌进行商品销售。另一类主播是委托带货。其法律身份是店主或品牌的委托代理人，即主播对商家的产品进行直播带货，吸引消费者通过第三方商店的商品链接来购买商品。一直以来，对于直播带货是属于广告行为还是销售行为，学术界一直存在较大争议。广告和销售是直播带货中的两种常见情境，两者的区别在于直播过程中是否发生直接的商品有偿转让。因此，根据上述两种境况，带货主播的法律身份可以根据从事的是广告行为还是销售行为进行具体分析。

6.3.2.2 广告行为中的带货主播的法律身份

当带货主播在直播间商品销售推荐时，其行为尽管是以商品销售为目的，但是商品没有直接经由其手进行有偿转让。这时，带货主播从事的行为便视为广告行为，其法律身份应该界定为广告经营者或广告代言人。

根据广告发布者与广告代言人的相关定义，假如广告主或广告经营者委托带货主播进行带货，主播的法律身份应认定为广告发布者。在这种情况下，带货主播的作用主要是利用其专业知识、营销话术来为商家或品牌引流，促使消费者点击商品链接跳转至电商经营者所提供的网页进行下单购买。若带货主播以个人的名义或形象为商品或服务的质量、功能、性质、用途等方面做推荐时，其法律身份应该认定为广告代言人。其原因在于，带货主播不仅为商家的商品或服务进行了引流，还利用其个人的名义或形象为商品做信用"背书"，使得消费者基于对主播的信任来购买商品。

以主播李×琦为例，作为职业带货主播，他为各大品牌或商家进行带货的行为，应该被认定为广告行为。李×琦利用自身的专业能力和强大的吸粉能力来吸引消费者购买商品，消费者通过他的直播间所提供的商品链接进入第三方平台进行下单购买。在整个过程中，李×琦的行为无疑是利用自身的影响力在为商品"背书"，为品牌做广告宣传，没有发生直接的商品有偿转让。因此，其行为应当被认定为广告行为。比如他经常在直播时会说"这是×琦的自用款"，此时李×琦就是该款直播产品的广告代言人。特别需要注意的是，如若带货主播在直播中并未出镜，或者即使出镜了但并未表明其身份，甚至就算明示自己的身份但不被相关公众熟知，那么这也仅仅属于一般的模特展示商品。在此类情况下，带货主播不能认定为广告代言人。

6.3.2.3 销售行为中带货主播的法律身份

带货主播在直播间销售就是直接进行商品销售，消费者不需跳转第三方平台就可以直接购买商品。这种购买过程就被视作直接发生了有偿转让行为，属于主播自主带货。在这种情况下，主播从事的是销售行为，一旦认定主播的行为属于销售性质时，根据《电子商务法》第九条的规定，带货主播的身份应为电商经营者。若主播在直播带货时进行了广告宣传等行为，主播的身份就不仅仅为广告经营者，还可能包括广告发布者或广告代言人等身份。若主播是为自己的店铺带货，他们不仅要遵守新《广告法》中对广告代言人的规定，还需要履行《反不正当竞争法》《电子商务法》《消费者权益保护法》《食品安全法》《产品质量法》等法律中对广告经营者或发布者的相关义务，尤其是安全保障和告知义务①。若主播是单纯地为某个品牌或商家直播卖货带货，其身份应被认定为广告经营者及广告发布者。这时，主播应该履行对委托其带货的广告主所提供的广告内容和产品质量方面的审查义务。一旦出现违法行为，主播也需承担一定的连带责任。

6.3.3 虚假广告中带货主播的法律责任分析

不以规矩，不成方圆。在直播带货繁荣的当下，带货主播作为在直播时影响消费者进行下单购买的 KOL（关键意见领袖）或 KOC（关键意见消费者），更应该明确自身的法律身份和法律责任与义务，杜绝虚假宣传行为，与相关监管部门一起净化直播市场。接下来，结合实际发生的案例，我们来详细分析虚假宣传中带货主播的不同法律责任。

6.3.3.1 虚假广告中带货主播的民事责任

无论是广告行为还是销售行为，若主播在直播带货过程中出现虚假宣传方

---

① 洪海. 关于广告代言人使用商品或接受服务的立法建议 [J]. 工商行政管理, 2015 (22)：23.

面的问题，都要承担相应的法律责任。以 2018 年刘×策与杭州×雪电子商务有限公司网络购物合同纠纷案件为例。刘×策在杭州×雪电子商务有限公司旗下经营的一家名为"young dot 韵动星旗舰店"的天猫店铺直播间购买了一件玉器类型的男士项链，主播在直播时宣称该项链由天然的和田玉吊坠籽料制作而成，而且主播特别说明为和田籽料且假一赔十。后来，刘×策认为买到了假货便起诉主播。后经人民法院认定该商品并非和田籽料，直播中存在以次充好的虚假描述，这完全与主播在直播销售过程中描述商品材质为和田玉籽料的事实背道而驰，涉及虚假宣传，应该履行"假一赔十"的承诺，并承担相关违法责任。

很明显，这个案件中主播从事的是广告行为，在直播过程中，消费者并没有直接向主播购买商品，而是通过点击直播间的链接进入第三方电商经营者平台下单购买商品。在该购买行为中，电商经营者和消费者才是真正签订网络购物合同的双方，他们两者之间的关系是网络购物合同关系。当消费者发现商品质量存在瑕疵时，电商经营者就可能违反了《电子商务法》第七十四条、《合同法》第一百一十一条、《消费者权益保护法》第四十条的规定，应承担质量不符合约定的违约责任。此时，主播并没有直接侵害消费者的权益，不需要承担直接的违约责任。正如上述案件电商经营者杭州×雪电子商务有限公司的身份是广告主，该公司对其侵权行为需负主要责任，也就是需承担网络购物合同的违约责任，而该案件中的主播并非合同关系的直接当事人，无须承担直接的违约责任。

但若主播在直播过程中发布虚假广告来欺骗、误导消费者，那么主播很有可能就违反了新《广告法》第五十六条中的规定。因此，我们必须厘清不同身份主体应承担的不同责任。对广告主来说，只要发布了欺骗、误导消费者的虚假广告信息，侵害了购买该商品或服务的消费者的利益，就需要承担相应的民事责任。同样，若主播明明知道所发布信息是欺骗、误导消费者的虚假广告，仍继续参与广告发布或者代言行为，这也构成了一定的侵权行为。此时，主播也需要对广告主的侵权行为承担连带责任。

倘若消费者在维权过程中无法查找到有关广告经营者、广告发布者的主要信息，如真实名称、地址和有效联系方式等，消费者可以先要求广告经营者、广告发布者赔偿。倘若主播发布了与消费者生命健康直接相关的特殊商品或者服务的虚假广告，一旦给消费者造成损害的，所有相关责任人（如广告经营者、广告发布者、广告代言人）都要与广告主一起承担相应的连带责任；除上述所说的特殊商品外，只要某个主体发布了有关商品或服务的虚假广告，且该商品涉及的广告经营者、广告发布者、广告代言人在明知或者应知广告虚假的情形下，仍然进行设计、制作、代理、发布或者做推荐、证明的，给消费者利益造成损害的，都需要承担连带责任①。

6.3.3.2 虚假广告中带货主播的行政责任分析

近期直播"翻车"事故频发，其中最大的问题就是商品货不对板、主播虚假宣传产品质量，此种情况下则可能涉及主播投放虚假广告。若主播在直播带货过程中虚假宣传商品或服务所含的各个要素，如性能、质量、所含成分、销售量及产地等。只要对消费者购买行为产生实质性的影响，主播便违反了《广告法》第二十八条的规定，构成虚假广告罪②；而根据新《广告法》第五十五条的规定，主播一旦发布了虚假广告，将面临不同形式的行政处罚，主要包括罚款、吊销营业执照、暂停广告发布业务、吊销广告发布登记证件等行政处罚③。如 2020 年 6 月 1 日，李×琦被行政处罚一万元。事情原委是：某个消费者在李×琦开设的天猫网店中购买了一款名为菲诗蔻的洗发水，而该店在网上虚假宣传这款洗发水有防脱发功能。经过一段时间的使用后，该名消费者发现其无防脱发功能，之后便向此店进行投诉。这个案件中明显涉及虚假宣传行为，而李佳琦作为该商品的广告代言人没有尽到合理的注意与审查义务，应当承担一定的行政责任。

此外，针对比较特殊的领域的广告，如医疗、药品、器械、保健食品、农药、酒类、烟草制品、教育、培训、投资、房地产等不同种类商品，《广告法》中都有明确规定此类商品广告发布的禁止性要求。倘若主播对上述种类的特殊商品、服务做推荐，可能会违反新《广告法》第五十八条的规定，即可能会被施以行政处罚，承担其代言的广告费用的 1 倍以上 3 倍以下或 10 万元以上 100 万元以下的罚款。严重的甚至要接受直接吊销营业执照、取消广告发布业务资格、吊销广告发布登记证件等行政处罚。此时，不得不提到闹得沸沸扬扬的"辛×直播带货即食燕窝"事件。2020 年 11 月 4 日，有网友发布短视频爆料，称他在隶属辛×团队的主播"时大漂亮"的直播间购买的燕窝为"糖水"。11 月 6 日，辛×直播证明燕窝是正品，并喊话爆料者，即便是倾家荡产都得告。11 月 19 日，专业打假人王海在社交平台上晒出一份"燕窝"的质检报告，并用数据说明辛×团队所售燕窝就是糖水，其中只有 5% 的碳水化合

①　王蔚然. 论连带责任的诉讼形式 [D]. 上海：华东政法大学，2016.

②　郑卫东. 从执法实践视角析读新《广告法》的法律适用 [N]. 中国工商报，2015-05-14 (3).

③　李聪. 新《广告法》背景下房地产广告管理优化研究 [D]. 长沙：湖南大学，2016.

物，并没有常规燕窝中含有的蛋白质。而且一碗"燕窝"中仅含有的7.4毫克唾液酸，却是人为添加的，购买仅需0.07元。11月27日，辛×被央视点名，随后辛×发表道歉声明，承诺"退一赔三"，共需赔付6 198万元。经过一段时间的调查，辛×团队所售燕窝确实存在虚假宣传。12月23日，广州市场监督管理局通报结果显示，直播公司和燕窝销售公司均被行政处罚，其中直播公司被罚款90万元，燕窝销售公司被罚款200万元。

在"辛×直播带货即食燕窝"案件中，从法律层面上来讲，"燕窝事件"中未公开露面的"茗挚"燕窝品牌方是广告主，因此该品牌方应该承担此次售假事件的第一责任人及主要责任人的角色。辛×作为广告代言人则要承担连带责任。具体分析该事件可知，辛×并没有事先食用这款燕窝，也没有履行对燕窝真伪的审查义务，这明显违反了新《广告法》第三十八条的规定。加之燕窝又是属于保健类的食品，如果广告代言人对医疗、药品、医疗器械、保健食品广告中做推荐、证明的，一旦产生虚假宣传行为，广告代言人需被没收违法所得，并处违法所得一倍以上二倍以下的罚款①。

6.3.3.3　虚假广告中带货主播的刑事责任分析

当带货主播直播带货严重违反法律规定时，情节严重的，必定会触碰《刑法》。若主播从事的是销售行为，即发生了直接的有偿转让，也就是主播自主带货。

2016年，演员赵×（艺名"胖丫"）就伙同郭×、王×二人通过映客直播平台进行销售"纯中药减肥胶囊"（以下简称胶囊）。因为整个药品生产都没有任何生产经营许可与销售许可证，只是在北京市东城区的一个胡同里的员工宿舍里包装胶囊、封袋、自制说明书，并通过映客直播、微信等网络平台宣传胶囊具有良好的效果。在该案件中，上述三个犯罪方共谋取不正当利益120多万元。经北京市东城区食品药品监督管理局认定，他们在直播中销售的"纯中药减肥胶囊"被依法判定为假药。

2019年2～4月，任×伟在快手和微信平台上，通过快手直播及朋友圈宣传的方式向孙某、贾某等人销售一款袋装黄色粉末，声称其可治疗颈椎、肩周炎等疾病。后经松原市食品药品监督管理局调查认定，发现该药品并无药品批准文号，也就是该药品为假药。随后，人民法院判定任×伟违反了国家药品监管法规。而且他在明知是假药的前提下还故意销售，所以就构成了销售假药罪。

根据《刑法》第一百四十条至一百四十八条中对销售行为的界定，上述

---

① 袁博. 多管齐下治"顽疾"[N]. 中国工商报，2015-06-09（7）.

案例中的主播利用直播平台销售所含成分与国家药品标准规定的成分不符合的药品,可构成生产、销售假药罪。

若主播销售的是劣质商品或药品,抑或是不符合食品安全标准的食品等,则触犯了《刑法》第一百四十条至一百四十八条规定,可能构成销售伪劣产品罪、销售劣药罪、销售不符合安全标准的食品罪等。

若主播从事的是广告行为,即没有发生直接的有偿转让,不能将其行为理解为销售行为,采用《刑法》第一百四十条至一百四十八条来对其定罪。若主播通过虚假广告的宣传形式对商品或者服务做推荐时,造成的后果较严重的,即构成了虚假广告罪。新《广告法》第五十五条第四款规定:广告主、广告经营者、广告发布者有本条第一款(违反本法规定,发布虚假广告)、第三款(明知或者应知广告虚假仍设计、制作、代理、发布)规定行为,构成犯罪的,依法追究刑事责任。由此可见,虚假广告罪的犯罪主体是广告主、广告经营者、广告发布者,不包括广告代言人①。然而,这并不是说广告代言人就一定不用承担刑事责任。在很多情况下,带货主播往往有着多种身份,比如有的主播可能既是广告经营者又是广告发布者,甚至可能承担了广告代言人的身份。如果主播发布了虚假广告或者在直播中出现了虚假宣传行为时,很有可能会因虚假广告罪被追究刑事责任。除此之外,如果在直播带货中,不同的身份主体共同实施虚假广告行为,则将其认定为共同犯罪,也就是说这些不同身份的人都有可能触犯了《广告法》的相关规定,需要承担相应的连带责任。

综上所述,当带货主播在直播过程中欺骗、诱导消费者购买不合格的商品或服务时,往往需要承担一定的民事侵权责任。若带货主播事先没有使用过所推荐的商品或服务,且明知或应知该商品或服务的宣传属于虚假广告,仍然为赚取经济利益替该商品或服务做推荐时,主播就违反了新《广告法》的相关规定,需要承担相应的行政责任,也可能会受到市场监督部门的行政处罚。若带货主播在直播卖货过程中故意卖假药、伪劣商品等,或在推荐过程中完全无中生有、虚假宣传产品的功效或性能等,牟取金额超过一定数额,使消费者损失严重的,需要承担相应的刑事责任,主要包括销售假药罪、销售伪劣产品罪、虚假广告罪等。

---

① 沈涛. 浅析广告代言人法律责任及认定 [N]. 中国工商报,2015-06-09 (7).

6.4 精准广告下的隐私侵犯与立法完善

在效率优先的资本逻辑中，公平有时并不在技术派的工具箱中，默认发展高于对隐私的保护。在精准广告触达率和用户隐私保护的两难选择中，为了提高广告精准触达率，无论是媒体还是技术公司，都醉心于技术来解决传播问题。因而，在一些人眼中，精准广告中的"隐私透明化"问题、大数据"杀熟"问题、个性推送与认知窄化问题和数据泄露与贩卖等问题就成为数字经济发展的"必要代价"。

6.4.1 精准广告下的隐私侵犯的相关研究

近年来，精准广告与隐私保护之间的内在关联成为学者研究的焦点。如韩笑[1]引入嘉奖制度，认为这是实现全部介入方利益最大化的方法，能够降低用户的隐私顾虑；蒋玉石[2]表示隐私关注程度越高，用户的被剥夺感和不安感越强，对精准广告的传播负面作用越明显；宋卓赟[3]则分别以隐私关注和广告效果为维度变量，系统地阐述了隐私关注和精准广告传播效果的关系，强化了用户感知风险和信任的因素。在此"个性化-隐私"悖论的背景下，营销人员只能将隐私关注作为用户对于精准广告的感知因素，为力图在用户反感值的临界点实现利益最大化。但对于临界点的具体情况摸索是以磨灭用户耐心和损害品牌为代价的，如梅西·姆平甘吉拉和丹尼尔·马杜库[4]在《移动行为广告伦理：广告品牌感知伦理价值的前因后果》中的研究结果表明，用户感知隐私的控制对移动行为广告态度的诉求、对消费者有关品牌伦理价值的敏感性会产生重大影响，并且品牌道德价值会进一步影响品牌客户的黏性和质量。

当然，精准广告带来的隐私问题也逐渐暴露出来。例如，王小郑[5]分析了

---

① 韩笑. 用户对互联网行为定向广告的隐私关注与采纳行为研究 [D]. 北京：北京邮电大学, 2018.

② 蒋玉石. 网络行为定向广告对消费者态度影响的实证研究：以隐私关注为调节变量 [J]. 社会科学家, 2017 (1)：58-66.

③ 宋卓赟. 隐私关注对行为定向网络广告传播效果的影响研究 [D]. 上海：东华大学, 2014.

④ MERCY MPINGANJIRA, DANIEL K MADUKU. Ethics of mobile behavioral advertising: Antecedents and outcomes of perceived ethical value of advertised brands [J]. Journal of Business Research, 2019 (95)：64-478.

⑤ 王小郑. 大数据对精准广告发展的影响 [J]. 采写编, 2018 (2)：187-188.

其优劣势，提出精准广告存在与隐私的矛盾、精准投放把控失衡、投放精度不足等问题；而逯宝峰①则认为，精准广告的推送方式简单，造成受众接受意愿低也是其影响之一；于孟晨②则认为精准广告的发展除了侵犯隐私外，还带来了消费主义盛行、冗余信息过剩等社会问题。

关于精准广告中的隐私伦理问题也是当下研究的重点。杨培芳③认为，信息时代的经济交易伦理是公共理性，对价交易是这个时代的非正式公理。另外，在商业道德层面，翟晨子④谈到卖方构建伦理规则要求时，确保买方个人资料不受侵犯是 App 程序开发者和售出方的重要职责；雅侃⑤则提出，构建透明、诚信的商业伦理和商业文明是大数据向好发展的助力剂。而在技术层面的讨论中，王茜⑥意识到目前数据获取与授权存在冲突，大数据分析也存在盲区，以及从新闻和社会科学视角提出，即使作为群体的个人，在未经同意强行被画像和被下结论时也会产生隐私被侵犯的不适感受；闫宏秀⑦则从哲学层面指出技术是数字化时代导致伦理问题的成因，反过来也能对伦理进行指导。

在用户隐私关注方面，也有学者从法律层面来探讨隐私伦理及保护问题。如张晓阳⑧讨论了基于 cookie 的精准广告投放是否侵犯了用户的隐私权，并认为搜索词作为隐私权的客体易在精准广告传播中给用户造成隐私泄露的心理压力；张瑜娟⑨明确提出要实现精准广告与隐私保护的价值考量平衡，急需完善我国法律法规。在隐私伦理保护方面的研究，沈维梅⑩提到收集用户隐私不得不面临伦理审判和利益的矛盾，并针对采集阶段提出了"信息筛选"机制；朱松林⑪从宏观层面提出定向广告治理需要找到经济发展与隐私保护的平衡、

————————

① 逯宝峰. 大数据时代精准广告传播的问题与对策 [J]. 传媒，2018 (8)：76-77.

② 于孟晨. 从 online 到 on-cloud：在线精准广告投放的社会学批判 [J]. 当代传播，2017 (2)：100-101.

③ 杨培芳. 网络钟型社会：公共理性经济革命 [J]. 中国信息界，2012 (1)：72-74.

④ 翟晨子. App 线上交易方的伦理职责 [D]. 兰州：西北民族大学，2014.

⑤ 雅侃. 警惕大数据背后的"乱象" [J]. 中国石油企业，2018 (11)：104-106.

⑥ 王茜. 算法技术的盲区与智媒时代的数据伦理困境 [J]. 新媒体与社会，2018 (2)：113-127.

⑦ 闫宏秀. 数据挖掘技术与调节：世界、世界的诠释与伦理的内化 [J]. 科学技术哲学研究，2018，35 (1)：67-71.

⑧ 张晓阳. 基于 cookie 的精准广告投放技术及其法律边界刍议——以朱烨诉百度公司隐私权纠纷为视角 [J]. 电子知识产权，2015 (9)：81-87.

⑨ 张瑜娟. 精准广告投放及用户隐私保护刍议 [J]. 信息安全与技术，2015，6 (7)：81-82，85.

⑩ 沈维梅. 网络精准广告的发展及困惑 [J]. 新闻界，2010 (1)：144，184-185.

⑪ 朱松林. 论行为定向广告中的网络隐私保护 [J]. 国际新闻界，2013，35 (4)：94-102.

监管澄清界限问题、重视行业自律以及保持政策一贯性；刁生富和赵亚萍[1]认为，精准广告侵犯个人隐私在束缚个人行为、抑制自由意志、造成广告歧视三方面带来危害。

6.4.2　隐私权与隐私伦理概念

6.4.2.1　隐私权

所谓隐私，英语是"privacy"，意指"私人的、私密的"。在数字时代，隐私信息成了隐私的一种主要表现形式，与个人信息既有区别又有联系。

《经合组织隐私指南》《亚太经合组织隐私框架》以及欧盟1995年《个人数据保护指令》均将个人信息定义为"与已识别或可识别的人有关的任何信息"[2]。可以理解为个人信息的特点是已识别或可识别的。根据隐私的定义和自然人的意愿，不可识别的关联信息与可识别信息应同属于隐私信息，我国首部涉及个人信息保护的法律《网络安全法》也并未将不可识别的关联信息明确涵盖在个人信息的定义内[3]。可识别信息与信息所有者联系紧密，通常具备一一对应的关系，如姓名、手机号、身份证号等信息，不可识别的关联信息不能立即定位至某一个人的信息，如个人兴趣爱好、消费习惯、心理活动等。在《民法典》中，并未将此类信息纳入为个人可保护信息[4]。此外，《个人信息保护法》提出了"敏感信息"一词[5]。如医疗健康、金融账户、个人生物特征、个人行踪等信息已经在人工智能的技术条件下可以被数字化，成为可被各类机器识别的信息，而且与一般可识别信息相比，是与个人的生命、财产联系更紧密的信息。

隐私信息与个人信息存在交叉关系，未公开的个人信息本身从属于隐私的范畴，是隐私信息的一种。从人格权益的角度来看，不管信息是否具备商业价值，都是其权益体现，而个人信息有时又因涉及公共利益而需要被公开，故隐

---

① 刁生富，赵亚萍. 网络环境下精准定向广告推送与隐私权保护［J］. 淮阴师范学院学报（哲学社会科学版），2018，40（5）：524-527，540.

② 谢琳. 大数据时代个人信息边界的界定［J］. 学术研究，2019（3）：69-75.

③ 谢琳. 大数据时代个人信息边界的界定［J］. 学术研究，2019（3）：69-75.

④ 《民法典》第一千零三十四条规定：自然人的个人信息受法律保护。个人信息是以电子或者其他方式记录的能够单独或者与其他信息结合识别特定自然人的各种信息，包括自然人的姓名、出生日期、身份证件号码、生物识别信息、住址、电话号码、电子邮箱、健康信息、行踪信息等。

⑤ 《个人信息保护法》第二十九条：个人信息处理者具有特定的目的和充分的必要性，方可处理敏感个人信息。敏感个人信息是一旦泄露或者非法使用，可能导致个人受到歧视或者人身、财产安全受到严重危害的个人信息，包括种族、民族、宗教信仰、个人生物特征、医疗健康、金融账户、个人行踪等信息。

私信息有时又以个人信息的形式展示出来。从前，传统的隐私信息存在"边界"思想，但随着信息环境的复杂化，这一概念的界线逐渐模糊①。

6.4.2.2 隐私理论

伦理是一种自然法则，指的是人与社会、他人产生联系时应遵循的道理和准则。而现代伦理学强调的是一种自然义务②。薛孚等人认为，大数据语境下的互联网隐私与数据密不可分，伦理学界对大数据时代的隐私问题进行了伦理辩护，而数据挖掘、预测和监控使隐私更难控制③。因而，隐私保护的价值取向就是在人和人、人与社会产生联系时，以一定的政策与法律规则解决由隐私侵权问题引发的深层次的社会矛盾，以及围绕隐私问题产生的伦理困境。

隐私权已然成为当代信息社会最为重视的权利之一。隐私权从属于人格权，指的是法律保护自然人依法享有个人信息以及私生活安宁，不被他人非法侵扰、知悉、操纵和公开的权利；并且在对隐私信息可以在何等程度上被公开以及对于隐私信息公开的范围，权利主体有绝对的自定权，不容他人干涉④；同时，对个人的某些可识别的或敏感的信息，个人拥有是否被使用的选择权；在大数据时代下，隐私信息具备双重价值，从伦理价值角度来说，隐私信息是社会道德体系的一部分，公民对其享有自决权和安宁权。

在我国现有的分类体系中，并未有"个人信息或数据财产权"的提法。但从市场价值角度来说，用户对其享有财产支配权。不过，作为一种资产，信息与其他资产的不同之处在于它的呈现和保存形式。关键的是，它并不是以一种固定的"物"的状态为个人所保管，但可以以某种数字形式被存储于特定的服务器或云存储器中。正是这种物权分离的状态，才导致个人信息容易被侵害。

6.4.3 隐私保护中的双层"悖论"

《网络安全法》《消费者权益保护法》《侵权责任法》和《关于加强网络信息保护的决定》等相关法律法规均有涉及隐私保护的条款。而《民法典》的修订和《个人信息保护法》的出台，才逐步完善了我国对于个人隐私权的保护政策，许多长期困扰社会的隐私侵权问题得到解决。在现有的法律框架

---

① 张丹丹. 大数据时代隐私权保护研究 [D]. 扬州：扬州大学，2018.

② 张国立，赵永刚. 当代西方美德伦理学的诉求与建构 [J]. 湖南科技大学学报（社会科学版），2011（5）：32.

③ 薛孚，陈红兵. 大数据隐私伦理问题探究 [J]. 自然辩证法研究，2015，31（2）：44-48.

④ 张丹丹. 大数据时代隐私权保护研究 [D]. 扬州：扬州大学，2018.

中，重点在于对可识别信息和敏感信息的关注，对由此产生的侵权问题的解决方案、对非可直接识别信息尚未界定清晰的保护边界、对个人信息处理中的某些行为规范不太清晰。

6.4.3.1 cookie 的法律界定与使用后果之间的伦理悖论

在现有法律框架中，用户的网络使用行为数据，如点击行为、搜索的关键词、在页面停留的时间等，这些行为数据不具备明显的个人数据属性，不属于法律保护范畴，但广告基于此而被精准投放时，可能会涉及隐私问题，甚至产生商业伦理与隐私伦理困境。

在我国，cookie 是个人不可识别的信息，是被法律界定在保护范围之外的。2015 年，公民朱某向南京市鼓楼区人民法院对"某网讯科技公司就与cookie 隐私权纠纷案"起诉。鼓楼区人民法院一审判决朱某胜诉。但是，南京中级人民法院二审撤销了一审判决，认定"某公司的个性化推荐行为不构成侵犯朱某的隐私权①"。此案在中国互联网经济发展史上有标志性意义，对众多以精准（智能）技术为盈利模式的经营模式提供了法律支撑。

虽然南京中级人民法院的二审判决厘清了 cookie 技术的应用与用户隐私权保护边界，但也留下了值得进一步探究的法律与伦理探讨空间。从法律规则讲，cookie 技术与应用合法，其应用的结果就真的合理吗？最起码这种基于大数据分析和智能推送技术的数字传播行为对用户构成了"隐私压榨"，因为用户在精准定向的广告推送中完全没有选择接受或不接受广告的机会，任由广告商肆意地进行广告轰炸而无法躲避。尽管《互联网广告管理暂行办法》中有"一键关闭"的硬性要求，但在实践中，尤其是在移动端，对信息流广告而言，"一键关闭"形同虚设。"一键关闭"的立法目的本是保障用户的安宁权，但实际效果不尽如人意。

"隐私压榨"背后是存在交易伦理冲突的，反映了广告主体与用户权益的不平等。交易伦理是指交易需要符合等价交换的原则②。从数据的商业价值来说，媒体平台及相关的 RTB 公司的收益是明显的，然而用户获利是相对而不确定的，甚至是被"强迫"的。精准广告源于对用户 cookie 的收集和利用，从表面上看是对利用用户隐私信息的"反哺"，实质上，这样的不公平待遇更是以牺牲用户的隐私为代价的。

此外，基于 cookie 的收集和利用导致了在精准广告传播中的大数据"杀

---

① 张琛. cookie 第一案终审：法院判定个性化推荐不侵权 [N]. 财经，2015-06-12.
② 梁鹏. 交易公平原则本体论 [J]. 中国青年政治学院学报，2004（2）：105-111.

熟"。所谓大数据"杀熟"，互联网平台和广告商的精准广告依赖于用户数据，互联网公司将用户数据打上不同消费等级的标签后，对其投放同一产品不同价格政策的广告，一般表现为对老客户实行"价格歧视"，即老客户反而要比新客户支付更高的价钱购买商品。在现实案例中，广告主已利用技术优势、地位优势对用户形成隐形"强迫"，公然以牺牲用户的选择权来获取超额利润。用户在不知情的情况下被别人收集了个人信息，进而在消费中被剥夺了自由选择权益。这是典型数据欺诈。这一模式背后，广告商与用户（消费者）毫无商业公平可言，违背了正常的公平、公正的商业伦理。事实上，也违反了相关法律赋予消费者的选择权和知情权。这就延伸出一个法律问题，即法律保护的是网络信息经营者使用不可识别信息的权利，却没有区分该信息拥有者的不同身份。基于法律规定，不可识别信息虽是网络用户的数据信息，但因不属于保密或保护范围，当该信息被用于广告推送的底层依据，反用于用户，激发了用户的消费动机，并使得用户发出购买行为，则用户身份转化为消费者。此时，消费者又受《消费者保护法》《反不正当竞争法》的保护。

6.4.3.2　同意权至上与选择权的实现困境

无论是《民法典》还是《个人信息保护法》，都主张个人在个人隐私信息处理中的自决权、知情权和同意权①。从法律规定看，保护条款全面、充分，那是否保护效果一定好？通过分析诸多信息服务商的隐私政策，我们发现，其对信息收集与数据使用行为之间其实存在不可调和的矛盾。我们在下载应用程序的实际体验中都有一样的感受，即按照服务商的要求进行注册时，我们要么同意（勾选）其规定的隐私政策并进入下一步，要么选择拒绝其隐私政策无奈离开。请问，我们到底是下载还是放弃下载？这就是信息服务领域的现实。

其结果必然是，"接受服务＝同意"与"不同意＝拒绝服务"。从法律意义上看，"同意"就取得了用户的"授权"，服务商相关行为就合法合规。但实际上，该"同意"是不是"真同意"？这是一个大的问题。无论是用户注册还是使用软件时，在隐私换取服务的交易过程中，用户都是处于弱势地位。换言

---

① 《民法典》第一千零三十四条规定：个人信息中的私密信息，适用有关隐私权的规定没有规定的，适用有关个人信息保护的规定。《个人信息保护法》第三十条基于个人同意处理敏感个人信息的，个人信息处理者应当取得个人的单独同意；第十三条符合下列情形之一的，个人信息处理者方可处理，其中第一款为，取得个人的同意；第十四条处理个人信息的同意，应当由个人在充分知情的前提下，自愿、明确做出意思表示。第十五条个人信息处理者知道或者应当知道其处理的个人信息为不满十四周岁未成年人个人信息的，应当取得其监护人的同意；第三十一条个人信息处理者处理敏感个人信息的，除本法第十八条规定的事项外，还应当向个人告知处理敏感个人信息的必要性以及对个人的影响。

之，用户同意之时并没有相关的"逆向选择"的权利，哪怕是有不利于自己的条款也无能为力。在实际的隐私政策中服务商处处透露出的单向思维，对用户来说就是相关企业的一种"隐私霸权"。

如此，必然导致一个基本事实，即在媒介化生存时代，用户从注册软件信息开始就处于弱势地位，注定了信息交易中的权责不对等。信息世界中用户"授权—同意"本该是其主体性的基本表征，但现实用户手中的主动权反而掌握在客体手上，"隐私政策"成为服务提供方"胁迫"用户交出个人信息的"合理"手段。比如打开知乎，会弹出是否同意隐私政策的弹窗，但如果点击否，则无法使用该App；"英语流利说"也被曝出若部分授权请求不被同意，软件则强制退出无法使用的新闻。在大部分情况下，用户如果想要获得服务，只能交出自己的个人信息，并且被迫接受相关的广告推送，否则无法获得服务。这样的不公平待遇，或以牺牲用户的隐私为代价的交易与商业平等伦理背道而驰。

6.4.4 规范服务商"隐私政策"是隐私权保护的有效途径

知情同意是现代基本商业伦理。按照《网络安全法》第四十条的规定，"网络运营者应当对其收集的用户信息严格保密，并建立健全用户信息保护制度。"信息服务商的"隐私政策"就是这一规则下的商业"公约"。因而，从文本分析的角度可以窥见信息服务商对待用户隐私的真实态度。

为此，我们分别选取国内 10 款典型 App 平台和 6 个头部短视频平台服务商进行隐私政策文本解读。

6.4.4.1 使用频率 TOP10 的 App 的隐私政策研究

我们选取的国内使用的 10 款典型 App，具体包括微信、QQ、支付宝、手机淘宝、抖音短视频、快手、搜狗输入法、微博、百度、今日头条。

（1）首先，我们从文件名、儿童保护、联系方式、更新时间、历史存档和适用范围等几个指标进行了统计。从名称和儿童隐私保护类目上看，各公司保持高度一致，名称中含有"隐私政策"的方案较多。其次，找到隐私政策具体内容路径较为隐蔽。大部分产品被设计成需要点击 4 次才能到达"隐私政策"内容，路径隐蔽，不够便利和直观，甚至有些并没有归在"隐私"路径里，而是归在"关于我们"页面里的一个极小按钮上。最后，政策更新较缓，许多政策还停留在 2018 年上半年时的版本，并且 App 大多数提供的联系方式也不够全面便捷。

（2）在隐私政策关于用户信息收集与保护的统计中，"收集用户主动提供的信息""获取用户使用平台信息""个人上网记录""cookie 和类似技术""设备信息"等几项声称率为 100%，在"收集其他用户关于本用户的信息"上声称率为 80%，在"通信录"上声称率为 70%，在"位置信息"上声称率为 90%，在"交易信息"上声称率为 50%。尽管平台对于确保信息安全都做了强调说明，但也存在"不能确保互联网绝对安全"的描述。此外，70%的网站会主动从第三方网站获取用户信息，而对于数据保存期限却模棱两可，只有 20%的网站给出了"注销用户账号依法保留 6 个月数据"的权利。

（3）在隐私政策关于用户信息使用与共享的保障方面。在使用目的中，许多平台多以"安全""改善服务/产品"，试图通过美化过的语句说明"个性化广告"的核心目的。而政策中其他需要展开详细区分的概念，如"某些、等其他、第三方"却一笔带过。由于平台需要使用和分享数据，所以关于此部分的条款呈现出不公平的趋势。要么就是对关联公司的解释设置英文门槛，使得阅读政策的人无法立即查阅接入的第三方服务公司名单；要么就是平台变相强制绑定手机号，或者强制发送信息，同意隐私政策才可以继续享用互联网服务。

从获得用户同意到收集、保存、使用用户信息，从隐私政策的呈现到隐私政策的内容描述，存在引导同意、过度收集保存、使用时美化陈词等问题，处处都是"霸王条款"，其自我政策暴露出严重的霸权思维，是对用户的一种"隐私压榨"。隐私政策中关于使用与共享信息的描述呈现出讨好用户、避重就轻的特点。

6.4.4.2　针对若干短视频平台的样本分析

我们分别从隐私政策基本项目、用户权利、信息收集与存储、信息使用与共享、未成年人保护、信息保护与安全措施等类目对短视频平台的隐私政策进行分析，并在这些项目下建立了相应的测评维度，然后分别通过不同的指标对其进行总体评估，发现如下问题：

（1）文本不规范。

第一，隐私政策文本普遍不规范，可读性不强。正如朱侯等人指出，可读性较差的隐私政策往往容易导致信息过载，引起用户的反感和不适①。隐私政策的可读性对用户的阅读有一定影响，而本书所研究的短视频平台的隐私政策在可读性上有所欠缺。具体表现在以下三个方面：一是三个视频平台中的隐私

---

① 朱侯，张明鑫，路永和. 社交媒体用户隐私政策阅读意愿实证研究 [J]. 情报学报，2018（2）：365.

政策的显示位置不一致，多存在与用户使用习惯不一致的平台，这给用户的查找带来了不便，有的还将定义解释放置在文末，导致其无法发挥作用；二是平台的隐私政策存在专业化程度高、信息量大、篇幅长、重点标注不明显等问题，而这增加了用户的阅读难度，从而降低了阅读意愿；三是大多隐私政策缺少定义解释，对文本内一些专业化名词缺少解释，或解释不充分，使得用户无法理解相关信息。

第二，缺少生效日期或更新与生效日期不一致。生效日期或更新日期关涉法律效力问题。实际情况是，隐私政策说明了其更新日期，但对于生效日期的说明却各不相同，有的没有说明生效日期，有的生效日期和更新日期一致，有的生效日期早于或晚于更新日期。因此，对于隐私政策的生效日期进行规范化的说明是必要的。

第三，命名方式较混乱。平台对于隐私政策的命名不一致，隐私政策、隐私协议、隐私权保护政策等，甚至还存在同一平台有两种命名方式的情况。

（2）用户知情同意权没有得到充分保障。

平台没有充分保障用户的知情同意权，默认登录应用即同意隐私政策，不需用户再次授权同意。虽然，这在一定程度上减少了操作步骤，给用户带来了便利，但这种便利是以牺牲某种权利换来的。

默认开启权限中"夹带私货"。某些平台通过默认开启了更多的隐私权限，在未告知并获得用户同意之前就默认开启隐私权限。在实践中，这些都属于侵害用户知情同意权的行为，忽略了用户本身的意愿，极易给用户带来隐私泄漏的焦虑，甚至产生法律纠纷。

（3）对个人敏感信息收集的相关声明含糊。

各平台隐私政策都会对敏感信息进行提醒，但缺乏统一标准和说明。

（4）对撤回授权的及匿名化信息处理方式不当。

某些隐私政策仅说明用户有撤回授权的权利，但并未说明撤回授权后平台对信息的处理方式是否继续收集相关信息及如何处理。有的隐私政策虽说明用户有撤回授权的权利，并承诺将不再收集相关信息，而在撤回授权前的信息处理与使用却不受影响。

对匿名化信息处理方式不当。出于对信息安全的考量，平台对注销账号后、超过储存期限等的信息应进行删除或匿名化处理。用户肯定是希望对注销账号或超过储存期限的信息进行删除而非匿名化处理。但实践中，平台倾向匿名化处理，使其不能识别个人身份后继续使用或共享此类信息。然而，匿名化信息是否能通过汇集的匿名信息识别出个人身份，对于这一系列问题并未进行相关说明。

（5）对未成年人保护不到位。

不同平台对于需要经监护人监护并同意才能使用应用的未成年人的年龄范围界定不同，有的要求不满 14 周岁，有的要求不满 18 周岁，有的则是针对这两个年龄段采取不同手段，对此并没有统一标准。同时，保护手段单一且力度小。大多平台仅采用了青少年模式这一种手段，但这种模式的实用性还有待考量。

6.4.4.3 对信息服务商"隐私政策"规制的建议

（1）以个人信息保护的法律为纲，强化服务商对个人敏感信息的保护。

在个人信息保护权力中增加信息选择权的细分指向，以统一信息服务商隐私政策的行为标准，为用户做出"同意"行为提供法律依据，保障用户的自由选择权。同时，强化平台对违反隐私政策的法律责任。

根据上文对隐私保护政策的解读，可以发现大多数企业对于保留用户数据描述并不非常明确，多标注有"在法律允许的范围内保证必要性的情况下保留用户数据"。这就给服务商对用户数据的处理留下了更多"钻空子"的机会。笔者建议给被遗忘权赋予必要的法律地位，将被遗忘权列入个人信息保护的立法范围。在我国当前信息保护的法律体系中，除《民法典》和《个人信息保护法》外，还有《刑法》《侵权责任法》《治安管理处罚法》等法律都包含关于隐私权的内容，但它们关于隐私权的规定均未提及被遗忘权。

（2）加大行政执法力度。

行政监管是法律实施的保障，在信息保护立法的同时更要加强监管，提高平台对用户的信息安全保护水平，给信息安全保护提供政策支持。从 2017 年至今，有关部门陆续开展"隐私条款专项工作"。"App 违法违规收集使用个人信息专项治理"工作在全国范围开展，就取得了较好的效果。通过开展政策监管，发现隐私条款中的不当之处，并严令要求其整改，从而促使隐私政策向合理化、规范化发展。

（3）拓宽司法保护途径。

针对广告精准传播中出现的隐私侵权案件诉讼主体人群广且分散的特点，避免一般诉讼中出现诉讼需求重复造成的司法资源浪费问题，笔者建议推广公益诉讼制度。

7 完善网络广告行政监管机制

　　改革开放以来，我国从计划经济成功转型为中国特色社会主义市场经济，靠的是宏观层面富有远见的规划和强而有力的政府引导与监管。作为我国市场经济中重要组成部分的广告治理体系，行政监管一直是该体系中的主体结构。实践表明，在此监管体制之下，我国广告市场持续维持着高速发展，整体发展状况较为健康有序，为品牌经济发展提供了坚实的保障。同时，我们也应该看到现有广告治理体制在应对网络广告市场问题中的不足。国内学者主要从网络广告行政管理体制、管理办法、管理效率、管理执行等方面进行了研究，为本章提供有参考价值的观点。

　　本书在第三章的相关部分从文献研究的角度就我国网络广告治理体系中有关行政监管的研究进行了梳理。本部分不再重复各研究者的观点，只简单概括一下问题所在。其大致包括以下三个方面的内容：一是关于政府管理部门之间的协作机制问题。因网络广告管理涉及的部门太多，多头管理、各自为政现象在一些地方仍然存在；各部门之间的配合仍不够顺畅，默契程度有待提高，整治合力尚未形成；虽然各级政府层面都已设立部门联席会议制度，但其效果各有差别。二是关于行政监管的技术手段与广告市场发展不匹配问题。其中，如行政监管的技术水平整体落后的问题凸显，尤其是新技术、新手段不足，各地区监管技术水平参差不齐，各地区行政监管部门对监管技术软、硬件投入不均。三是行政监管中的执法监督问题。例如，行政执法中存在执法方式落后、执法权滥用和执法力量不足等问题，第三方对广告执法监督体制的制衡不足的问题，行政执法的力量不足与人才建设落后的问题，行政监管与社会监督缺乏协同的问题，行政监管中工作机制不够灵活的问题以及行政监管中引入信用管理机制的问题等方面都有涉及。本部分将重点就行政监管中的几个突出问题进行深入讨论。

7.1 建立网络广告行政监管中的联席会议机制

在多年的实践基础上，市场监管机关与相关部门在网络广告协同治理方面已有不少有益的探索。虚假广告治理的部门联席会议制度就是这样一个有效的协作平台，部门联席会议一般应成立联席会议办公室，具体负责组织运行。要明确各相关成员单位的具体责任，制定相应的保障制度。因网络广告治理涉及面宽，包括特殊行业与相关执法部门，具体有党委宣传部、网络信息安全办公室、工信、公安、卫健委、文化旅游、广播电视、金融、教育、城市综合管理以及行政审批等部门。其中，市场监督管理部门应作为牵头单位，其他行政部门作为协同参与单位。只有这样，才能进一步完善行政治理体制，促进网络广告的健康发展。

在网络广告治理中建立跨部门联席会议机制能够强化各监管机关的主体职责，发挥强强联合、共同治理网络广告的作用。但是，在实践中，如果没有一系列强而有力的工作机制，各部门之间也可能会产生互相推诿进而导致不协调的现象。为此，可以从以下五个方面加以完善。

7.1.1 建立跨部门联合监督检查机制

由市场监督管理部门牵头，会同有关行政主管部门，定期或不定期加大联合检查、联合督查、联合告诫、联合公告、联合办案力度。加大对各部门下属执法单位或下辖行政机关的执法工作监督和检查力度，落实属地监管的职责，定期考核评价各下属执法单位或下辖行政机关对广告整治工作的进度和成效，并对其落实联席会议制度及发挥职能作用情况进行督查指导。本工作机制应强化对监督检查结果的内部通告，将突出问题上报至各参与联席会议单位的主管领导，督促相关单位及时调整工作作风或工作方法。联合检查原则上每半年进行一两次，根据工作需要，经任意一个成员单位提议，都可以临时召开全体会议或部分成员会议，部门联席会议以会议纪要形式明确会议议定事项，印发各相关单位。

7.1.2 建立联席会议的工作会商机制

由市场监督管理部门牵头，根据工作需要或其他部门提议，与有关部门会商工作中出现的新问题、新情况，解决监管工作中的难题。针对具体问题，开展联合调研，研究和制订相应的治理方案，提出解决深层次问题的有效政策措施。协调会商在查办重大疑难案件和典型案件工作中的具体问题，研究交流广告执法工作的新思路、新举措。为解决会商议题议而不决或决而不行的问题，应建立相关的落实保障制度。

7.1.3 建立监管执法联动协同机制

网络广告往往涉及面广、环节多，联合执法的目的是联席会议的各成员单位要加强部门间的工作衔接，充分利用各自的职能和手段，协调采取行政处理、经济处罚或刑事追责等措施，以形成有效的综合监管合力。尤其是对于严重的虚假违法广告所涉及的广告活动，各环节主体应实现行政执法与刑事司法的有效衔接，增强处罚措施的联动效能。对于那些违法问题涉及成员以外的单位或部门，必要时可以邀请相关部门或专业机构派员参加，并根据会议具体内容，确定会议召开的具体时间、地点和主要议题，于会前送达参会单位和参会人员，以求协同查办。

7.1.4 建立部门间信息沟通与通报机制

联席会议成员单位之间要进一步完善信息沟通与通报制度，建立部门间固定的沟通渠道。落实专人，明确职责，及时将查办案件、处理相关广告主、广告经营者和广告发布者、处理相关企业和产品、暂停产品销售以及吊销经营许可等重要监管信息通告相关部门。有关部门对通报或者移送的案件线索要及时交办，跟踪督办，反馈结果。同时，还应建立联席会议的对外公告制度，尤其是要与新闻媒体单位建立固定的通联关系，定期或不定期地向社会发布广告治理的成果，公布典型案件案情，以培养和提升社会公众的广告素养。

7.1.5 建立联席会议制度的常态化机制

为发挥联席会议制度对网络广告监管的长效作用，应大力推进互联网广告监管从探索性、专项性向日常化、机制化转变，打破"运动式"执法的惯常思维，日渐形成和完善联合治理长效机制。为此，要在联席会议制度的基础上，由牵头单位联合各部门形成日常监管制度，避免"运动式"监管，少采用突击性检查等各类模式，将监管常态化和制度化落在实处。

市场监管部门要结合"双随机、一公开"①原则进行抽查,在对抽查对象开展综合检查时,应注重加强对有关互联网广告业务承接登记、审核、档案管理、制止广告违法等情况的检查。要将主要网络平台、自设网站纳入重点监管范围,适当增加抽查频次。对发现的问题,要依法综合运用约谈、指导、责令改正、考核、公示、查处等一系列监管举措,切实督促整改。在加强日常监管、积极发现查处违法广告的基础上,适时有针对性地开展专项整治,集中治理突出违法广告问题,保持对互联网广告的严管态势。

　　在"放管服"改革大背景下,我国现行的广告监管体制赋予广告管理机关的核心业务更多的是对广告进行事后监督,对大多数行业的广告监管已变为广告的事后监督。由此,该模式不可避免会产生一些弊端。如广告行政监管机关只有在违法网络广告出现并造成了一定的消极后果后,才能行使其管辖的权限。为了提高监管成效,尽早发现问题,及时把问题消除在萌芽阶段,市场监管部门要以联席会议制度为平台,联合各组成部门建立一个广告事前、事中和事后全过程的监督机制。对新《广告法》界定的特殊行业,如农药化肥、金融、烟草、教育和房地产等,应与行业主管机关建立更紧密的通报制度和协同机制,减少因沟通不足导致的事后监管困难。要建立广告导向监管的协作机制,依托联席会议制度平台,牵头单位应与宣传部门、网信办、新闻出版和广播电视主管部门形成一个导向监管专项治理制度,明晰各自职责,梳理监管流程,及时发现并回应广告舆情动向,牢牢把控广告意识形态主阵地,充分利用公益广告和主流媒体平台用先进的思想观、价值观指导广告活动。另外,对其他行业的违法广告治理并非不重视,而是具体情况具体分析。由牵头单位与相关主管部门有针对性地开展调查研究,建立相匹配的协同机制,以规范、科学的治理方法,最大限度地减少和杜绝虚假、违法广告对社会的危害,从而促进整个网络广告市场的良性运转。

---

　　① 2015年8月5日,国务院办公厅发布了《国务院办公厅关于推广随机抽查规范事中事后监管的通知》,要求在政府管理方式和规范市场执法中,全面推行"双随机、一公开"的监管模式。所谓"双随机、一公开",是指在监管过程中随机抽取检查对象,随机选派执法检查人员,抽查情况及查处结果及时向社会公开。

7.2 完善网络广告监管的技术保障机制

网络传播技术日新月异，为网络广告传播带来技术红利的同时，也为网络广告违法创造了更多可能。因而，通过技术手段达到对网络广告的技术监管就成为时下行政监管中迫切需要解决的问题。当前，各地广告行政监管者面临严峻的技术压迫形势，这里不仅有来自监管技术手段落后带来的挑战，更有来自掌握相应技术能力和水平的监管人才匮乏带来的困境。

7.2.1 以网管网、技术管网是必然趋势

从全球网络广告治理的趋势观察，部分国家早已将以网管网、技术管网纳入治理的进程中。早在 2011 年 11 月英国就出台了对公开数据进行研究的战略政策。2013 年年初，英国商业创新及技能部对高新技术进行投资，其中 1.89 亿英镑用于发展大数据①，施行了现代拦截计划，通过将存储交流信息细节到一个中央数据库，以此达到监控目的。2012 年，美国奥巴马政府宣布"大数据的研究和发展计划"②，采用第三方服务器的方式进行监管，服务器软件可以检测违反国家规定的广告，如烟草或暴力等。2011 年，韩国也提出了"智慧首尔 2015"计划。巴西采用基于自身适应服务的系统的应用程序配置存储库，这一方案在巴西最大的门户网站所采用的进化型在线广告系统中成功实施，每月处理 50 亿次广告请求。

在我国，原工商行政管理部门也对技术监管十分重视。北京市工商行政管理局较早就利用 OCR 技术实现了对虚假广告的监测，将虚假广告中容易出现的"专家""第一"等词语收录到数据库中。原国家工商行政管理总局委托浙江省工商行政管理局建设的"国家互联网广告监测中心"，于 2016 年 9 月 1 日正式试运行。

但也应该看到我国当前技术监管中仍存在需要加快改进的地方。尽管国家

---

① 王茜. 英国大数据战略分析 [J]. 全球科技经济瞭望，2013 (8)：24-27.
② 郎杨琴，孔丽华. 美国发布"大数据的研究和发展计划" [J].科研信息化技术与应用（中英文），2012，3 (2)：89-93.

市场监督管理总局依托浙江的技术平台成立了国家互联网广告监测中心①，取得了一定的成效。但就全国网络广告发展的整体速度和规模而言，仍然是杯水车薪。按照该中心目前跟踪的 1 000 个主流网站、1 000 个主要 App 的监测量，是难以靠这一个中心达成毕其功于一役的期待。就地方技术监测平台建设的情况而言，也不是很乐观。当前，各地方市场监管技术平台多集中于针对传统媒体广告的监测上，而针对网络广告监测的技术平台建设普遍滞后。以江西省为例，九江市在 2019 年开始搭建网络广告监管专项平台，成为当时全国第一家地方平台。该系统运行几年来取得了一定成效，为地区网络广告治理提供了一定程度的技术支持。但是，该平台仍然是以关键词检索为特征的广告监测，自动化水平较低，难以覆盖视频、音频和复杂的图片等广告传播形式，而且数据库容量小，监测的对象网站和 App 面向窄，不能做到本区域内全网、全传播样式的广告监控②。目前，南昌市、赣州市等地区正在筹建城市智慧管理综合平台，也将网络广告监测功能模块作为一个子系统纳入其中。因为时下并无相关技术平台在网络广告监测实践效果的公开报道，故该类技术平台对网络广告

---

① 综合新闻报道：国家互联网广告监测中心是国家网络经济监管的重要机构，是原国家工商行政管理总局实施广告战略的基础性平台。通过该中心的建设和运行，监管部门能够有效切入互联网广告监管领域，监控互联网广告区域性、系统性风险，同时发挥行业组织预警自律的作用，为广告行政监管提供技术支持，实践"对等监管，以网管网"的管理理念。互联网广告监测系统是国家互联网广告监测中心建设的根本和核心。根据广告的特点，该系统对互联网广告的构成和渠道进行综合分析，采取具有针对性的技术手段进行功能配置，实现有限投入下的"双重点监测"——重点广告平台日常监测和重点广告问题巡回监测，并由此形成广告监测系统的总体架构。

基于云计算、大数据、分布式处理等先进技术，国家互联网广告监测中心将联合中国广告协会搭建集监测、展示、预警、分析、评价、指挥六大核心功能于一体的国家互联网广告监管平台，即监测互联网违法广告宏观变化，探索违法广告规律，高位引领全国广告事中事后监管机制，为互联网动态监管构建基础；通过建设开放式的监测环境，实时向社会和同行展示透明化的广告监管、监测流程，展现高科技对等监管的力量和成效；在宏观监测的基础上，开展全国范围的互联网违法广告预警，敦促广告行业自律，帮助消费者防范违法广告侵害；开展数据分析，探求广告市场发展规律，为广告监管和促进发展工作提供依据，为研判经济形势和市场变化提供手段；总结传统广告领域信用评价工作经验，建立符合互联网特点的信用评价规则，将广告信用评价工作推向互联网领域；建立广告监管工作的齐抓共管机制，搭建高度信息化的监管信息调度平台，高效调动系统力量，监控和处置区域性、系统性风险。

② 九江市建成江西首个互联网广告监测监管系统并已投入试运行。为实现"以网治网"，系统对市场主体网站、重点监测网站、移动自媒体，按照市场经营主体监管模式，形成了一般行业与重点行业监管库，对地区性综合网站、社会化网站进行重点信息监管；特别是微信公众号实施有针对性的实时常态化监测、监管，建立动态数据库，并重点加强了涉医、金融理财、房地产等事关百姓生活的广告监管，以净化网络环境。据了解，目前，该系统已导入监测网站 1 066 户、网店 911 户、重点监测微信公众号 63 个。此外，该系统搭建了打击违法互联网广告的市、县、镇三级联动巡查监管平台，可以根据巡查任务，及时反馈信息，有效提高监管效率。

治理的成效还有待观察。

7.2.2　完善技术监管长效机制的建议

构建以国家互联网广告监测中心为主干，以各省（自治区、直辖市）互联网广告技术平台为支撑、以地市级技术平台分点为辅助的全国互联网广告技术监测综合系统是大势所趋。大力引进大数据、云计算和人工智能等先进信息技术发展成果，使该技术系统达到甚至是赶超世界数字传播产业的整体技术水平，为我国数字经济健康发展保驾护航。

从投资产出效率的角度看，这样一个综合监测系统需要功能齐全，监测范围广，响应速度要快，就必定涉及庞大的基础投资和综合服务配套，因而单靠政府一方投资的设计思路并不一定切合实际。因为互联网海量数据、无数的网站网页还在以日增月益的高速度前进，任何试图以相应的服务器增长速率来满足监测需要的想法都是不切实际的。如此，需要全国"一盘棋"，分层分级协同建设，合理有效地配置资源，采用云计算分布式框架，科学协调计算能力，以达到节省整体投资、提高监测效率的终极目标。为此，要切实改变各省、各地市各自为政的建设思路，避免走高投入、低产出、低水平重复建设的老路子，更为规避建成后形成一个个信息监测"孤岛"的现象。

这样一个顶层设计，最终可以实现以国家互联网广告监测大系统为平台，建立起统一的网络广告监测信息库，构筑以省级频道为网络广告监控节点，以地市级监控为网格的协同系统，实现各省局网络广告监测系统与国家网络广告监测系统之间的联网和信息共享。同时，各省、各地市都可以同步共享一套技术服务水平一致、管理操作标准化、信息沟通无障碍、技术响应同步化的监测服务平台。积极进行大数据应用、人工智能等技术在网络广告监管中有益探索。走智慧监管的新路子，大胆实践，集中解决"关键词搜索＋人工检查效率低下"的问题，着眼在更广范围推进大数据智能监管。加大在线平台与移动执法一体化响应，为打造新型的广告监管队伍，构建更先进的监管新格局。立足职能，努力追求市场监管的数字化转型，把监管职责分配交给信息化，把检查全过程数据共享于网络，把效果评价量化为具体数据，提高网络广告市场监管效率，互联共享，积极构建依托大数据的社会共治格局。依托国家企业信用信息公示系统，实现部门间涉企信息互联互认、共享共用，为运用大数据加强市场监管奠定坚实基础。在条件成熟的情况下，还可以将违法信息举报系统与之进行对接，以利于将网民发现的违法广告举报信息及时纳入技术复查的范围，便于实时提取和保存网络广告违法信息。

需要指出的是，这样的平台即使是一个全国范围分布计算、全技术要素齐全的系统，也不可能涵盖全国所有发布广告的网络媒体和网页内容。因而，要求该系统是对外协作性能强、与外在系统信息交换效率高的开放型平台。因为单就阿里巴巴一个电子商务平台而言，要监测其每天的信息发布量就需足够的服务器来支撑，况且全国同级的商务平台有微信、微博、拼多多、京东、苏宁等，还有数以百计的体量可观的平台以及无数的小网站。与其疲于奔命，追求计算能力对等，还不如走合作共治的技术监管之路，与要监管的对象进行深度合作，将国家技术监测系统与企业商务平台和广告发布平台的内部审查系统进行对接，这样既减少整个监测平台的整体计算量，又能有效地促进企业自律。

如此大的系统不可能一蹴而就，需要分期分阶段实施。为此，本着全面覆盖与重点监测相结合的原则，在加强国家广告数据中心建设方面，重点加强医疗、药品、医疗器械、保健食品、教育、房地产、金融等行业互联网广告监测数据建设，为进一步建立跨部门、跨行政层级、跨行业综合数据库与数据链提供经验。同时，要加强大数据相关关系分析和预测的运用，预估违法广告发展趋势，以提前做好监管预案。

7.2.3 加强技术监管人才队伍建设

人才培养和人才队伍建设是一切技术监测体系中最为重要的保障。技术平台和高规格的机房硬件设施都只是技术监管的基础条件和前提，而一支思想觉悟过硬、网络技术素养高、整体能力强的技术监测队伍才是根本。

从广告监管队伍来看，专业人才少、队伍不整齐的现象在各地均有表现。省级和地市级市场监管部门中虽设有广告监管处（科）室，但普遍职数有限。在有限的编制中，还要有专人负责当地产业发展的指导工作，因而专职于广告监测的人员配置并不足够。关键是，近两年各级市场监督管理部门正在进行职能整合与转并，大量从事专利管理、价格管理等与广告管理无关的人员被合并调整到了广告监管岗位。一些与技术背景无关、业务不熟的管理人员无法在短时间有效地开展工作。在县区级广告监管一线的人员多由原工商行政管理口转型而来。他们之中，年龄老化、技能不对口的情况更为突出，尤其是县区级行政单位要招聘高技术水平人才存在一定困难。这些问题进一步制约了基层执法单位监管绩效的提升。

快速组建起一支与网络广告发展速度相匹配的管理队伍，解决人才队伍建设的难题，已成为亟待解决的重点问题。从现有各地实施的措施来看，走存量培养的道路是一个现实的选择。内部培训和专业委培各地都在进行，这也是一条快速提升监管队伍整体水平的好方法。但是，面对高速发展的数字经济，要应对复杂多变的广告违法现状，这恐怕并不能从根本上解决问题。因此，建议从以下四个方面入手：

（1）对标当地广告监测系统建设进程，设立专业技术岗位。尤其是信息技术专业岗位，通过合规途径引进或招聘有信息技术专业背景的人才，强化专业绩效考核，杜绝尸位素餐，以突出广告监管中的技术属性和技术功能。

（2）结合内部培训和委培途径，突出绩效考核中对技术能力的要求。加快岗位轮动与调整，突出技术岗位职能中的技术能力在绩效评价中的比重，以加快管理人员对信息技术学习的进度。利用轮岗机制，调整不适合岗位需求的人员，把相配的人员调任到相应的岗位中来，尤其是要重点提拔德才兼备的人才到相应的领导岗位中，以带动整个部门的技术素养的提升。

（3）推进专业人才协作机制和智库建设。光靠行政监管部门存量人员的自我提升很难满足监管实践的需求，因而需要走非常规的路径来迅速解决人才需求难题。其中，加强与专业院所或高校专业学科的人才协作机制建设是可行的道路。相关的专业院所与高校人才济济，他们渴望与相关的广告监管实践结合，以提升自我科研能力，而监管机构则更需要专业人才加持，以解决现实问题。打通双方的人才协作途径，建立一个固定的协作机制，履行正当合规的组织程序，让相关人才到行政监管部门挂职兼职，可以解决一些工作中的实际问题，提升监管人员的工作效率。

（4）依托高校资源，建立广告监管和广告产业发展调研与规划的专项智库，为行政管理部门提供专业咨询和专业服务外包，充分发挥各自的优势，又能更好地体现专业人办专业事的效果。这方面已有多地进行了探索和尝试，如上海大学新闻与传播学院建立了广告研究院，为上海市广告产业提供了广告产业规划、广告传播标准制定和广告政策咨询等服务。浙江省相关部门委托了浙江理工大学人文学院制定广告产业规划、安徽省有关部门委托安徽师范大学新闻与传播学院进行专项咨询项目、江西省市场监督部门委托南昌大学新闻与传播学院编制"'十四五'广告产业发展规划"等。

7.3 完善政社、政企联防共治长效机制

以行政监管为主导，建立以政府部门监管和社会监督相结合、以行政与企业联合治理为依托的综合监管机制将成为提升广告治理中行政监管效率的关键途径之一。

所谓联防共治机制，是指行政监管部门与利益关联方通过信息共享渠道，建立基于相关数据库建设与管理，应用信用管理或相关制度安排，进行联合执法、宣传教育和事前提示与事后惩戒的一套机制。该机制强调在网络广告市场监管中，以政府内部多部门相互协作为主体，以外部相关多方共同参与，以法律为基础、长效为导向，提供更加具有效率性、技术性的网络广告管理服务。它的基本特征主要体现在以下三个方面：一是多元化的治理主体。在政府内部，市场监督部门并非网络广告治理的唯一主体，网监、药监等部门在它的主管领域也是广告监管主体。在政府之外，私营部门、非政府组织和网络民众等在广告治理中都扮演着重要的角色。二是合作导向的治理关系。网络广告治理多元主体之间存在权力依赖和互动的伙伴关系。各主体之间依靠自己的优势和资源，通过对话树立共同目标，增进理解和相互信任，最终建立一种共同承担风险的网络广告治理联合体。三是强调技术在协同治理的联系作用，提高联防共治效率，降低联防共治成本。

7.3.1 建立行政监管与社会监督相结合的共治机制

在政府与社会共治方面，国外也有一些经验可供参考。在美国，政府监管广告机构除了联邦贸易委员会外，针对互联网活动的还有互联网地方广告和商业协会（ILAC）、消费者银行协会（CBA）、商业促进局（BBB）、互联网服务协会（ISA）、互联网隐私工作组（IPWG）以及直销联合会（DMA）等。日本也积极促进互联网广告相关协会的发展，建立了日本广告审查机构（JARO）、日本通信贩卖协会（JADAMA）以及监管互联网广告的专业行业自律协会——日本互联网广告推进协议会（JIAA）。在英国政府的支持下，英国成立了互联网监督基金会（IWF）。IWF 的主要工作是处理各种不良信息报告。网络用户如果发现了不良内容，可以登录该基金会的网站进行报告和投诉，IWF 随之进

行调查和评估①。新加坡在网络广告监管上推行"三合一"政策，即法规制约、行业自律、媒体素养教育的三合一。法国则先后成立了"法国域名注册协会""互联网用户协会"和"互联网监护会"等网络自我规制机构，还成立了一个由个人和政府机构人员组成的常设机构——互联网国家顾问委员会。从现有的研究文献看，这些国家的广告治理模式取得了较好的治理效果。

7.3.2 政企联防共治，实现治理长效

按惯常思维，行政监管与监管对象之间是一对矛盾关系。它们有可能建立起联防共治机制吗？其实，从对立统一的观点看，它们并非只有对抗关系，也存在共同目标。行政治理的根本目标在于大治和有序健康发展，为企业塑造良好的发展环境。对企业而言，一时的违法可能会有短期的"回报"，但违法行为是不可持续的，违背社会基本价值的行为危害的是整个发展环境，终将反噬企业本身。因此，行政监管机关与企业的最终追求是一致的。这就是联防共治的前提和基础。同时，从数字广告生态系统来考察，政企协作的理由更充分。在数字广告产业中，无论是电子商务类别还是资讯、社交类别，头部化和平台化特征都很明显。在商务大平台之上，寄生的是一个个具体的品牌商，在资讯平台和社交平台上，依附的是一个个自媒体账号。而这些正是违法广告的主体群落。对于这些平台型企业而言，其内部生态环境的好坏与平台的发展利益有着密切的关联，它们并不希望违法广告行为影响平台环境和平台的整体利益。

政企联防共治包括且不限于如下一些具体的措施：

（1）政企共建广告法律教育机制。针对辖区内的网络平台的类型和问题的突出特点，紧密联系平台主体（含重点网站和 App），共同开辟针对平台内的经营商户和广告经营单位的法律教育频道（或网页），开展日常化的法制宣传、政策宣讲与广告行为指导，共同探索对违法广告的分析与预警制度，帮助平台主体提高对违法广告的鉴别能力，并有针对性地采取相应的管控举措。同时，应促进平台主体增强自律和提升对平台内违法行为的治理能力，指导并督促平台主体定期发布平台内的广告违法情况，分析其违法原因，并及时报告市场监管部门。

（2）建立政企之间的违法信息共享机制。在督促平台开辟相应的违法广告投诉举报渠道的基础上，与政府广告监测系统进行对接，允许政府监管系统定期或不定期读取平台的相关数据，进而共同构建违法广告的快速处理机制。

① 徐凤兰，孙黎. 国外网络广告监管经验及启示 [J]. 新闻实践，2012（12）：63-65.

平台要设置风控系统，由专人专岗管理，及时处理平台的违法广告，并实时与监管系统进行沟通。

（3）强化政企间的协作执法机制。为建立协作执法机制，首先要努力调动平台主体的主动性和积极性，以配合行政监管的执法工作。还要依托网络平台的数据优势和技术力量，配合行政机关对违法广告行为开展违法数据调查。在对涉嫌广告违法行为的主体信息、违法广告的传播路径、涉嫌违法主体的获利情况三个方面进行电子证据的采取和固定。还应该指导网络平台制定针对平台内经营者的行为惩处约束规范或行为公约，履行对违法行为整改监督职责。

7.3.3 强化联防共治，创新监管模式

所谓新型广告主体，是指随着数字广告产业发展而涌现的全新广告主体，不仅有上述的平台型企业，还有基于智能广告技术发展起来的一些技术性企业平台。这些平台也是靠平台流量经营获利，因而它们也往往是广告违法的主体。如《互联网广告管理暂行办法》第十三条、第十四条、第十五条规定了程序化购买广告的相关主体及各自的义务，规定程序化购买经营模式中的广告需求方、平台经营者必须清楚标明广告来源。其他参与到程序化购买经营模式里的经营者，也要承担普通的查验合同及对方主体信息，明知或者应知广告违法时予以制止的义务。

资讯平台、社交平台或者门户网站自身有义务去审查发布广告的合规性，所以他们需要承担作为媒体经营者的连带责任。然而，网络信息数量庞大，以ISP（互联网服务提供商）为例，享有信息权的个人或企业自行在网站上发布虚假的广告信息，ISP无法一一对所有的内容进行及时的考究，可参考避风港原则处理[①]。若ISP发觉广告有违法情况，将其立即移除或使其无法再被消费者读取，应考量给予适度的责任免除规定[②]。当然，ISP要采取合理的、固定的时间与方式，形成审查网络广告版面的习惯，并保留工作记录，这样也能降低网络服务提供者的连带责任。

与传统的行政审批模式不同，我国对网络新型主体已由"审批许可"转

---

① 避风港原则是指在发生著作权侵权案件时，当ISP只提供空间服务，并不制作网页内容，如果ISP被告知侵权，则有删除的义务，否则就被视为侵权。如果侵权内容既不在ISP的服务器上存储，又没有被告知哪些内容应该删除，则ISP不承担侵权责任。后来避风港原则也被应用在搜索引擎、网络存储、在线图书馆等方面。避风港原则包括两部分，即通知和移除。

② 戴乔. 电子商务中网络广告的行政监管问题研究［J］. 重庆城市管理职业学院学报，2015（2）：65-70.

为"核准登记"制度。相对而言，"核准登记"制比较宽松，无论是平台型主体还是一般主体，在经营方面都较自由。但这也成为违法广告问题丛生的原因之一。理论上，我国网络平台主体和一般经营者只需要在因特网上登记公司的名称、地址等相关的真实信息，并对内容负责，便可以从事网络上的经营活动①。我国行政审批模式转变成核准登记之后，可从市场管理审批环节入手，强化对 ISP 的管理，在其进行广告经营活动之前需要依法进行工商注册登记，取得许可证，还应在国家市场管理部门"报备"，进一步推动其对红旗制度②的落实。通过报备有利于资格认定及追究，政府部门也可以将网络广告主体的 IP 地址与其住所进行有效对接。对于 ICP（网络内容服务商）的许可制度在现实中已经难以落实，以致在国家强制推行实名制以来，制度的执行率也不高。不仅是因为此类主体太多，更是因为在 ISP 上可以任意注册并经营。为应对此种情况，ICP 在相关制度的落实上应该承担相应的责任。

为此，应加强对互联网广告行为进行指导和监督。在定期审查中，应认真审查其自身广告经营的信用问题。许可证须通过定期审核，视其行为优劣采取年度更换或取消措施。抽查 ISP 对平台注册用户（ICP）实名制落实情况的审查，是其对相关主体的资质和经营行为的必要监管。

7.4 完善网络广告市场信用管理机制

西方市场经济发展之初，信用管理制度就在保险、就业市场被广泛应用，且取得了较好的成效。在广告治理中，日本、美国等地政府鼓励发展广告行业协会以及非政府广告监管组织，借用民间的力量达到有效监管网络广告信息披露的目的。如在美国，消费者可以通过商业促进局（BBB）的网站查询公司的评级、公司的具体表现。在广告行政监管中建立信用等级评价与奖惩机制，既可以让消费者一看即可明了，又可以解决市场信息不对称问题。

所谓信用管理，是一项授信人对企业或者消费者个人的资信状况进行管理的活动。它将授信人搜集和处理过的消费者个人或企业的信用数据视为征信产

---

① 徐凤兰，孙黎. 国外网络广告监管经验及启示 [J]. 新闻实践，2012（12）：63-65.

② "红旗"原则是"避风港"原则的例外适用，红旗原则是指如果侵犯信息网络传播权的事实是显而易见的，就像是红旗一样飘扬，网络服务商就不能装作看不见，或以不知道侵权的理由来推脱责任，如果在这样的情况下，不进行删除、屏蔽、断开连接等必要措施的话，尽管权利人没有发出过通知，也应该认定网络服务商知道第三方侵权。

品，以此征信产品为信用管理的工具和手段，支撑信用交易决策，使信用交易得以成功实现①。信用管理是一种正反馈激励性的管理制度，包含多种运行机制，主要为信息管理机制、失信惩罚与守信激励机制和信用保障机制。它是一种共管机制，即管理机关与被监管对象不是完全对立的关系，而是一种协作共管的关系；它是一种公示制度，可以利用舆论和社会评价机制保障相关主体行为的长效性和持久性。在信用公示制度实施后，企业及其他被监管者的信用信息公开透明，缩小了信息的不对称性。守法者可以通过公示制度彰显自身信用，提高自身的竞争力。在失信者的信息被公示后，失信者可能要面对舆论的压力，同时失去许多与他人交易的机会，因此失信者为了长远发展只能选择诚信自律。

7.4.1　加强广告信用与信用管理

广告信用是信用管理理论的一个衍生理论，我国关于广告信用的研究则是在近十几年的事情。结合相关文献，可以将广告信用定义为广告活动主体为获得长期利益最大化，以广告信息作为信用载体，做到对消费者诚实守信并与约期实践相结合，从而获得消费者对广告的信任，借此发展起来的广告活动交易规则及一套行为规范②。

在广告信用的发生过程中，实际上有两个信用关系链条。一是广告运营过程中的信用活动，主要表现为广告主、广告经营者、广告发布者之间所进行的服务交易过程中存在的信用关系，对最终的广告信用产生重要影响；二是广告传播过程中的信用活动，指广告主体通过一定的渠道将广告信息传播给消费者，消费者给予广告信息及背后的广告主体信任，继而才能完成商品交易的过程③。

江云苏（2004）指出，广告信用缺失复杂，应以道德为支撑，推行信用分类监管，建立广告信用监管体系④。徐端娥，蒋丰伟调查了房地产广告的信用情况，提出了政府的监管指导力量在房地产广告管理中的重要性。⑤ 王刚（2004）根据浙江省的信用监管初步实践，总结出广告信用监管应当要标本兼

---

① 林钧跃，吴晶妹. 城市信用体系设计 [M]. 北京：中国方正出版社，2002.
② 姚杰. 基于经济意义的广告信用框架建构分析 [J]. 广告大观（理论版），2013（6）：8.
③ 胡振宇. 互联网广告信用系统再造及其风险归因：基于功能结构主义的视角 [J]. 当代传播，2019（4）：34.
④ 江云苏. 构建广告信用监管体系浅思 [J]. 工商行政管理，2004（4）：8.
⑤ 徐端娥、蒋丰伟. 我国房地产广告信用研究 [J]. 商场现代化，2007，10（494）：188.

治。一是需要建立各部门共管机制，严控广告信息发布的部门审核环节；二是应该建立自律机制，协同社会监督推动经营单位的自律；三是要建立媒介广告信用评价体系，实施累计罚分制，将被监管对象的信用信息予以公示。信用指数问题较严重的还应进行行政约谈[①]。

在广告信用管理中的评价体系与框架方面，姚曦等人[②]通过三次匿名专家调查来筛选广告信用评价的维度和指标，最后将信用安全性指标、主体合法性指标、信用履约能力指标以及发展性指标纳入广告信用评价体系的四个评价维度。

7.4.2 网络广告信用管理的必要性分析

以信用分级管理配合失信惩戒、守信激励制度对广告主体进行的信用管理是避免以罚代管，促进主体自律的主要方式。根据广告主体信用评定的结果，它们将被分为不同的信用等级。对于信用等级较高的广告主体给予政策倾斜鼓励，而对于信用等级较低的广告主体给予多项限制。就政府而言，信用监管中的评估结果可给政府部门做相关决策提供参考。政府监管机构可根据信用等级结果，集中监管力量重点监管信用等级较低的企业或个人，降低监管的能耗。就守信的广告主体而言，被监管企业可以利用自身较好的信用评估结果提高企业自身的知名度，使客户放心与其达成合作，同时还可享受到政府提供的政策支持，一举多得。就失信的广告主体而言，信用监管的举措会使他们多处碰壁，不利于企业自身的长远发展。为了长远发展的需求，失信企业不得不约束自己。就投资者、消费者而言，信用监管工作能够帮助他们更便捷地了解到交易对象的信用情况，在选择交易之时更容易做出判断，降低上当受骗事件发生的概率。

信用监管同时也是改善改革环境的重要前提。一个地区的社会信用状况在一定程度上可以反映当地社会、经济、市场的发展状况。在一个信用规范管理的社会，合作方之间交往愉快，贸易安全自由，社会经济环境和信用环境良好，才能吸引更多的社会资源，促进市场贸易和经济的快速发展。

7.4.3 广告信用管理之浙江经验

尽管在行政监管实践中有不少地方应用广告信用管理手段，但是浙江、江

---

① 王刚. 标本兼治 实施媒介广告信用监管 [J]. 商行政管理，2004（4）：8.
② 姚曦，周丽铃. 我国广告信用评价体系的建立方式与内容框架探讨 [J]. 广告大观（理论版），2014（12）：15.

苏等省是为数不多的为此制定具体规范的省份。尤其是浙江省，较早在广告监管中应用了广告信用管理制度，而且取得了较好的成效。

7.4.3.1　坚持"双随机、一公开"的工作原则

2018年，原浙江省工商行政管理局将"双随机、一公开"的管理模式写入了《浙江省互联网媒介广告信用评价管理办法（试行）》。所谓"双随机、一公开"是指政府在监管过程中会随机选择一个监测时段，随机选择、派出信用执法检查人员。最后的抽查情况以及查处结果将会及时向社会公开。

其抽查管理模式为：规范监管人员的管理，将监管人员的信息纳入"双随机、一公开"的监管人员库。对监测范围的互联网广告按照相同频次、相同网页层级进行人工审核。抽查的结果将以"广告监管情况通报"的方式自动在浙江政务服务网中公示，同时分送人大、政协、媒介的主管部门等单位。在"双随机、一公开"的抽查过程中，抽查管理系统将全程记录、留痕，实现监管责任可追溯、监管责任可寻痕。

由于抽查的随机性，被监管对象想贿赂却无处可贿。这不仅降低了"监管俘获"发生的概率，还能有力地打击"猫鼠共谋"的利益链条，治愈人情监管的顽疾，改变互联网广告的不正当竞争局面，保障其他守法者的合法权利。"一次抽取，全面检查"的方式也能够降低监管的时间和人力成本，企业不用疲于接受重复检查，降低企业的负担，避免执法扰民。

将抽查结果进行公示，公众便能快速辨识虚假广告，推进社会监督。抽查结果分送各个部门，避免了各个政府部门盲目的重复建库和录入工作，消解了各部门在监管工作中的"信息壁垒"，提高了监管效能。

7.4.3.2　以监测技术为手段，推进广告信用监管工作

浙江省广告信用监管工作由浙江省市场监督管理局负责，具体的工作由浙江省广告监测中心实施，而广告监测中心的信用评价工作数据来源则是浙江省互联网广告监测系统的监测结果。为了坚持"互联网+广告监管"理念，浙江省采用了SDK定位采集、尖端云计算、搜索引擎信息采集、分布式爬虫和智能语义分析、分光数据采集术、数据协同采集①六项互联网新兴技术来强化浙江省互联网广告监测系统的监测能力，推进互联网广告监管工作。

由于同时开展全省全面的监管工作存在一定难度，浙江省的监管工作思路为"边监测、边建设"，互联网广告信用监测是一项全新的尝试与挑战，全国各个省（自治区、直辖市）都没有先行的经验可以借鉴，因此浙江省希望在

---

① 柴丹.大数据天眼盯紧网络广告.［N］.浙江市场导报，2018-02-06.

监测中建设，慢慢摸索、建立行之有效的监测体系。"先省级、后市县"，先由浙江省广告监测中心探索开展互联网广告信用监管工作，再寻找从省级慢慢拓展到各市县的监测路径。

为了让监管工作更加有的放矢，浙江省广告监测工作集中火力，先瞄准大型门户网站和医疗、药品、保健品、投资理财、房地产等与消费者生命健康息息相关的行业领域的广告，有针对性地开展监管工作。

依靠广告监测系统每日监测到的数据，浙江省广告监测中心将生成监测日报，以责令整改通知书的形式通知被监测到的违法广告的发布者，要求其进行整改。同时，为了避免广告监测结果被篡改、删除，广告监测系统还将对监测到的违法互联网广告案件进行证据的固定。不论违法互联网广告是视频、音频、图片还是其他的传播形式，都可以进行证据固定。浙江省广告监测中心将对虚假互联网广告的原始报样进行为期两年以上的保存。

由于浙江省在互联网广告监测以及互联网广告管理上表现良好，因此全国互联网广告监测中心的建设任务也由浙江省负责。据原浙江省工商行政管理局所述，2017年9月1日，全国互联网广告监测中心在浙江省正式启动建设。在六项新兴技术的帮助下，全国互联网广告监测平台的监测能力在2018年已从每个月可监测637.5万条次提升到每个月6 812.68万条次。2002年，浙江省全省的广告违法率为2.64%，而到2019年浙江省全省的广告违法率已降低到0.04%，浙江省广告市场日渐健康、诚信。

7.4.3.3　实行累计罚分制，巧用行政约谈"矫正器"

在互联网广告信用管理的问题上，浙江省探索出了一套广告信用评价指标体系，利用广告信用指数来衡量广告发布主体的信用等级。在浙江省，所有从事互联网广告的网络主体每年有100分的媒介广告信用指数，按月计扣，累计罚分。网络广告监测中心监测到的广告将按规定进行加减分计算，形成各广告主体的每月广告信用指数。秉持"进步应予以激励，退步应予以警示"的初心，各广告主体的信用评价指数当月扣分总数若比上月扣分总数多，则超出部分的50%作为惩罚扣分项，计入当月扣分。相反，若当月扣分总数比上月扣分总数少，则减少部分的50%作为加分项，计入单月加分。如此累计罚分的方式而得出的各网络广告主体的年度信用评价指数，也是一份广告主体的年度信用"成绩单"。

若把每年度的"成绩单"比作大考成绩单，那么每月的广告信用指数就是各网络广告主体的月考小考成绩单。当网络广告主体的成绩不稳定，并且当月分数退步较大时，广告监督管理部门将会约谈该广告主体，及时指导并督促各大广告主体知法、守法。当年度成绩单累计扣分超过 40 分的，广告监督管理部门将通报有关部门，并且对于违法严重的广告主体将根据新《广告法》的相关规定进行处理。

7.4.3.4 信用联合奖惩，信用联动监管

网络广告主体的年度信用评价指数将作为广告信用监管等级划分的依据，各网络广告主体将按照年度最终得分自动被划分为 AAA、AA、A、B、C、D 六个信用监管等级。

为了展现守法企业与违法企业的奖惩反差，浙江省推行信用联合奖惩制度。所谓信用联合奖惩制度，是指各级行政主管部门和依法授权或受委托承担行政管理职能的机构（以下统称行政机关）、司法机关、公共服务机构等根据企业及法定代表人、主要负责人的信用记录和信用状况，对其依法联动实施奖励性或惩戒性措施的行为①。

信用联合奖惩制度具体表现为政策支持或政策倾斜以及其他奖励性支持。若广告主体的信用评价为 A 等级及以上，那么它将享受项目审批、审核程序的"绿色通道"，优先办理资质评定以及业务申报，并且还享有资金扶持、出口退（免）税等便利。而当其广告信用评价等级为 C、D 等级，将受到惩戒。例如，加入广告行业协会时需要接受全面资格审查，在贷款时会被予以限制，并且浙江省拒绝为其提供担保业务，等等。

信用联合奖惩制度一出，向有心违法的广告主体们亮起"信用红灯"，为保证企业的顺利通行，广告主体们不得不提升自己的信用等级。

信用联合奖惩是浙江省各工作部门间合作的一次尝试，在多年的信用管理实践背景下，浙江省逐渐形成了各部门间联动监管的模式和执法网络。以浙江省《关于进一步整治虚假违法医疗、药品广告的通知》为例，该条例中明确指出医疗、药品等广告的发布审查步骤：一是由卫生、药监部门进行审批，二是由市场监督管理部门进行检测，三是在新闻单位的严格把关后再发布，形成了严密的监管网络体系。目前，浙江省已经基本上建立起以广告监管部门牵头，市场合同监管、互联网监管、消费者权利保护等科室共同配合的"专项整治"小组，以形成各司配合、分头把关、各司其职的监管局面。

7.4.3.5 以信用管理推动行业自律

从 2006 年开始，浙江省便着手探索行业信用监管模式，各行业间自管自律才能有效提升信用监管工作效率。因此，浙江省广告协会顺势而生，信用管

---

① 汪炜，章华.浙江金融发展报告蓝皮书 2015.［M］.杭州：浙江大学出版社，2015：10.

理成了浙江省广告行业自律工作的主要部分。为了充分发挥浙江省广告协会的作用，原浙江省工商行政管理局将其写入《浙江省广告管理条例》，并在该条例中明确规定了广告协会的权益与义务。

《浙江省广告管理条例》第三十六条与第三十七条中指出，广告协会作为广告行业的自律组织应尽的权利与义务包括：为广告协会的会员们提供广告信息和技术咨询等服务；制定行业自律准则，统一规范广告主体的广告制作、发布行为；落实广告审查员责任制，对广告的发布进行严格把关；为会员们解答在信用管理工作上的疑惑之处；指导广告主、广告经营者以及广告发布者等广告主体公布违法互联网广告自查自纠的电话，让社会监督促进自我监督。

除了广告协会之外，浙江省市场监管部门还会不定期开展专项座谈会，如电商座谈会、规范广告用语用字座谈会、广告立法调研座谈会等。各部门的分管领导可以通过会议与专家交流，了解最新的广告管理相关规范，加强对互联网广告的规范管理。

8 完善广告行业自律机制

　　如前所述，广告问题来自广告产业本身，因为广告违法的行为主体只能是广告活动主体本身，其他相关主体虽然会起作用，但也只能是起辅助或者是次要作用。因而，解决违法广告的关键在于根除广告产业中的内在因素，广告治理的根本途径应依赖广告行业的自律。在广告治理生态中，法律法规是环境因素，是广告生态系统中各"物种"生存和发展的规则。目前，行政监管在我国广告治理中占据主导地位，是保障广告产业健康发展的关键性因素。但是，相对于广告行业自身因素而言，这毕竟是外力，它必须通过作用于行业内因，促成影响行业发展的消极因素转化为积极因素才能真正达成治理目标；其他第三方，如其他社会组织、单位和个人等因素在整个广告治理系统中始终是辅助性力量，是促进因素。换言之，重视广告行业自律，培养行业主体的自律意识和自律能力才是广告治理现代化的重要目标。

　　广告行业自律是指广告行业内相关主体的自我约束、自我要求和自我协调的一种自我管理的意识与行为的总称。在自律主体中，既有广告产业链条中的广告活动主体，包括传统的广告主、广告经营者和广告媒体等主体，也应该包括随着数据传播技术进步而涌现出的广告数字技术开发与应用者、广告资讯服务提供商，还有该行业的自发组织，如广告行业协会。广告自律表现于主体自我管理的行为，那是否包括主体的自律意识和自律素养？这值得探究。一般观点认为，广告自律是广告产业的活动主体在广告协会的组织下，通过自行制定自律公约、章程和守则等方法，对自身从事的广告活动进行自我净化、自我完善、自我革新和自我提高，使之符合国家的法律法规和职业道德、社会公德的要求①。诚然，广告行业自律行为包括了这些，同时也要关注到的是，那些没有加入行业协会的广告主体中绝大多数是自觉按照新《广告法》等国家的法律法规进行自我约束和自我管理的。这些也都应该纳入广告行业的自律范畴。

---

　　① 刘林清，陈季修. 发挥广告协会的作用是解决广告传播中社会问题的重要途径［A］//和谐与冲突：广告传播中的社会问题与出路. 北京：中国传媒大学出版社，2006.

因而，广告行业自律的指导依据是广告协会主导下的以广告主体自行制定的章程、公约、准则和技术标准等规则，但也应该将有关广告的法律法规作为广告自律的最高指导原则，它指导着这些章程、规定、公约、准则的制定，并构成了广告行业自律体系中的一部分。广告协会是广告行业的自发组织，也是监督执行的机构。同时，我们要明白，对于多数没有加入行业协会的广告主体而言，他们完全可以自觉遵守行业协会发布的各种自律规定。

8.1　广告行业自律研究回顾

从文献梳理来看，现有研究多聚焦广告自律在广告治理中的作用和功能，对于广告自律在我国广告治理体系中的定位、广告自律与广告行政监管之间的关系、如何创新改革自律途径以使之更好地发挥作用，应如何结合我国国情来借鉴国外有益经验为我所用等方面展开。

关于广告自律的功能与作用，学术界的研究结论都比较统一；对于广告自律在广告治理中的定位，研究结论也比较一致。有互补说，还有主辅说，其实两者基本上还是一致的，即行政监管与广告自律是在行政监管下的相互补充。如倪遇、李平提出的一个涵盖政府监督、行业自律、社会监督的管理机制中，三者应该是一个相辅相成的关系，过分强调任何一方面的作用，都可能造成不良的结果①。刘林清认为，政府监管与广告行业自律是广告治理中的两大核心力量，同时两种力量又缺一不可。行政监督保证了广告活动的合法运行，广告自律以共同认可的契约形式保证了广告主体的自我约束力；两者间不要过于强调其中一方的力量，否则都会导致治理效果欠佳。高效的政府监管与行业自律完美搭配，必定会推动广告业的良性发展②。陈瑞认为，广告业的良性发展需要广告自律与行政监管相协调，两者缺一不可。但是，在广告自律运行与政府监督交流协作中，应该确立以行政监管为主、广告行业自律为辅的模式，同时需要大力推动广告行业自律的发展，明确广告行业协会的职能与功能，提升广告主体的社会责任感③。

关于广告自律如何更好地发挥作用？代婷婷认为，广告自律是一种道德约束力，因为道德伦理冲突是很难进行量化分析，只有从虚假广告产生的原因入

---

① 倪遇，李平. 广告行业依法自治自律的研究 [J]. 中国广告，2015（8）：117-125.
② 刘林清. 论广告行业自律 [J]. 中国工商管理研究，2001（7）：25-27.
③ 陈瑞. 近代广告行业自律与政府监管略论 [J]. 贵州社会科学，2016（6）：162-167.

手，强调产业链上的各广告主体在面对虚假广告时自觉地进行自我管理和自我约束，才能将道德伦理内化为社会责任感，并由内而外遵守自律规则，广告行业自律才具有实操性可言①。崔明太认为，我国现行的治理模式需要调整，需改变过去过于强调行政管理而忽视司法管理与行业自律的片面做法。其中，最为关键的是应给广告协会进行必要的立法授权，以确定其作用与职能，这在一定程度上会使广告协会行业内监督管理职能更有效率，更好地发挥广告协会的协调规范作用，实现真正意义上的自我管理、自我约束、自我监督②。刘宏涛、杨彬、王维华则认为，广告协会是广告主体的自发组织，其专业属性更善于管理行业内部事宜。相较于政府监管会更有效率，他们更能发现问题，从而更高效地解决问题。因此，他们倾向于利用司法和行政赋权于广告协会，借助法律法规的形式，发挥广告协会的职能与作用③。

在如何创新性地发挥广告自律的功能上，有许多学者将研究视角放在中外广告自律的比较研究上。这部分研究成果也给予了本研究较多借鉴。如李明合的《国外广告自律研究》尽管没有系统地提出如何构建我国的广告自律体系，但系统地介绍了美国、英国、欧盟对于广告的监管与治理，并借此剖析了我国广告自律问题所在④。褚安楠以美国商业促进局（BBB）组织为研究对象，重点剖析了该机构的产品类型、运作机制和声誉评价指标体系等状况，让我们了解了美国如何应对广告业的发展状况，也为我国广告自律提供了借鉴⑤。

美国广告行业自律体系运作特点中有一种"次级司法权威"的提法很有借鉴意义。全国广告审查理事会（NARC）是全国广告行业自律系统中的决策组织，该组织负责制定广告真实性和精确性的标准以及广告自律活动指南，该组织下属机构全国广告处（NAD）是负责对广告自律体系进行"一审"的机关。虽然广告自律体系是建立在自愿合作的基础上的，但广告主如果对该机构的决定不做出反应，虽不会遭到直接的司法后果，但由于该机构可以将案件移交政府，可能会间接遭遇司法诉讼。这样一来，就在相当程度上赋予了该机构某种权威，对规范广告主的行为，营造规范自律氛围，乃至对整个广告环境治

① 代婷婷. 广告自律：虚假广告的治理良方 [J]. 法治与社会，2007（9）：519.
② 崔明太. 广告监管的自律与他律 [J]. 中国工商管理研究，2005（10）：3.
③ 刘宏涛，杨彬，王维华. 虚假广告治理模式的三方博弈分析 [J]. 企业经济，2010（9）：70-74.
④ 李明合. 国外广告自律研究 [M]. 郑州：河南人民出版社，2010.
⑤ 褚安楠. 美国 Better Business Bureau 的产品类型、运作机制、声誉评价指标体系等状况分析 [J]. 经营者，2019（8）：43.

理都有更深层次的意义①。

针对我国广告协会自律效果差存在多种原因，刘晓丹认为，如果从管理机制的角度分析，行业自律问题还是在于广告协会缺乏相应的权威性和认同度，广告主体对于共同起草、共同签约、共同遵守之行业规则也没有必要的自觉性②。

8.2　广告行业自律中的机制问题与完善

现有文献中，缺少对广告行业自律机制的完整研究。在零星的论述中，有个别学者在相关研究中略有提及，但是，并没有一个关于什么是广告行业自律机制的专门论述，包括其概念、内涵等。当然也有学者提出，可以借鉴国外的经验，为加强广告行业自律，加大对广告发布源头的整治力度，可以建立一个广告的事前审查机制，即由国家广告监管部门授权，由行业自律牵头组织在广告发布前进行咨询审查工作，以促进广告业发展③。且不论该提议是否可行，单就机制研究而言，也算是对广告自律机制的有益探索。

那么，什么是广告行业自律机制？是否又存在这样的机制呢？按照前文对"机制"概念的阐述，本书认为，广告行业自律机制是存在的，也是有一定体系性的。它是存在于广告行业自律体系某些构成要素之间的、保证要素顺畅运行的条件或规律中的，也是该体系中的构成要素本身。

根据研究文献成果，结合广告自律实践，我们试图勾勒出广告行业自律机制框架，为完善广告行业自律体系提供论证背景。具体而言，广告自律机制可以从以下两个角度来讨论：一是从体系中的几大构成要素之间的关系层面探讨；二是从各重要因素中找到其内在运行的问题，再探讨需要构建的机制，从各构成要素与环境因素之间的互动关系中去寻找。

（1）如果从体系中的几大构成要素之间的关系层面探讨，先要讨论的是广告行业自律体系中的几大关键性要素。广告协会组织一直是研究者关注的重点对象。在广告自律实践中，广告协会一直扮演着重要的角色，如制定自律的规章制度、组织和领导行业主体进行自我管理，代表区域性产业群体或行业整

---

① 刘晓丹. 欧美广告行业自律体系研究 [J]. 现代商贸工业，2009（12）：125.

② 刘晓丹. 欧美广告行业自律体系研究 [J]. 现代商贸工业，2009（12）：125.

③ 彭晔. 贯彻落实科学发展观，加强广告行业自律：论建立我国广告发布前咨询审查机制 [J]. 现代广告，2009（B04）：73-78.

体利益与相关方面沟通协调。此外，广告行业的各类主体应该是重要的构成元素。从广告主、广告经营者到广告媒体，再到新型广告主体，如非传统的广告人（自然人）、广告技术开发和服务提供商，以及广告资讯服务商等，他们共同组成了一个广告主体"群落"。随着数字技术的进步，相信这一"群落"还会有新的主体加入其中。广告自律规则也是自律体系中的核心要素。它主要是由中国广告协会牵头制定和颁布实施的，也有些地方广告协会制定了一些适用在区域广告行业的自律规范文件。

针对许多广告主体不加入或不愿加入广告协会的现实，加强广告协会与非协会成员之间的沟通机制就成了亟待补齐的机制短板。如果还是任由这种情况发展，广告自律规范及广告自律的监督机制就不能覆盖到行业中的绝大多数。

关于广告自律规范与其他两大构成主体之间的互动机制，概括起来，那就是自律规范的落地问题。从我国广告自律的实践看，规范的执行效果不尽如人意；从学术界的研究看，这也是相关学者探讨的一个焦点问题。现实的情况是，广告自律规范很全面，涵盖了广告主体行为的方方面面，但是为何违法广告仍屡禁不绝？这里既有广告主体自身的问题，也有广告协会的问题。这是因为，我国广告协会的组织属性已经决定其功能只能停留于引导广告主体自愿守法守规而非司法劝诫等层面，至于其效果则没有一个固定且行之有效的机制来保障。一方面，广告协会试图通过更多更细致的规则或标准来引导会员；另一方面，这些规则和标准又被会员束之高阁。要打破这种"自律悖论"，需要广告协会在现有法律框架中寻求更科学、更合理合法的路径来进行自律引导。

（2）从自律体系各重要因素内在运行的问题中探究机制的构建。首先，我们从广告协会组织的内部问题来探究机制调适。当前，各级协会组织都多少存在经费不足、组织观念弱化的现象。自开展社会团体改制行动以来，类似问题是普遍存在的，在广告行业中的表现尤为突出。改革后的社会团体逐步回归民间团体和组织的本质定位。由行业主体自发自愿成立，会员缴费加入行业协会，共商共建，协调行业内部问题，协同推动行业发展，但是，协会的组织功能也随之发生了质的变化，由原来半官方、准行政色彩的行业管理角色回归行业服务。由此带来的连锁反应是，协会逐渐面临保收入与保权威的矛盾、服务供给无限与资源严重不足的矛盾。在这种境况下，与多数行业协会一样，广告协会要在发展会员入会与引导劝诫会员之间做出选择，或者是要在两者间保持平衡。在实践中，这既是一门学问，也是一门艺术。当然，这也不是绝对矛盾对立的关系，因此寻求一种保障机制就显得尤为重要。

从广告行业主体端探究机制建构，似乎是无从下手。这是因为，广告违法问题基本上出自广告主体，广告主体又包罗万象，产生违法问题的原因也千差万别。我们可以列举诸多导致违法问题产生的原因，如广告主体自律意识淡薄、守法遵规意愿不足、相关法律法规知识欠缺、利益至上等，但这些只是表面现象，其核心问题还是在于行业主体内部的风控机制欠缺。没有一个有效的内部风控部门，没有足够分量的领导者来主抓，任何一个广告主体在开展业务活动过程中都避免不了问题的"跑冒滴漏"。而这就是问题的关键，解决了这个问题就是牵住了"牛鼻子"。

针对此问题的研究还处于空白状态，亟待研究者深入调查，具体分析。我们认为，推动广告主体建立必要的内部风控机制应上升到立法的高度，作为一项法律法规的硬性要求，强制相关主体执行，就像新《广告法》对广告主体在规范经营台账上的要求一样。其实，在金融、医药等高风险行业，就有类似的强制要求。它对保证行业健康有序发展，避免系统性风险发生具有重要意义。

（3）从各构成要素与广告环境因素之间的互动关系中去寻找机制的完善途径。广告协会、自律规则和广告活动主体三个因素与广告环境因素之间的互动关系错综复杂，要分门别类地一一剖析，故应从行业自律角度抽离重点关系来分析。其中，广告协会与行政监管部门之间的互动关系是必要分析之关系，广告自律规则与广告法律体系之间的互动关系是重点分析之关系。

从广告协会与行政监管部门之间的互动关系角度看，脱钩后的广告协会与行政监管部门已不存在隶属关系，但两者存在业务上的指导与被指导关系。在实践中，广告协会一般会主动寻求主管部门在广告业务上的指导，而行政主管部门也会主动联络相关广告协会，主动委托业务事项或合作运作专业项目。应该说，这种良性的互动关系有助于广告行业的健康发展，也是相关双方喜闻乐见的。这种互动往往体现在广告法规培训、广告审查员资格考试、考试标准制定、处罚案例分析与标准论证等具体事宜上的委托服务。这对推动当地的广告行业自律无疑有着正面的促进作用。当然，此类基于委托服务上的合作因时因地各有不同，也未形成固定的合作机制。因而，为进一步规范推进协作，促进行业自律，有必要从顶层制度层面就双方的合作互动进行合理设计，完善合作机制。

从内容比较的角度看，广告自律规则与广告法律体系之间存在有机关联。广告法律体系无疑是广告自律的规则和标准制定的依据和原则，而广告自律规则又是广告法律体系中一些关键条款落实在广告运作流程上的细化。从广告自律规则制定的程序和过程看，广告行业主体在广告法律精神指导下的行动规范，是对法律法规条款的深度解读和具体补充，是将法律伦理转变为行动伦理的过程。因此，广告自律规则与广告法律体系之间存在着深度互动关系，两者协同一致又各有侧重，全方位规范广告主体行为。当然，广告法律法规是广告活动行为伦理的底线规范，而自律规则更多是道德的约束，两者共同构成广告治理体系，但又有着不同层面的约束力和规制效力。

如果从上述两者互动之间的不足之处考察，我们还是能发现一些问题：从中国广告协会制定的系列广告自律规则看，条款内容整体上有理想化倾向，但缺乏惩戒性条款来保障，以致自律公约往往流于形式化和口号化。为此，我们建议，一是从自律公约或规则的口号化向行为规范的细节化和标准化、从重视意识层面的精神激励向可操作性技术标准的制定转向；二是完善新《广告法》第七条内容，探索广告自律规则法律空间。

较长时期，我国网络广告技术标准化制定落后于行业的实践与数字技术的发展进程，被网络广告违法行为钻了空子。在缺乏法律制约的情形之下，工具主义、技术至上法则主宰了部分网络广告主体的思想意识。如算法推荐技术迭代演进，隐私权保护立法进程赶不上技术的发展步伐，行政监管的技术手段远远落后于技术创新的成果。因此，标准化和可操作性广告技术行为准则的制定已然迫在眉睫。而这正是各地各级广告协会在引领广告行业自律时亟待补齐的短板。

8.3　赋予广告协会"次级司法权威"

正如前文所论，新《广告法》第七条规定了广告行业组织在制定行业规范、加强行业自律方面的职责职能建设，却对其权力边界存而不论。这无疑留有一定的立法空间。该条款提及立法背景性表述，即广告行业组织是"依照法律、法规和章程的规定"来行使相关的自律引导职能，但是又未对该条所指的法律法规和章程做明确的界定，从而给人"意犹未尽"之感。进言之，既然赋予了广告行业组织以促进行业发展的重大使命或义务，又不给予相应的权利。从法律语言表达上，这又陷入了立法逻辑的自我悖论。换言之，既然没有哪部法律或法规规定，那就是没有充足的法源；如果此处"章程"指代的是中国广告协会章程，那此章程只是入会会员之间的"君子协定"，属于诚信层面的自我限制，并不具备法律效力。

诚然,《中国广告协会自律规则》中有清晰的劝诫条款①,但是基本上仍然是停留在道德和名誉层面的约束。其中第二十五条第六款中关于"报请政府有关部门处理"的内容看似有一定的威慑力,但联系到该规则制定的背景,该条具有特定的时代意涵。因为彼时广告协会还隶属当时的工商管理机关,是可以通过机关内部管理的协调机制来实现部分职能转移的。对转制脱钩后的广告协会而言,如没有一个合法合规的机制来做保障,该款所涉及的内容将沦为"空谈"。由此,对该款内容进行立法补充成了当前法学界亟待研究的课题。

法律体现的是国家意志。既然在我国广告法律体系中明确了广告行业组织的重要地位,那么赋予其相应的权能也就名正言顺。在公法法理中,只有行政机关才能代表国家行使行政管理职能,因而作为社团性质的广告行业协会自然是不具备行政机构同等的权力主体资格,但是,从司法操作层面赋予广告行业协会更多的权限又是必要的,以便其依法推进行业自律,以达成新《广告法》所规定的立法目的。

相关对比研究也表明,国外某些较成熟的行业自律体系和运作机制有一定借鉴价值。如以自律执行层面为切入口,欧美一些国家从司法程序上给予行业协会具体可操作的支持,将法律的权威性和影响力有限过渡给行业协会,让行业协会在自律过程中更具执行力,结果更具强制力。"次级司法权威"就是如此。在美国,各地是由 BBB 组织来负责地方广告的投诉受理和裁决的,而各地 BBB 广告自律体系②则是由全国广告处(NAD)作为一审机关,受理消费

① 《中国广告协会自律规则》第二十五条:对于违反本规则的相关责任者,经查证后,分别采取如下自律措施:(一)自律劝诫;(二)通报批评;(三)取消协会颁发的荣誉称号;(四)取消会员资格;(五)降低或取消协会认定的中国广告业企业资质等级;(六)报请政府有关部门处理。

② 关于 BBB 自律体系的综合材料:美国 The Better Business Bureaus 简称为美国 BBB,中译为美国商业改进局,于 1912 年成立。它虽有一个"局"字,但却并非隶属国家机构,只是由一些商家发起,旨在对商业广告进行舆论监督。它在美国是一个全国性的自律商业组织。它的资金获得不依靠政府,而是由会员会费以及各方捐赠等维持。该局的核心组织为全国广告审查理事会 [the national advertising revier(review)council,NARC]。它是于 1971 年由全国广告主联盟(ANA)、美国广告代理商协会(4A)、美国广告业联盟(the american advertising federation,AAF)和商业优化局理事会(CBBB)联合成立;后来,直销协会(the direct marketing association,DMA)、电子零售协会 [letroir(electronic)(retailing)ascia ion(association),BRA(ERA)] 和互动广告局 [Interactive Advertising Bureau,LAB(IAB)] 也加入。NARC 的宗旨是"通过自律系统确保全国广告的真实和准确"。其职责在于制定广告自律活动指南,对广告的真实性与准确性制定标准。它不但对本行业的广告进行监督管理,而且对国家的广告活动提出意见,对政府制定的有关广告的法律法规做出反应。全国广告处 [the nationl(National)advertising division,NAD] 是作为 NARC 的自律执行机构设置的,是商业促进理事会(CBBB)的下属机构,接受其监管。主要受理全国性广告投诉。NAD 的会员主要是美国的全国性企业。其主要目的是,提供一个自愿的自律系统,使政府介入的必要性最小化,促进公众对广告的信任。

者或社会组织的投诉。如果一方对审判结果不满意，可上诉至全国广告审查委员会（NARB）。当广告主依然不接受自律审查结果时，将提交有关法律部门依照法律途径进行审理，经过 BBB 自律体系审查过的案件将拥有法律优先审查权。值得一提的是，专业的行业组织协会做出的审查判决公正性高，法律大多数情况下会维持 NARB 的原判。

我们无须照搬国外的做法，但这种机制的可取之处在于：一是充分重视行业组织在处理广告违法问题中的重要作用；二是行业组织在相关问题处理中的专业权威；三是建立一种机制，维护行业组织在行业自律中的自主权和执行权。这些放权或授权是从司法执行层面进行的，不会动摇法制的根基，又显现出足够的灵活性，以发挥专业人士处理专业事务的长处。如此运作还有一个长远效应，就是可以激发行业主体自律的自觉性，使得行业自律内化为个体的自省。回到本节关于《中国广告协会自律规则》第二十五条第六款中关于"报请政府有关部门处理"的讨论中来，如果我国的广告协会能在一定的法律授权范围具备相关权能，在各个法律体系的整体框架中，能更灵活、更权威地处理相关违法行为，那不啻是减轻行政监管压力的好办法，更能达成行业自律的真切效果。当然，这只是对司法机制层面的补缺建议，各种理论还有待有识之士深入论证。

8.4 以价值服务赢得信任，以规则推动行业自律

发挥行业组织在广告行业自律中的作用，重塑广告协会的权威和领导力，以既顺应广告行业发展壮大之需，又能有效回应转制之"阵痛"，一直对各级协会组织念兹在兹。本节试图以上海广告协会的成功运作经营为个案来阐述一个基本的道理：广告协会其实是可以通过自身努力，以价值服务赢得组织的信任，以规范建设来推动行业自律。

8.4.1 转型之惑，定位之争

首先来回顾一下我国广告协会的历史沿革。1981 年，中国第一个全国性广告行业组织——中国对外贸易广告协会（今中国商务广告协会）诞生，这是我国第一个全国性广告行业社团组织。1983 年 12 月 27 日，中国商务广告协会成立。2005 年 11 月 27 日，中国广告主协会成立。2006 年，中国正式加入世界广告主联合会。

2007 年 6 月，国务院办公厅下发了《国务院办公厅关于加快推进行业协

会商会改革和发展的若干意见》。随后，全国的行业组织掀起了一轮"转制"大讨论。其中，在 2006 年年底，广州市广告协会从广州市工商行政管理局脱离出来，正式更名为广州市广告行业协会，是全国第一个转制最为彻底的广告行业协会。2015 年 6 月，中共中央办公厅、国务院办公厅印发了《行业协会商会与行政机关脱钩的总体方案》，提出协会商会行政部门脱钩工作的时间表。至此，行业协会的政府依附色彩得到了根本转变，从而大大增强了行业协会的独立性和自主性，真正成为民间化的自发性组织，有利于发挥企业与政府之间的桥梁作用，保障行业主体的合法权利。

从行政机关的附属单位向民间社团转变不是一件简单的事情。要向哪儿转？如何转？转型之后的工作要如何展开？一系列问题摆在行业组织面前。"大姑娘上花轿，头一遭"，大家都在"摸着石头过河"，没有一个统一意见。从这一时期学术界和业界的观点就可见一斑。正如陈徐彬在《广告行业协会职能审视》中的观点，转型之后的行业协会所依托的行政管理的光环正在淡化和消融，中国广告行业协会应当认真审视自身的职能，准确定位。原国家工商行政管理总局副局长刘凡在《广告协会：在转型中走上正轨》一文中认为，广告行业协会转型之后要注意如何吸纳更多会员扩大其影响力，怎样协调与政府部门之间的关系，在转型过程中如何因地制宜避免"一刀切"等问题。他认为，转型之后的广告行业协会应该不断增强服务意识，进一步完善行业管理，充分发挥行业组织沟通政府和企业的桥梁作用，支持和引导广告企业提高市场竞争力。倪嵋、李平的《广告行业依法自治自律的研究》和赵抗卫的《行业协会：先维权，后自律》两篇文章均指出了"自律"的重要性，都希望构建我国广告行业的自律体系，加强广告行业协会自身的组织建设和队伍建设，不断提高人员素质，加强学习，开拓创新，科学发展。

尽管这一争论延续至今，但"服务行业"与"行业自律"应是广告行业组织工作的两大主题。至于孰重孰轻，各个地方各具特点。对此，我们先后走访了上海市广告协会、北京市广告协会、浙江省广告协会、江西省广告协会、广州市广告协会、南昌市广告协会。从调查走访的情况看，"服务行业"是各个协会的核心工作。至于在"行业自律"工作的推进方面，各被走访单位的情况差异很大。

8.4.2 上海经验：以服务促自律

1986 年 3 月 27 日，在原上海市工商行政管理局的牵头下，几家大的广告公司和主要的媒介单位共同发起成立了上海市广告协会。该协会的业务范围包括广告宣传、经营的指导、协调、服务、会员行业自律的监督，在业务主管部门和上海市工商行政管理局的指导下，进行行业管理。上海市广告协会成立之初，行业业务的主管部门挂靠在上海市商委，而真正行使行业业务主管部门职能的是上海市工商行政管理局。上海市工商行政管理局和发起单位组成协会秘书处，负责上海市广告协会的日常工作。会长和秘书长一直由原上海市工商行政管理局委派并经会员大会或理事会选举产生。

随着我国改革开放和市场经济发展程度不断深化，尤其是在 2001 年中国加入 WTO 后，更进一步融入了世界经济一体化，上海的广告业持续繁荣发展。可以说，上海成为我国广告业发展的桥头堡。该市广告业在快速扩张的同时，行业素质、技术设备、管理水平、创意能力也得到了大幅提升，并且涌现出了一批有实力的综合服务型广告公司和一批专业化程度较高的中小型公司。然而，与国际广告业相比，上海的广告业与国外广告公司在创意、经营理念、运作机制、行业分工等方面仍存在很大的差距。这是促进上海广告行业协会转型的外部因素。面临我国加入 WTO 的挑战、整顿和规范市场经济秩序、政府职能转变的迫切要求，面临体制转轨和社会转型的必然趋势，2007 年上海市广告行业协会主动踏上了转型之路。随着市场经济的发展、政府职能转型以及协会改革的深入，上海市广告协会实现从依赖政府到自主办会的转变，逐步落实行业协会的职能，以服务为导向，充分发挥协会市场组织、市场培育、自我管理的职能，增强和完善协会的造血功能，加强协会的团队建设，真正成为一个代表广告行业利益与需求的民间性行业组织。

（1）以精品服务赢得会员信任。转制后的广告协会靠什么立足？这是一个问题。上海市广告协会通过多年的努力，用贴心且高端的服务来提高行业组织的凝聚力，最终赢得了广大会员的认同和信任，也为广告协会发展提供了借鉴经验。

立足上海的国际地位，上海市广告协会在常规服务的基础上，通过策划精品服务内容来提高行业整体水平，最终赢得了广大会员的信任。

打造高端会展和论坛，是上海市广告协会着力提升上海国际大都市形象的重要举措。在陆续举办中国广告与品牌大会、申通德高公益创作年展、上海市优秀广告作品展、梅花网传播业大展暨高峰论坛等会展之外，2018 年上海市广告协会正式推出"上海国际广告节活动周"。该活动除了将常规的中国广告与品牌年度大会纳入其中外，还开展了包括"上海国际广告节"和"上海国际大学生广告节"等活动。而且，上海国际广告节是该协会创建的全球广告人的国际化合作平台，其远景目标是将该广告节塑造为全球三大广告重要节日。近年来，借助上海国际广告节，陆续策划了"国际文创节"、中英品牌及创意交流联合论坛等项目。

搭建多样化服务平台。由上海市广告协会牵头，广告公司、软件公司、法律服务机构共同搭建线上广告法律咨询服务平台，推出法律大数据审查工具，为企业提供优质的广告法律咨询及其他的法律服务；建立广告版权登记服务机构，提供针对广告版权的法律服务，加大对广告企业商标权、著作权、专利权等知识产权的保护力度；2018年8月，上海市广告协会联合专业广告公司共同搭建了"广协库"广告发布咨询平台，是近两年来上海市广告协会加强行业规范建设的重要组成部分，为广告发布者提供线上和线下相结合的开放式广告发布咨询平台服务。借助"互联网+"，积极整合协会官网、微信公众号等媒介渠道，搭建会员单位品牌、文化、活动宣传展示平台。

上海市广告协会在持续推进广告摄影专业委员会、户外广告委员会、广告光源和标识专业委员会、园区工作委员会、广告生态研究专业委员会、商业空间装饰（美陈研究）专业委员会和公益广告工作委员会等分支机构健康发展的同时，顺应行业发展需求，积极组建上海市广告协会法律工作委员会、互联网广告专业委员会和组建广告人俱乐部，为行业搭建更具个性化的服务平台。

文化事业建设费自1997年开始征收以来，征收的范围从最初的广告媒介单位和户外广告经营单位扩大到了全部的广告经营单位。在国家相继取消了农业税、工商管理费等税费之后，文化事业建设费却依然存在，这显然是有失公平的，作为经营收入3%的费用对广告业的压力是巨大的，严重阻碍了行业的持续发展。广告业作为促进市场发展的关键性行业，取消征收文化事业建设费迫在眉睫。为此，上海市广告协会与上海市财政局等相关部门也进行了多次接洽和沟通，从而促进此事圆满解决。

（2）以规范建设推动行业自律。上海市广告协会一直以引导行业自律为己任，规范建设推动行业自律行为，起到企业与监管部门之间的桥梁作用，通过多种手段和途径辅助行政监管机关提高行业自律水平。如定期举办广告审查员培训班，提供广告法律法规咨询服务，加强广告行为标准建设。自2018年以来，该协会配合监管部门召开广告业"上海品牌"标准认证工作座谈会，围绕《全力打响"上海服务"品牌 加快构筑新时代上海发展战略优势三年行动计划（2018—2020年）》《"上海服务"品牌标准化建设三年行动计划（2018—2020年）》《提升专业服务能级专项行动实施方案（2018—2020年）》等文件，助力上海广告业进一步规范化、标准化。该协会先后制定了《立杆挂旗广告设置技术规范》《城市公共交通车辆车身广告技术规范》《广灯箱设置安全技术规范》《广告（LED）显示屏设置技术规范》等行业地方标准，带动行业主体抵制虚假违法广告、保护知识产权，加强行业自律。

为了加强行业信用建设，推动行业健康发展，促进广告发布行为规范有序，自2018年以来，上海市广告协会向行业公布了整理修改后的《广告发布标准》和《广告审查提示》，并表示今后将视法律法规变化情况继续整理和公布，以供广告发布审查参考。此外，对各个问题多发的细分领域发布了《户外广告设施设置技术规范》，对教育培训广告市场发布了《关于规范校外培训机构发展的意见》，进一步规范了校外培训机构的培训行为。

9 完善网络广告治理中的公民参与机制

这是一个媒介社会化时代，"万物皆媒，人人皆媒"。处于媒介社会中的广大用户、各类组织既是媒介内容的受众，又是媒介内容的创作者和传播人。他们自身蕴藏着丰富的能量。这股力量如果能够加以合理利用，就会迸发出无限磅礴的力量；否则，任由其自由无向度地"冲撞"，就可能会演变为可怕的破坏性力量。同样，在网络广告治理中，如何去发挥这些社会力量的优势，有效引导，合理利用，使之成为参与到网络广告治理中的积极因素？这不仅可以大大减少不可控事件的发生，更可以将网络广告中的被动因素变换成主动条件，依靠更少的人力和物力取得更大的监管效益，起到"四两拨千斤"的作用。

9.1 相关概念与理论阐释

在讨论公民参与广告治理问题之前，我们有必要对与之相关的提法，如对"广告治理的第三方参与"进行分析。

9.1.1 广告治理的第三方参与

所谓第三方，是相对于行政监管主体和监管对象而言的。从理论上讲，第三方的外延广泛，所有除行政监管主体和监管对象之外的与网络广告治理的相关者，都可以视为第三方。

在第三方主体中，媒体是绝对强大的力量。大众传媒时代，我国主流媒体在行风政风评议、社会舆论监督、消费质量投诉与举报等方面发挥着第三方监督功能，也取得了良好的效果，获得了社会各界普遍的赞誉。随着互联网平台崛起，主流媒体的显示度日渐降低已是不争的事实，不少市场化的报纸、杂志和电波媒体已经失去往日的光芒。虽然自媒体的风头正盛，传统主流媒体与之比较在粉丝量和传播力有明显差距，但传统主流媒体的影响力仍在。因此，传统主流媒体介入广告治理应是媒体监督的重要方向。在媒介社会化的大背景下，资讯平台及依附平台而生的大小自媒体正扮演着越来越重要的角色，正确引导它们加入网络广告治理之列，也是协同治理的应有之义。

有必要厘清的是，媒体介入网络广告治理本身就是一个"两难"命题。一方面，媒体作为社会监督中的一支主要力量，有权、有能力参与到广告治理中；另一方面，媒体本身是广告活动主体和广告发布的最重要渠道，无论是对传统媒体还是对新媒体，广告经营都是它们的"生命线"。在这"两难"之间，其实媒体自律反而远比媒体监督来得重要。因为数量巨大的个人自媒体背后其实都是一个个自然人或某个社会组织，关于他们参与广告治理中的有关讨论将在下一节继续探讨。

《广告法》第五十三条中提及的"任何单位和个人"都可以参与到广告治理中，但联系实际来分析，这个"任何单位"只能是泛指，很难具体确定到某一类或其几类单位。本章将就"个人"参与广告治理进行重点分析。

9.1.2 第三方参与广告治理的理论依据

在世界银行首次使用"治理危机"一词后，"治理"便被广泛应用于政治发展和公共管理的研究当中。全球治理委员会在《我们的全球伙伴关系》的研究报告中对治理做出了如下界定：治理是各种公共的或私人的个人和机构管理其共同事务的诸多方式的总和。它是使相互冲突的或不同的利益得以调和并且采取联合行动的持续过程。这既包括有权迫使人们服从正式制度和规则，也包括各种人们同意或认为符合其利益非正式制度安排。它具有四个特征：一是治理不是一整套规则，也不是一种活动，而是一个过程；二是治理过程的基础不是控制，而是协调；三是治理既涉及公共部门，也包括私人部门；四是治理不是一种正式的制度，而是持续的互动①。

网络广告市场的复杂性导致其无法完全靠市场本身实现市场自律和自救。市场失灵需要强而有力的监管。当然，以行政监管为主导的治理模式在复杂的网络环境中也遭遇了不小的挑战。如海量问题与有限的监管力量的矛盾、市场发展迅速与监管技术能力落差大导致的效率低下等问题，都迫使我们必须寻找一条更加符合我国国情、突破传统的监管模式。而公共治理理论中一些有益的

---

① 魏涛. 公共治理理论研究综述 [J]. 资料通讯，2006 (7-8)：56.

思想为网络广告治理提供了有效借鉴。

公共治理理论为人们探索国家和社会公共事务的管理模式提供了新的思路。它的兴起是社会对市场失灵和政府监管效果逐渐疲软的情况下的一种回应。在这个国际背景中，我们得知其兴起缘由与我们网络广告环境的背景极为相似，因此，在网络广告环境的治理中引用公共治理理论成了我们值得借鉴的理念。

社会具有不同于政府和市场的优越性，从而能够在一定程度上克服市场失灵和监管失效因素，推进当代社会政治变革中自上而下型的"统治"模式向上下结合型的"治理"模式转变。正是在对政府与市场、政府与社会、政府与公民三对基本关系的反思过程中产生了治理理论①。它所蕴含的理念正好契合了我国网络广告监管环境的现状，为我国网络广告的监管困境提供了一种新的思路。

以公共治理理念为基础的网络广告治理，就是明确要求治理主体多元化、协同化，除了以政府的职能部门为主导外，还需鼓励民间承担更多的社会职责。另外，政府和民间之间并非竞争或对抗关系，相反，他们应该确立以合作为导向的治理关系，多元化的网络广告治理主体之间存在权力依赖和优势互补的关系，各主体间依靠自身资源优势，加强各监管主体多方面的交流与合作，最终建立一种共同承担责任的网络广告治理联合体。

在公共治理理论之后，西方还提出了新公共治理理论。该理论的兴起是彼时社会对市场和政府监管逐渐疲软以及公民意识崛起的一种回应。它为执政者探索国家和社会公共事务的管理模式提供了新的思路。新公共治理理论强调所有公共关系主体都是治理主体，其中不仅包括各种公共权力主体，还包括诸如私人组织以及公民个人等权利主体。因我国国情不同，我们不能简单照搬西方的经验和理论，但是批判地吸收一些行之有效的理念为我所用也是我国行政管理体制改革的应有之义。自党的十六大报告提出"打造服务型政府"的改革目标以来，我国多次提出要深化体制改革，转变政府职能，努力建设新型服务型政府，促进政府行政的高效率和透明化。广告治理是一个事关广大社会公共利益的社会事务，鼓励公民参与到网络广告治理之中，可以视作新公共治理理论为我国改善网络广告治理提供新思路。

伴随互联网的发展，公民意识得到增强、信息反馈能力大大提高，公民有

---

① 王冕，从网络广告监管到网络广告治理：公共治理的视角分析 [J]. 商业研究，2009（1）：190.

表达个人意见的欲望，网络又畅通了其意见表达的渠道。基于此，应合理回应社会对某些事务性领域的关切，让公民有机会提出建议，在治理体系中贡献自己的力量。比如在广告治理中，我们就提倡构建合作导向的治理关系，提倡多元治理主体发挥各自优势，通过彼此协作与制衡，建立一种利益共享、责任分担的治理结合体。新《广告法》可以视为这一理念在法律层面最好的体现。新《广告法》第五十三条规定：任何单位或者个人有权向工商行政管理部门和有关部门投诉、举报违反本法的行为；工商行政管理部门和有关部门不依法履行职责的，任何单位或者个人有权向其上级机关或者监察机关举报。接到举报的机关应当依法作出处理，并将处理结果及时告知举报人。新《广告法》将公民纳入违法广告治理主体，既是顺应我国民主理政的社会大环境，也在一定程度上起到监督政府依法行政、弥补政府执法不足的作用。

在迅速膨胀的互联网广告产业盘子和迅猛增长的海量数据面前，单纯以政府监管为主导是难以应对的。互联网广告的监管不应成为一座"孤岛"，要真正管得住，还要整合社会的力量，建立共治模式。因此，有效的监管必须把社会和技术的力量包含进来。除了消费者投诉、广告主自律、行业监督之外，更重要的是要搭建共同治理平台①。

9.2 影响公民参与网络广告治理的因素和问题分析

9.2.1 公民参与的积极因素与素养不足并存

除了重大广告舆论事件之外，在购物平台、直播带货间和一些网络社区，我们也能时常看见一些消费维权和广告投诉，只不过它们没有像那些重大广告舆论事件一样掀起网络舆论。

公众参与消费领域的维权意识和行为意愿比较强，也得到了羊城晚报社联合华南理工大学和中山大学在 2016 年进行的专项调查成果——《困境、焦虑、服务——中国网络消费维权数据报告》的数据验证，见图 9-1。

---

① 罗江，刘双舟. 互联网广告监管需要协同共治 [J]. 经济，2019 (11)：92.

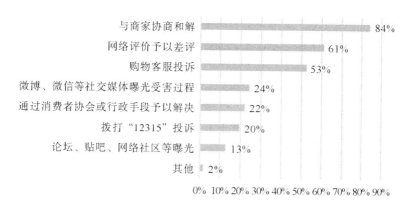

与商家协商和解 84%
网络评价予以差评 61%
购物客服投诉 53%
微博、微信等社交媒体曝光受害过程 24%
通过消费者协会或行政手段予以解决 22%
拨打"12315"投诉 20%
论坛、贴吧、网络社区等曝光 13%
其他 2%

0% 10% 20% 30% 40% 50% 60% 70% 80% 90%

图9-1 消费者解决消费问题的途径

从图9-1中，我们可以看出，消费者中有一定比例是通过网络评价、社交媒体曝光和拨打"12315"投诉等网络途径介入消费监督之中。

作为媒介素养中非常重要的组成部分，广告素养是指人们在面对各式媒体广告信息时所表现出的选择能力、理解能力、质疑能力、评估能力、创造能力、生产能力及思辨能力[1]。依托新媒体的开放性与交互性，传播者与受众之间信息的单向传播被打破，每个人既是受传者也是传播者。但是，相较于传统媒体，在新媒体环境下把关人缺位，当每个人都成为传播者时，生产的信息也难免良莠不齐；当有益的、有害的信息一同传播时，如何判断虚假广告、如何识别广告中的虚假信息也成为一大难题；此外，我国网民平均年龄偏低，部分网民自身知识储备不够，在监督网络广告的过程中发言比较随意，很容易在没有充分证据的情况下发表有关的言论，最易导致网络广告舆论空间出现不和谐的现象。同时，信息技术发展对公民的媒介素养提出了更高的要求，我们虽拥有了更多意见表达的渠道，但同时也应兼顾更多语言表达的正当性与合法性，而这正是当下公民的媒介素养还未达到的。

9.2.2 缺乏针对公众参与治理的有效救济机制

新《广告法》第五十三条虽然明确规定了公民在网络广告治理的权利，但却并未提供相应的保障机制以确保权利的顺利实现。从立法层面看，如果救济没有与权利相匹配，权力的运行就缺乏必要的保障机制，尤其是救济措施的不完善，最终影响的还是公民的参与积极性。

如网络取证，公民在举报违法网络广告时很有可能面临调查难、取证难的

---

① 张开. 媒介素养概论 [M]. 北京：中国传媒大学出版社，2006：94.

问题。因为网络取证应该遵循完整性原则，当保存网络数据时，不仅要保证单个网络数据包的完整性，而且要保证作为证据的网络数据包在应用层作为整个会话的完整性①。但是，在实际操作中，证据的发现、获取和保存只能通过电子形式进行，而且由于网络的虚拟性，难以获得真实有效的电子证据，加上缺乏权威第三方的介入，证据公信力不足。这导致公民举报甚至是监管机关在具体的监管执法工作中，在涉案广告行为主体、广告合同、广告形态等方面的取证上都存在较大困难。

此外，隐私权难以得到有效保障也是公民不愿参与举报的一大原因，因为差评而带来人身侵害的案件不在少数。最后，从经济学"理性人"的角度来看，每一个从事经济活动的人所采取的经济行为都是力图以最小的经济代价去获得最大的经济利益。同理，假设举报违法网络广告能为个人带来经济利益，自然会有更多的人愿意参与，相反就只能依赖公民个人的自觉性。所以，国家立法部门应考虑尽快将激励机制纳入广告法律体系中。

9.2.3 拓宽公民参与广告治理的途径

新《广告法》对公民参与广告治理的途径有明确规定②。虽然法律中只写明了电话和邮箱，但在实际运作中，基本上各级行政监管机关接受公民举报投诉的渠道要更丰富，如官方网站的"公众互动"频道，甚至许多监管机关还开设了相关的微信、微博账号。此外，全国统一对"12315"电话的合并改造已经基本到位，可以接受公民所有消费领域的投诉举报。但即便如此，公民在举报渠道中仍然普遍存在一种倾向，更多人偏向在社交媒体上"吐槽"，而不是向行政监管部门投诉举报。

随着智能推送、定向推送技术的日益发达，常常会产生网络广告违法主体注册地和违法发生地不一致的情况，进而可能会出现此种情形：违法广告发生地的公民向监管部门举报违法信息，但因管辖权不在本地而导致违法广告得不到及时处理。即使不同地区或不同层级的监管部门之间有移交、交办等行政规

---

① 王文奇，苗凤君，潘磊，等. 网络取证完整性技术研究 [J]. 电子学报，2010（11）：2530.

② 新《广告法》第五十三条规定：任何单位或者个人有权向工商行政管理部门和有关部门投诉、举报违反本法的行为。工商行政管理部门和有关部门应当向社会公开受理投诉、举报的电话、信箱或者电子邮件地址，接到投诉、举报的部门应当自收到投诉之日起七个工作日内，予以处理并告知投诉、举报人。工商行政管理部门和有关部门不依法履行职责的，任何单位或者个人有权向其上级机关或者监察机关举报。接到举报的机关应当依法做出处理，并将处理结果及时告知举报人。有关部门应当为投诉、举报人保密。

定程序，也因各省（自治区、直辖市）市场监督管理局之间的信息不畅通，易出现难以有效转交或延迟转交的情况，最终错失调查取证的时机。因此，投诉举报渠道分散和分割的问题一直是困扰公民参与广告治理的症结之一。这不仅耽误了执法部门对违法广告的治理，也影响了公民与执法单位的直接沟通，这极大地降低了政府回应社会的效率。

9.3 完善广告治理公民参与机制的建议

网络广告治理是一项综合系统工程，单纯依靠某一方面的力量难以达到理想的效果。将普通公民纳入网络广告治理的主体中本是应有之义，但更需要来自政府、社会以及媒体等其他主体的支持与协同，才能解决当下治理中的问题。具体建议如下：

9.3.1 畅通信息沟通渠道，提升政民沟通效率

目前，监管部门向社会公开受理投诉、举报的电话或电子渠道，过多、过散、过细。从行政主体看，市场监管部门中网信办、公安、工信、广播电视管理部门等涉及网络广告治理的部门都开设了相关受理渠道；从行政区划看，各省、市、县都有相应的投诉举报渠道。这样的制度安排初衷是好的，但效果不一定好。多个部门齐抓共管，但"九龙治水"未必就能管好一个网络广告。消除多头管理，减少执法中相互推诿情况的发生，提高公民与监管机构之间的沟通效率，以市场监管部门为责任主体，搭建全国统一和专门的网络广告投诉举报平台是必要且迫切的。"12315"热线是一个便捷的电话平台，正在消费维权领域发挥着重要作用。如何朝更智能化方面加大技术改造升级力度，使之在全国范围沟通更方便，是下一步努力的方向。

随着新媒体发展趋势越来越快，统一线上投诉举报平台应是当务之急。应尽可能贴近百姓的媒介消费现实，开通整合集微博、微信、短视频和短信等媒介沟通手段于一体的综合渠道，保证此平台与各地各级市场监管部门信息互通，还要与国家互联网广告监测中心互联互通，打通接报、监测、交办、处理和反馈执法链，做到资源有效利用，以方便公民参与广告治理，提高公民参与的积极性。

搭建全国统一线上投诉举报平台只是手段，目的是要方便公民参与广告治理，提升行政治理效率。为此，市场监管部门应在《政府信息公开条例》的

指引下，在不涉及国家机密、商业秘密和个人隐私的前提下，定期将互联网广告治理的信息向社会公布并及时将结果反馈给投诉举报人，提高公民对公权力运行的满意度。此举不但可以让每个公民切实参与网络广告治理，还可以有效监督政府的行政行为，提高其行政效率。

9.3.2 建立合理的举报激励机制

针对公民愿意"吐槽"不愿意举报的现象，我们要对症下药。一是要加大宣传力度，从精神文明的高度培养公民参与网络广告治理的主动意识和奉献精神；二是要高度重视对违法广告举报行为的价值肯定，对敢于举报不法广告行为者给予一定的物质及荣誉奖励。为此，要在政府层面设立相应的激励机制，让举报人感受到相关行为的重要性与必要性，以鼓舞和带动其他公民积极参与到网络广告治理中来。当然，具体的激励政策需要各地因地制宜。

值得一提的是，鼓励投诉举报很可能会催生一批职业投诉举报人，进而很可能会产生连带的负面效果。为此，本书认为，应将正常投诉举报与以投诉举报非法牟利行为区分开来。

与职业投诉举报相关的是职业打假。对职业打假，目前社会各界有不同观点。自《消费者权益保护法》实施以来，不少职业打假人"知假买假"，并依据相关法律实施索赔或敲诈。这给正常的经济秩序造成了很大的困扰。由于职业打假行为由来已久，对此，《最高人民法院关于审理食品药品纠纷案件适用法律若干问题的规定》第三条中有这样的表述："在食品、药品领域，消费者即使明知商品为假冒伪劣仍然购买，并以此诉讼索赔"的情况下，"人民法院不能以其知假买假为由不予支持"[1]。虽然此规定并没有"职业打假"一说，但正是在此解释之下，职业打假才有了扩散的态势。

随着职业打假引发的诸多新情况和变化，甚至是大量有关诉讼的出现，其负面影响日益显现。2017年5月，最高人民法院办公厅在《对十二届全国人大五次会议第5990号建议的答复意见》中，既肯定了"职业打假人"出现以来对增强消费者的权利意识、打击商品经营中的违法侵权行为产生的积极作用，也对消费维权实践中存在的知假买假的行为商业化趋势表现出了担忧，对某些职业打假人甚至是打假集团的行为动机，以及采用惩罚性赔偿来牟利或借机敲诈勒索表达了反对意见，反对这种以恶惩恶、饮鸩止渴的治理模式；并认

---

① 最高人民法院：《最高人民法院关于审理食品药品纠纷案件适用法律若干问题的规定》，2013年12月23日。

为，他们的目的并非为了净化消费市场环境，而是严重违背了市场诚信原则的违法行为①。此外，考虑在除购买食品、药品之外的情形，逐步限制职业打假人的牟利性打假行为。

尽管国家现今并未就广告领域的"职业投诉举报"行为进行专门的规制，但并不能就此否定实践中没有此类现象。因此，我们在探索制定鼓励举报激励政策的同时，也要未雨绸缪，防止职业投诉举报中的行为异化。

9.3.3　健全公民参与的法律和行政救济机制

与美欧法系国家的"无救济无权利"原则不同，我国一直遵循的是大陆法系国家的"有权利必有救济"原则。按照新《广告法》第五十三条款的内容，我们可以将公民参与网络广告治理的权利归纳为两个方面：一是公民对广告违法行为的举报投诉权；二是公民对相关行政管理部门的执法行为的监督权。根据权利与救济对等原则，在新《广告法》中本应明确如何保障社会公众在行使该两项权利的救济措施。然而，此法并未就此进行必要的规定，也无后续的司法解释。

在实践中，公民在实施投诉举报行为时确实有可能受到多方面的侵害：一是来自广告主的打击报复。近年来，用户给差评后遭上门殴打或暴力威胁的事件频发，甚至在2018年1月发生的"跨省抓捕"事件中，内蒙古相关公安部门竟动用地方警力对当事人谭×东实施刑事拘捕行动。在该事件中，先且不论某药企的报案是否依法有据，单就地方公安机关出动公权力为地方企业"保驾护航"的行为是否合法？这已经被事件发展的后续结果证明。抛开这些，事件中当事人谭×东的遭遇才是社会关注的重点。试想，就因在网络空间

---

① 最高人民法院办公厅《对十二届全国人大五次会议第5990号建议的答复意见》（2017年5月19日）："从目前消费维权司法实践中，知假买假行为有形成商业化的趋势，出现越来越多的职业打假人、打假公司（集团），其动机并非为了净化市场，而是利用惩罚性赔偿为自身牟利或借机对商家进行敲诈勒索。更有甚者针对某产品已经胜诉并获得赔偿，又购买该产品以图再次获利。上述行为严重违背诚信原则……我们不支持这种以恶惩恶，饮鸩止渴的治理模式。""我们认为目前可以考虑在除购买食品、药品之外的情形，逐步限制职业打假人的牟利性打假行为。我们将根据实际情况，积极考虑阳国秀等代表提出的建议，适时借助司法解释、指导性案例等形式，逐步遏制职业打假人的牟利性打假行为。"

发表了一些个人的观点，且这个观点并非毫无根据的"妄议"①，就遭受如此无妄之灾，那还有多少人敢站出来秉公直言？根据"有侵害必有救济"原则，只有在广告法律体系中补齐相关立法空缺，才能更好地保护公民举报人的权利，激发他们的积极性和主动性。

此外，如果公民依据新《广告法》第五十三条的规定对行政监管执法行为进行监督时，是否可能遭遇来自相关行政执法部门（人员）的打击报复，或是被泄露举报隐私等相关侵害。因此，新《广告法》应该补充相应的法律救济措施。具体而言，该救济措施应包括司法救济措施和行政司法救济措施两个部分。相关具体的救济种类和条款，亟待立法部门深入论证。

按新《广告法》第五十三条的规定，公民对行政监管部门和有关部门不依法履行职责的行为进行监督举报而遭报复或隐私泄露等权利受损行为。理论上，公民当事人是可以按《行政诉讼法》的有关规定向有关机关提起行政复议或向人民法院提起行政诉讼。但是，这绝不是一般公民愿意去承担的风险，这样还要花费不少的时间成本或精力。从鼓励社会公众参与网络广告治理的角度看，要进一步促进监管部门主动行政，减少在执法过程中不作为、乱作为。这值得法学界有识之士深入探讨。

根据 2015 年 12 月 7 日中央政法委员会等 6 部门印发的《关于建立完善国家司法救助制度的意见》的相关规定，可以将公民参与网络广告治理行为纳入国家相关的司法救助制度之中，成立相关救济基金。当公民因参与广告治理而受到相关侵害，或不能合理有效获取赔偿时，可以申请相关救助，以解决公民投诉举报虚假广告的后顾之忧。同时，还要建立举报信息保密制度，加强对执法工作人员的管理和教育，维护举报人的个人信息安全；建立相关惩戒制度，针对虚假信息举报的举报人，政府可以建立相应的惩戒规范并予以公示；针对相关工作人员在处理举报投诉时的怠政懒政行为，所属地区政府部门要责令改正，情节严重的，要处以行政处罚，或提交司法部门处理。

---

① 据百度百科综合：2017 年 12 月 19 日，谭×东在"美篇"上发布一篇名为《中国神酒"鸿毛药酒"，来自天堂的毒药》帖子，并将该文分享到微信群。谭×东在这篇文章中指出，人在步入老年后，心肌、心脏传导系统、心瓣膜、血管、动脉粥样等发生变化，而有高血压、糖尿病的老年人尤其注意不能饮酒。鸿茅药酒的消费者基本是老年人，该酒的宣传有夸大疗效的作用。截至 2018 年 1 月 16 日，谭×东的妻子刘×屏蔽该账号，帖子阅读量为 2 241 次。谭×东的账号只有 5 个粉丝。相反，2017 年 8 月 25 日，由人民日报社主管的《健康时报》发表《谁是鸿茅药酒的护身符?》，通过研究近十年的公告文件，不完全统计的结果显示，鸿茅药酒广告曾被江苏、辽宁、山西、湖北等 25 个省市级食药监部门通报违法，违法次数达 2 630 次，被暂停销售数十次。

9.3.4 广告公益诉讼是公民参与的"第二途径"

公益诉讼是对行政监督渠道的有益补充，尤其是对像广告违法这种侵害范围广，且受害对象并不特定的公共领域。公益诉讼制度允许检察机关、公益团体、公民个人在公共利益受到侵害之时提起公益诉讼，是公共利益得到尊重与维护的强有力后盾。但特别需要指出的是，按照《民事诉讼法》及相关立法解释，在广告治理中是可以就违法广告的侵害行为启动公益诉讼的，而且现今已有一些成功立案和结案的案例。在未取得适格原告主体资格之前，公民是可以辅助检察机关和消费者协会提起广告公益诉讼的。

9.4 提升公民广告素养及途径①

公民广告素养与广告参与互动行为之间存在多层次的关联。本书相关内容通过分析新媒介环境下的网民广告参与现状，并对影响行为的深层次原因进行了数据研究。从影响因素的相关分析中，我们可以为当下如何提升公众广告素养提供一些思路。

9.4.1 提升广告参与者的媒介素养

媒介技术发展给予公众广泛的媒介赋权与增能。然而，公众在享受媒介社会化和自媒体化带来的福利时是否真的准备好了？网络大众是否能掂量出这柄"权杖"的分量？数据表明，高达75.5%的网络用户参与了网络广告的互动，多数参与者的素养和能力是不平衡的。在主体性高扬的同时，多数人缺乏相应的广告批判水平与广告维权意识。广告参与途径便捷了，但广告参与时的风险防范意识却减弱了，这些都是导致网络广告问题频发的原因。"广告批判能力"和"广告风险感知"等因素与相关指标的交叉分析结果揭示出了一个基本事实，即加强对普通用户的广告素养教育刻不容缓，尤其应提升网民对网络技术赋权的理性认知，培养其对相关法律、伦理的基本敬畏，并由此增强个人的风险防范意识和提高个人主动维护公共利益的道德水平。

因此，广告素养教育的着力点首先应从公民自身做起。一方面，公众应该

---

① 刘西平，徐招英. 网民广告参和行为及其广告素养影响因素［C］//廖秉宜，智能营销传播新论. 北京：社会科学文献出版社，2019：128.

主动提升自身广告参与素养，在参与相关的媒介行动时尽量减少行为的外部性影响；另一方面，应健全自身的知识体系，加强自身广告参与素养方面的学习以及熟悉了解相关的法律法规，培养自己的广告认知、广告批判能力，在广告参与中维护自身权益。

9.4.2　政府应在广告素养教育中扮演主要角色

调查得知，在样本中，年龄偏低的网民对广告相关法律知识是欠缺的。广大青少年是网络的原住民。广大青少年多处于义务教育阶段，学校教育对其影响较大，因此，建议政府教育主管部门和各级教育机构应当把广告素养教育作为一个项目纳入媒介素养教育体系中去，不仅要在媒体课程中设置广告素养的内容，还要在广告素养教育的环节中将广告参与素养教育作为课程的组成部分。当然，由于我国教育发展水平不均衡，各地可因地制宜构建课程体系，如教育水平高的地区可直接将广告素养在内的媒介素养教育单独设课，而教育水平相对落后的地区可将广告素养教育渗透进其他相关课程中，或者通过课外讲座的形式来体现。尤其是应重视广告法和媒介伦理等相关内容的教育，以提高公民对广告参与的能力。

9.4.3　网络媒体应发挥在广告素养教育中的平台作用

数据表明，网络媒介的便利性是影响网民广告参与的重要外在条件。网络媒介高接近性加深了网民对网络的依赖，使网络生存成为这个时代的社会特征。从表层看，互联网是网民获取相关服务的手段或工具；从深层看，互联网就像阳光和水一样，既是我们的生活要素，也是我们的生存环境。因而，网络媒介既是工具和手段，也是提升网民相关素养的物理平台。

媒介技术变革彻底改变了媒介话语格局。我们不能简单照搬大众传媒时代的思维和工作模式来进行媒介管理，任何时候都不能忽视网络媒体的社会公共属性。也就是说，网络媒体的公共服务性不能被其商业价值追求削弱。因此，加强网络媒体的公共性和服务性建设，是时代赋予的使命，更是现实媒介管理的需要。就广告素养教育平台而言，网络媒体要洁身自好、自律自为，不仅要按照国家法律法规和社会准则来确立商业规则，告知利益攸关者什么可以发布、什么不可以传播，还要公示规则，展示国家相关的法律法规，主动宣传和普及相关的法律法规。这些既是网络媒介的责任，也是网络媒介的义务。唯其如此，才能营造一个风清气正的网络广告环境。

10　结束语

经过分析与论证，最后发现，我们试图将网络广告治理机制从广告治理体系中剥离出来并作为一个相对独立的系统来构建的努力仍是徒劳。因为，网络广告治理机制本就是广告治理体系中不可分割的有机组成部分。尽管在本书开始之时就有这一基本认知，但是如果不进行相对剥离又寸步难行。我们只能遵循广告治理实践中的草蛇灰线，抽丝剥茧，否则更难窥见网络广告治理机制的"真身"。

机制是体系中的"调节器"，是制度文本与现实实践之间的"连接器"。因此，本书在论及该机制时又脱离不了制度，因为它有时就是某种具体制度本身。如书中论及的广告信用管理机制，其核心仍然是一系列具体的、可操作的管理制度。如书中关于在广告法律实践中广告公益诉讼制度的创新也是如此。通过对在相关法律行为中赋予公民诉讼主体资格必要性的论证，我们建议对有关法律制度做适当调整，以更好地激励公民参与到广告治理中来。再如，在论证对精准广告的监管机制时，尤其是在论证用户隐私保护制度时，也是建议有关部门建立和完善相关制度条款，等等。所以，建立健全网络广告治理机制，就是在对治理体系中的制度缺陷或制度不足进行有针对性的补充与完善。当然，这种补充和完善并不是一项制度的从头开始或另立炉灶，而是对相关法律条款或行政执法制度在执行上的问题进行完善。所以，这种补充在具体内容上并不妄求制定一整套制度或规范，而是在相关制度实施的关键节点上做有效的补缺，以求更好地促进制度落实的效果。

当然，机制又是制度化的方法论。作为广告治理体系运作中的"润滑剂"，网络广告治理机制则在其中更多起着整合、协调和落地的作用。在书中论及的多个网络广告治理机制中，广告导向监管机制、法律补齐机制、行政部门间协调机制、行政执法监督机制、技术监管保障机制、政社与政企协调机制、网民广告素养教育机制等，都是从制度落地的角度、执法部门间整合与协同，以及细化法律或行政制度条款等方面对治理体系进行完善的。这些机制要么体现于法律或行政规制执行层面的行动方法上，要么体现于法律或行政规制条款的细化标准上。也就是说，网络广告治理机制在治理体系中更多是承担对治理结构部分之间的协调与配合，最终达成治理效率的全面提升。从广告治理体系的角度来说，治理机制是非常重要，甚至是不可或缺的。

本书将所构建的网络广告治理机制冠以"长效机制"，是试图通过论证达成促进广告监管法治化、广告自律日常化、广告参与有序化的治理目标。同时，因为有些机制是从治理实践成果的调查分析中来，有些机制是从地方个案成功实践经验总结而来，有些机制是从理论结合实际情况分析而来，总体上有其科学性和合理性。但我们应清醒地认识到，正如世间事物是不断变化和发展的，书中所论述的治理机制还需要重新回到实践中去检验、调适和发展。

另外，除书中论及的治理问题外，广告治理体系运作中仍有许多的"结症"没有被剖析，还有些广告治理机制等待被构建，只能寄希望于有缘再补遗憾！

参考文献

一、期刊类

［1］张华，金定海. 网络传播中的广告效果交互模式［J］. 上海师范大学学报（哲学社会科学版），2012，41（2）：75-81.

［2］邵培仁. 论媒介生态的五大观念［J］. 新闻大学，2001（4）：20-22.

［3］杨先顺，何梦祎. 新媒体环境下广告传播的注意心理策略［J］. 新闻知识，2013（12）：44-46.

［4］陈跃钢，吴艳. 网络广告传播模式研究［J］. 科技管理研究，2006（8）：211-214.

［5］周海英. 从媒介环境学看新媒体对社会的影响［J］. 兰州学刊，2009（6）：165-169.

［6］吴丹，赵江. 基于复杂网络的微电影广告传播机制初探［J］. 中国出版，2015（3）：32-34.

［7］张丰年. 符号学原理与广告传播机制［J］. 当代传播，2009（6）：94-96.

［8］乔占军. 社会化媒体语境下网络广告传播效果实现机制［J］. 中国出版，2014（24）：16-18.

［9］宋晓兵，董大海，广告情感效果及其前因的实证研究［J］. 管理科学，2006（6）：51-58.

［10］杨海军. 广告舆论传播研究［D］. 上海：复旦大学，2011.

［11］王郅强，张晓君. 社会治理体系构建面临的结构性失衡及其调适路径：基于耗散结构理论视角［J］. 经济社会体制比较，2017（3）：45-53.

［12］刘卫平. 论科学发现的社会思维自组织过程［J］. 系统辩证学学报，2003（4）：36-40.

［13］王亮. "场景+任务"：场景化传播时代新闻出版业营销理念变革［J］. 新闻界，2016（18）：28-31.

[14] 谢康，吴记，肖静华. 基于大数据平台的用户画像与用户行为分析 [J]. 中国信息化，2018（3）：100-104.

[15] 李蕴怡. 基于地理位置数据挖掘的用户行为分析 [J]. 通信技术，2019，52（6）：1488-1494.

[16] 贾俊，张斌，李志远，等. 基于用户行为分析的个性化推荐算法 [J]. 智能科学与技术学报，2019，1（4）：421-426.

[17] 袁晓昆，王德平，早金桥. 家庭用户行为分析与个性化服务智能推荐技术探讨 [J]. 广播电视信息，2014（5）：56-59.

[18] 刘忠宇，赵向豪，龙蔚. 网红直播带货下消费者购买意愿的形成机制：基于扎根理论的分析 [J]. 中国流通经济，2020，34（8）：48-57.

[19] 江涛."直播带货"的法律规制 [J]. 法制与社会，2020（20）：18-19.

[20] 王文华. 网红"直播带货"的法律规制探析 [J]. 中国市场监管研究，2020（5）：29-32.

[21] 刘俊海. 优化"网红"带货的法治生态环境 [J]. 中国品牌，2020（8）：89.

二、图书类

[22] 段淳林. 整合品牌传播：从IMC到IBC理论建构 [M]. 北京：人民出版社，2014.

[23] 大卫·奥格威. 一个广告人的自白 [M]. 林桦，译. 北京：中信出版社，2015.

[24] 阿尔文·托夫勒. 财富的革命 [M]. 吴文忠，译. 北京：中信出版社，2006.

[25] 菲利普·科特勒，何麻温·卡塔加雅，伊万·塞蒂亚万. 营销革命3.0：从产品到顾客，再到人文精神 [M]. 毕崇毅，译. 北京：机械工业出版社，2011.

[26] 陈培爱. 广告基本原理 [M]. 北京：高等教育出版社，2015.

[27] 郭庆光. 传播学教程 [M]. 北京：高等教育出版社，2017.

[28] 吴柏林. 广告心理学 [M]. 北京：清华大学出版社，2011.

[29] 王晓华. 广告效果测定 [M]. 长沙：中南大学出版社，2004.

[30] 徐瞳. 微博广告研究 [M]. 芜湖：安徽师范大学出版社，2012.

[31] 阳翼. 数字营销 [M]. 北京：中国人民大学出版社，2015.

[32] 赵占波，苏萌. 智慧营销：4D营销理论及实践 [M]. 北京：电子

工业出版社，2020.

　　［33］吴俊，李焱，党莎. 一本书读透 Martech 智慧营销［M］. 北京：机械工业出版社，2020.

　　［34］邵华冬，陈怡. 广告主数字媒体营销传播［M］. 北京：中国传媒大学出版社，2016.

　　［35］上海秉钧网络科技股份有限公司. 互联网+时代下的数字化营销［M］. 上海：上海交通大学出版社，2016.

　　［36］菲利普·科特勒. 营销革命 4.0：从传统到数字［M］. 王赛，译. 北京：机械工业出版社，2018.

　　［37］尤金尼·麦卡锡，小威廉·佩罗特. 基础营销学［M］. 梅清豪，周安柱，译. 上海：上海人民出版社，2006.

　　［38］戈夫曼. 日常生活中的自我呈现［M］. 冯钢，译. 北京：北京大学出版社，2008.

　　［39］杰里米·里夫金，特德·霍华德. 熵：一种新的世界观［M］. 吕明，袁舟，译. 上海：上海译文出版社，1987.

　　［40］迈克·费瑟斯通. 消费文化和后现代主义［M］. 刘精明，译. 南京：译林出版社，2000：64.

　　［41］让·波德里亚. 消费社会［M］. 刘成富，全志钢，译. 南京：南京大学出版社，2001.

　　［42］陈刚，等. 创意传播管理：数字时代的营销革命［M］. 北京：机械工业出版社，2012.

　　［43］陈明. 新媒渠［M］. 广州：中山大学出版社，2010.

　　［44］哈罗德·英尼斯. 传播的偏向［M］. 何道宽，译. 北京：中国人民大学出版社，2003.

　　［45］马歇尔·麦克卢汉. 理解媒介：论人的延伸［M］. 何道宽，译. 北京：商务印书馆，2000.

　　［46］保罗·莱文森. 软边缘：信息革命的历史与未来［M］. 熊澄宇，等译. 北京：清华大学出版社，2002.

　　［47］约书亚·梅罗维茨. 消失的地域：电子媒介对社会行为的影响［M］. 肖志军，译. 北京：清华大学出版社，2002.

　　［48］林文刚. 媒介环境学思想沿革与多维视野［M］. 何道宽，译. 北京：北京大学出版社，2007.

　　［49］特伦斯·霍克斯. 结构主义与符号学［M］. 瞿铁鹏，等译. 上海：

上海译文出版社，1987.

三、外文文献

［50］CHOU S S. Effects of trope advertisement on Chinese consumers ［J］. Journal of American Academy of Business，2006，9（1）.

［51］SCHULTZ，DON E. Can BIG DATA IT ALL ［J］. Marketing News，2012（11）.

［52］SHELLY RODGERS. Internet advertising：theory and research ［M］. Psychology Press，2012.

［53］EDWARDS L，WEALDE C. Regulating cyberspace：is there a role for law? ［J］. Computers and law，1997.

［54］ANDY BETTS. Martech leadership：The symbiotic development of technology and talent ［J］. Applied Marketing Analytics，2020，5（4）.

［55］LAURA PATTERSON. How to ensure analytics and martech are relevant to the business ［J］. Applied Marketing Analytics The Peer－Reviewed Journal，2019，4（3）.

［56］BALTES，LOREDANA PATRUTIU. Bulletin of the Transilvania University of Brasov ［J］. Economic Sciences. Series V；Brasov，2017，10（2）：43-48.

［57］MURPHY. Silver bullet or millstone? A review of success factors for implementation of marketing automation ［J］. Cogent Business & Management，2018，5（1）.

［58］KAKAR，ARUN. Reasons why infiuencer marketing is here to stay ［J］. Management Today，2018（3）：2-5.

［59］SUWAN JUNTIWASARAKIJ. Framing emerging behaviors influenced by internet celebrity ［J］. Kasetsart Journal of Social Sciences，2018.

［60］SEUNGA VENUS JIN. "Celebrity 2. 0 and beyond!" Effects of Facebook profile sources on social networking advertising ［J］. Computers in Human Behavior，2018：79.